L'Homme-machine II

Du travailleur augmenté
à l'homme augmenté

L'HOMME & LA SOCIÉTÉ

REVUE INTERNATIONALE DE RECHERCHES & DE SYNTHESES EN SCIENCES SOCIALES

⁂

RÉDACTION

Anne-Sophie DÉCRIAUD (éditrice) – anne-sophie.decriaud@ens-paris-saclay.fr

MSH Paris-Saclay c/o ENS Paris-Saclay

61 avenue du président Wilson 94235 Cachan cedex

Contact : revue.homme.et.societe@gmail.com

L'HOMME
& LA SOCIÉTÉ
REVUE INTERNATIONALE DE RECHERCHES
& DE SYNTHESES EN SCIENCES SOCIALES

L'Homme-machine II

Du travailleur augmenté à l'homme augmenté

Coordonné par
Florent LE BOT, Olivier DARD,
Claude DIDRY, Camille DUPUY
& Cédric PERRIN

Revue publiée avec le soutien de la MSH Paris-Saclay (USR 3683)

Maison des Sciences de l'Homme PARIS-SACLAY

L'Harmattan

5-7 rue de l'École-Polytechnique, 75005 Paris

http://www.editions-harmattan.fr

ISSN : 0018-4306
ISBN : 978-2-343-15873-0
EAN : 9782343158730

L'HOMME
& LA SOCIÉTÉ
REVUE INTERNATIONALE DE RECHERCHES
& DE SYNTHESES EN SCIENCES SOCIALES

N° 207 (2018/2)

L'Homme-machine II

Du travailleur augmenté à l'homme augmenté

DOSSIER

ABONNEMENTS ET VENTES AU NUMÉRO

Éditions L'Harmattan, 5-7 rue de l'École-Polytechnique, 75005 Paris
Un abonnement annuel couvre 3 numéros
(joindre un chèque à la commande au nom de L'Harmattan)
France : 60 € — Étranger, par avion : 65 €

Dossier

Introduction
Prométhée déchaîné ?

Florent LE BOT
Cédric PERRIN
IDHE.S[1] (UMR 8533), Univ. d'Évry-Val d'Essonne
Univ. Paris-Nanterre, Univ. Paris 8
Univ. Paris 1 Panthéon-Sorbonne
ENS Paris-Saclay, CNRS

Olivier DARD
SIRICE[2] (UMR 8138), Univ. Paris 1 Panthéon-Sorbonne
Univ. Paris 4 Paris-Sorbonne, CNRS

Claude DIDRY
CMH[3] (UMR 8097), ENS, EHESS, CNRS

Camille DUPUY
DySoLab[4] (EA 7476), Univ. de Rouen Normandie

Notre exploration des fantasmes idéologiques accompagnant la perpétuation du capitalisme se poursuit à travers ce dossier, et nous fait passer de l'utopie d'une production mécanisée toujours plus efficace où la machine libèrerait l'humanité du travail (*L'Homme-machine* I : Le Bot *et al.*, 2017), à la recherche de la vie éternelle dans la multiplication de thérapies, de disciplines, de prothèses et de *big data* visant à porter les corps et les esprits vers les sommets. Il reste à en analyser la portée, en interrogeant ce que ce fantasme de l'homme augmenté représente

---

1 Institutions et dynamiques historiques de l'économie & de la société ; UFR SHS, 2 rue du Facteur Cheval, 91025 Évry cedex

2 Sorbonne – Identités, relations internationales et civilisations de l'Europe ; 44 rue de l'Amiral Mouchez, 75014 Paris

3 Centre Maurice Halbwachs ; 48 boulevard Jourdan, 75014 Paris

4 Laboratoire des Dynamiques sociales ; Place Émile Blondel, 76130 Mont-Saint-Aignan

dans la justification actuelle du capitalisme et en revenant sur sa spécificité à l'égard de la fascination pour la machine.

L'homme-machine et l'homme augmenté sont liés au travail et à la question récurrente : « le travail ou comment s'en débarrasser ? » La machine apparaît comme un détour extérieur aux hommes, en vue de les décharger du travail, allégé progressivement de sa pénibilité physique et mentale, au risque de le rendre ennuyeux et parcellaire. Par une occultation du travail nécessaire pour élaborer et produire la machine, la pensée du XIXe siècle est dominée par la crainte de cette expropriation du travailleur et la vision d'un grand remplacement de l'homme par la machine. La misère ouvrière serait donc provisoire, en attendant l'abondance promise par l'extension du champ d'action des machines et une forme de revenu universel permettant à chacun de se consacrer à ce qu'il veut. La grande équation capitaliste de la machine se ramène aux *gains de productivité* liés à des combinaisons productives nouvelles reposant sur la domestication de l'énergie dans le cadre d'un paradigme dominé par la physique. Cela nous a conduits à parler de « travailleur-machine » pour appréhender cette absorption du travailleur par la machine, mais aussi, en un sens, sa transformation en un « berger des machines » (Simondon, 2012 [1958]).

Le thème idéologique de l'humain augmenté se débarrasse du travail en le dissimulant derrière la performance personnelle, mobilisant un paradigme proche de la médecine et, plus profondément, de la biologie. Il renvoie au *biopouvoir* foucaldien, mais en sortant la *discipline* de sa finalité productive initiale, et en visant par la discipline un accroissement de la *performance* et une accumulation de données pour arriver au *big data*. Le souci de soi accompagne une extension du champ de la compétition et de la concurrence, en requérant de chaque individu une mesure permanente de ses résultats. Grâce aux substances et aux équipements qui vont lui permettre d'affronter les dangers, d'éviter les accidents et les blessures, de compenser les mutilations et les handicaps, ou encore de se délivrer du vieillissement, le travailleur augmenté peut oublier qu'il travaille et arriver parfois à jouir pleinement de la performance dont il est capable. Ainsi, cette utopie d'une humanité en train de se délivrer de la souffrance, de la maladie et de la mort a pour dystopie la compétition généralisée d'une société focalisée sur les sports et le renouvellement permanent des records, qui n'est pas sans évoquer le cauchemar de Perec dans *W ou le souvenir d'enfance* (1993 [1975]). Tout comme le thème de la mécanisation du travailleur, celui du travailleur augmenté renvoie donc à un culte de la performance et du corps qui est loin d'être nouveau et se retrouve depuis le XIXe siècle au moins sous les traits de l'eugénisme en se prolongeant dans l'esthétique nazie des *Dieux du stade* promue par Leni Riefenstahl.

Dans la galaxie des modèles idéologiques, le travailleur augmenté n'est donc pas simplement une nouvelle figure du capitalisme contemporain et une énième étape dans des révolutions industrielles appelées à s'enchaîner et à déboucher sur des restructurations continuelles des entreprises et donc des formes de travail et de salariat. Il consacre l'avènement du salarié comme *entrepreneur de soi-même*, ramenant l'assurance maladie et la retraite à des investissements individuels de chacun dans son *capital biologique*. Un tel paradigme intègre donc le *profit*, la *justification*, le *contrôle* et la *perpétuation* qui demeurent les murs porteurs du capitalisme (cf. « Les Mille Peaux du capitalisme I & II » : Dard *et al.*, 2014 et 2015). Pour s'en convaincre, il suffit d'avoir à l'esprit les lourds investissements consentis par de nombreuses entreprises, et particulièrement aux États-Unis par les GAFAM (Google Apple Facebook Amazon Microsoft), dans tout ce qui concerne les recherches sur le transhumanisme et l'homme augmenté. En ce sens, l'idéologie transhumaniste radicalise considérablement la logique productiviste et prédatrice du capitalisme (Nicolas Le Dévédec). De plus, en ramenant le travail à une performance de l'ordre du sport, cette idéologie apparaît comme une manière renouvelée d'écarter les questions de justice sociale, d'inégalités et d'exclusions, en les faisant passer pour non pertinentes (Lafontaine, 2014).

Au-delà de la confrontation à une rationalisation mécaniste de l'environnement productif, le travailleur augmenté intègre des systèmes biotechniques complexes censés lui permettre de se surpasser en alimentant alors par la recension de ses performances ce *big data* présenté comme le levier d'un horizon de contrôle qui lui échappe. Gérard Dubey parle à ce propos du « caractère de plus en plus technocentré des dispositifs technologiques qui nous entourent et structurent physiquement notre relation au monde ». L'anthropologue Tim Ingold, cité par G. Dubey, rappelle que « dans l'histoire de la technicité humaine qui va de l'outil manuel à la machine, la transition ne va pas du simple au compliqué mais est plutôt équivalente au déplacement du producteur, en tant que personne, du centre vers la périphérie du processus de production, qu'il s'agit en d'autres termes "d'une externalisation et non d'une complexification" » (Ingold, 2010). Si une continuité doit toutefois être relevée entre le travailleur-machine et le travailleur augmenté, elle réside dans l'approfondissement de l'aliénation de l'homme à une machine avec laquelle il ne fait plus qu'un.

Le dépassement de l'homme et de ses fonctions, qui jusqu'alors relevait de la fiction littéraire ou cinématographique, serait en passe de s'inscrire dans des réalités tangibles. La figure du policier augmenté incarné par Robocop dans les années 1980 se retrouve dans le spectacle qu'offre la répression des Zones à défendre (ZAD) ou des manifestations de rue, et, dans la même veine, sous les traits du soldat augmenté qualifié de « super-soldat » aux États-Unis *via* les programmes de la DARPA (*Defense Advanced Research Projects Agency*) ou, en France, *via* le système FELIN (Fantassin à équipements et liaisons intégrés) que Rémy Porte décrit comme « presque Robocop devenu réalité » (Porte, 2018 : 73). Le fameux *Captain America* des années 1940, son bouclier indestructible et le vibranium, sa protection, incarnait en bande dessinée un type de surhomme dont les capacités physiques étaient maximisées par l'injection d'un sérum lui offrant une endurance exceptionnelle. La perspective était alors celle du dopage que les guerres en Irak ont permis d'expérimenter en situation réelle. Aujourd'hui, l'introduction des drones, des robots tueurs, de la guerre numérique, etc. complètent ce culte de la performance en extrayant les corps des soldats du théâtre d'opérations, pour mieux rapprocher la guerre de la réalité virtuelle d'un jeu vidéo faisant apparaître les *Playstations* comme autant de lieux d'entraînement et d'enrôlement pour les plus jeunes. Dans ce processus, la figure marquante est celle du sportif lui-même complétant des apports nutritifs et médicamenteux allant jusqu'au dopage, par un appareillage prothétique ou des implants sous-cutanés censés eux aussi lui offrir des performances améliorées. Le souci d'une quantification de soi porté à son plus haut niveau par le sportif se retrouve dans les objets connectés (montres, smartphones, etc.) permettant à l'individu d'accéder à une telle connaissance de soi, en donnant accès aux métadonnées vues comme devant réduire à terme l'emprise du jugement personnel des médecins par une épidémiologie généralisée. Ainsi, entre utopie et dystopie, le travailleur augmenté comme figure idéologique opacifie le halo idéologique dissimulant la réalité d'un travail plus présent que jamais dans la vie sociale et d'un retrait inédit des institutions de protection sociale.

À travers la figure du travailleur augmenté, il s'agit d'abord de réfléchir à l'incorporation progressive de la machine dans l'humain par l'intermédiaire d'un paradigme fondamentalement biologique. Dans le premier article du dossier, Henry Jorda éclaire le renversement de point de vue initié par l'horizon de l'automatisation comme généralisation de l'automate se substituant à l'humain, et celui de la cybernétique calant les procédures de calcul automatique sur celles de l'intelligence humaine. Alors que la machine avait été prise comme fondement d'une représentation des fonctionnements corporels, c'est à l'inverse le fonctionnement biologique

que les techniciens prennent comme modèle. En retraçant le développement et les évolutions de la méthode graphique en physiologie entre 1847 et 1920, Marco Saraceno interroge la métaphore du « moteur humain ». Cette méthode, qui consiste à enregistrer à l'aide de « capteurs » l'activité humaine et à la transformer en traces écrites (une « autographie ») est à la base de la science humaine du travail. Dans l'organisation capitaliste, le travail peut ainsi acquérir son statut de force mesurable. L'auteur montre que l'autographie contribue ainsi à alimenter la rationalisation capitaliste qui suppose un travailleur optimisable et rentabilisable. La méthode autographique marque une rupture avec le modèle de l'« ouvrier-machine » présenté par Barthélémy Durrive dans l'Homme-machine I, dans la mesure où elle part du fonctionnement biologique soumis à un processus d'enregistrement, là où l'enjeu des expériences décrites dans l'article de Durrive était de justifier le rapprochement du travailleur et de la chaudière. Gérard Dubey quant à lui interroge le passage du pilote de chasse, qui fait corps avec sa machine, à l'opérateur de drone, rivé à ses écrans de contrôle, sans autre relation avec l'avion qu'il contrôle à distance que ce que les algorithmes et les liaisons de données lui communiquent. Il s'agit de penser dans son étrangeté même cette dé-corrélation entre les différentes composantes de l'expérience humaine jusque-là associées dans l'engagement sur le théâtre d'opération. Dans leur relation aux machines dont le drone constitue à la fois le symptôme et la préfiguration, les êtres humains font preuve selon Dubey d'une « inhabilité » croissante, signifiant que l'intelligence humaine est de moins en moins sollicitée à travers des pratiques, des gestes et des apprentissages qui puisse la magnifier.

L'article de Sébastien Dalgalarrondo se fait fort, à partir d'une recherche ethnographique dans le rugby à XV français, d'analyser la diffusion des technologies de *Data Tracking*. Le sport professionnel et sa médicalisation intensive de la performance, écrit l'auteur, apparaît comme un des lieux privilégiés de façonnage des représentations du corps et des promesses biomédicales. La production d'une performance sportive nécessite la mise en jeu des limites physiologiques et psychologiques de l'athlète dans une quête de dépassement de soi. Le sport professionnel peut être analysé comme un véritable laboratoire où, dans le cadre salarial, s'articulent de manière singulière des savoirs, des techniques, des valeurs et des normes afin d'approcher la performance maximale des corps. Les militaires, mais aussi des transporteurs routiers aux États-Unis, les employés d'Amazon ou même certains artistes du monde du spectacle sont à l'instar de ces travailleurs sportifs soumis à ces dispositifs de surveillance basés sur des capteurs et une analyse intelligente des données de masse. En proposant une analyse du sportif professionnel confronté aux usages émergents du *big data* dans son quotidien de travail, l'auteur vise à rendre compte de l'économie politique de cette *santé libre* du travailleur sportif où l'*optimal* se substitue au *normal* par une mise en transparence des organismes et de leurs performances. « Le travailleur sportif emprunte ainsi avec passion la voie à risque de tout projet de *vie sans organe* (Deleuze & Guattari, 1972), où le corps n'est que pure force : un potentiel à exprimer. »

Les apparences sont parfois trompeuses et le débat sur l'homme augmenté, comme l'ont montré les articles consacrés au travail, puise ses racines dans des enjeux déjà anciens. Il en va de même pour la question du transhumanisme, aujourd'hui fort débattue et qui irrigue les trois derniers articles de ce numéro. Une *vulgate* bien enracinée en a retracé les origines en omettant ses racines françaises puisque le terme est employé à la fin des années 1930 par l'ingénieur économiste Jean Coutrot qui, dans le cadre de son Centre d'études des problèmes humains brosse autour du projet transhumaniste la figure d'un homme nouveau qui emprunte notamment aux écrits d'Alexis Carrel, d'Aldous Huxley ou de Teilhard de Chardin (Dard & Moatti, 2016). Mais le transhumanisme d'aujourd'hui peut être considéré comme un mouvement dont la spécificité tient au contexte social et politique dans lequel il se développe. C'est l'ambition de Nicolas Le Dévédec qui expose les liens entre l'idéologie transhumaniste et le capitalisme. Il met notamment l'accent sur les conséquences que peuvent avoir les technologies d'augmentation sur un monde du travail qu'elles vont reconfigurer, à l'heure où chaque individu est censé devenir l'entrepreneur de lui-même, en appréhendant sa santé et son corps comme un capital biologique, et sa vie comme une entreprise. Mettant l'accent sur l'importance de la biomédecine et d'un modèle centré sur le contrôle technoscientifique de soi ou d'une vision d'un « corps-projet », Le Dévédec insiste sur l'importance revêtue par l'idéologie transhumaniste dans les reconfigurations contemporaines du biopouvoir et revisite ainsi l'idée même de perfectibilité humaine assimilée dorénavant à l'*human engineering*. L'homme augmenté dans cette perspective renvoie à la question d'un nouveau modèle de production que préfigurent des formes d'injonction d'augmenter : l'un individu est en effet fortement incité à se transformer pour se conformer, et à se changer pour « performer ». Ces mutations escomptées et attendues par les transhumanistes passent par un développement des nanotechnologies sur les origines et l'histoire récente desquelles Franck Damour propose de revenir.

L'entrée par les acteurs et l'histoire des idées s'avère instructive et deux figures sont privilégiées dans son article. La première est celle du physicien Éric Drexler qui a rêvé de nanotechnologie et de colonisation de l'espace avant de s'intéresser aux potentialités de la cryonie qu'il entend voir mise en œuvre *via* le développement des nanotechnologies. Le monde rêvé par Drexler ne relève pas seulement du registre de l'anticipation mais s'inscrit aussi dans une perspective idéologique et économique d'envergure comme l'illustre la *National Nanotechnology Initiative* (NNI) lancée au tournant du XXIe siècle. Elle préfigure la convergence bien connue du rapport NBIC (Nanotechnology Biotechnology Information Technology and Cognitive Science) qui met en scène une seconde figure étudiée par l'article, William Sims Bainbridge. Sociologue des religions acquis à la théorie du choix rationnel en la matière, Bainbridge s'est reconverti dans l'ingénierie sociale et, comme Drexler, affiche son transhumanisme. Quelles que soient les différences repérables entre les deux hommes, le transhumanisme s'impose bien comme un imaginaire sociotechnique dont on mesure, à travers les soutiens économiques dont il dispose, l'importance des potentialités en ce début de troisième millénaire. On soulignera l'accent mis sur les attentes mises sur les métamorphoses du corps et leurs métaphores à l'ère du transhumain étudiées par Christophe Lazaro. Celui-ci se livre à une réflexion sur la prothèse et sur sa relation à la prophétie transhumaniste. En effet, les transhumanistes donnent de la prothèse une définition bien différente de celle qui est admise communément. La prothèse ne sert plus en effet à réparer ou à remplacer dans un but curatif mais est conçue comme un moyen d'augmentation et de transformation du corps en un corps posthumain. Le transhumanisme doit donc être compris comme un projet d'homme nouveau postulant que la nature humaine est amenée à évoluer. L'homme augmenté y est envisagé comme une manière de dépasser les limites biologiques actuelles de l'espèce.

Le dossier invite à s'interroger sur le « décalage prométhéen », tel que conceptualisé par le philosophe Günther Anders (2002), entre ce que les hommes savent faire techniquement et ce qu'ils sont en mesure de penser et de maîtriser moralement. Passé un certain seuil, la capacité technique est vue comme excédant la condition humaine. L'homme s'avère de moins en moins capable de penser et d'imaginer ce qu'il réalise et produit grâce à la technique. Mais le dossier oblige également à réfléchir sur le transhumanisme comme un modèle de dépassement de l'humain qui, ce faisant, présuppose l'existence même d'une nature humaine qu'il entend dépasser par l'initiative de ces capitaines d'industrie californiens défrayant la chronique de l'humanisme établi. Or, dans la perspective que s'efforce d'approfondir *L'Homme & la Société*, c'est l'hypothèse même d'une nature humaine qui reste à mettre en question, pour saisir le déploiement historique d'une humanité dont la nature profonde est de réveiller les potentialités qui y sommeillent[5] en bouleversant ainsi continûment cette nature même.

Références bibliographiques

ANDERS Günter, 2002. *L'Obsolescence de l'homme*, vol. 1 : *Sur l'âme à l'époque de la deuxième révolution industrielle (1956)*, Paris, Éd. de l'Encyclopédie des nuisance – Ivrea.

DARD Olivier, MOATTI Alexandre, 2016. « Aux origines du mot "transhumanisme" », *Futuribles*, 413, p. 85-92.

DARD Olivier, DIDRY Claude, LE BOT Florent, PERRIN Cédric (dir.), 2014. *L'Homme et la Société*, 193-194 (3-4, « Les milles peaux du capitalisme I »).

DARD Olivier, DIDRY Claude, LE BOT Florent, PERRIN Cédric (dir.), 2015. *L'Homme et la Société*, 195-196 (1-2, « Les milles peaux du capitalisme II »).

DELEUZE Gilles, GUATTARI Félix, 1972. *L'Anti-Œdipe. Capitalisme et schizophrénie*, Paris, Éd. de Minuit.

INGOLD Tim, 2010. « Retour sur "L'Outil, l'esprit et la machine" », *Techniques & Culture*, 54-55 (1), p. 288-290.

LAFONTAINE Céline, 2014. *Le Corps-marché. La marchandisation de la vie humaine à l'ère de la bioéconomie*, Paris, Éd. du Seuil.

LE BOT Florent, DARD Olivier, DIDRY Claude, DUPUY Camille, PERRIN Cédric (dir.), 2017. *L'Homme & la Société*, 205 (3, « L'Homme-machine I »).

---

5 « Le travail est d'abord un procès qui se passe entre l'homme et la nature, un procès dans lequel l'homme règle et contrôle son métabolisme avec la nature par la médiation de sa propre action. Il se présente face à la matière naturelle comme une puissance naturelle lui-même. Il met en mouvement les forces naturelles de sa personne physique, ses bras et ses jambes, sa tête et ses mains pour s'approprier la matière naturelle sous une forme utile à sa propre vie. Mais en agissant sur la nature extérieure et en la modifiant par ce mouvement, il modifie aussi sa propre nature. Il développe les potentialités qui y sont en sommeil, et soumet à sa propre gouverne le jeu des forces qu'elle recèle. » (Marx 1993 [1867] : 199-200).

MARX Karl, 1993 [1867]. *Le Capital : critique de l'économie politique. Livre premier : Le procès de production du capital*, Paris, PUF.

PEREC Georges, 1993 [1975]. *W ou le souvenir d'enfance*, Paris, Gallimard (L'imaginaire 293).

PORTE Rémy, 2018. « Le Félin dans tous ses états », *in* J. d'Andurain, Fr. Audigier & J.-N. Grandhomme (dir), *Les Français et les armes à feu de 1789 à nos jours. Hommage à François Cochet*, Paris, Maisonneuve & Larose nouvelles éditions – Hémisphères, p. 71-78.

SIMONDON Gilbert, 2012 [1958]. *Du mode d'existence des objets techniques*, Paris, Aubier.

Le travail de l'Homme-machine et les promesses d'abondance

De la manufacture automatique à la cyber-entreprise

Henry JORDA
Clersé[1] (UMR 8019)
Université de Lille 1, ULCO, CNRS

Entre les XVIe et XVIIIe siècles, philosophes et médecins fabriquent une image du corps humain en prenant pour modèle la machine. Le corps est saisi selon un assemblage de pièces mécaniques reliées entre elles par des engrenages, qu'il faut mettre en mouvement pour produire des effets. À la Renaissance, cette recherche d'automatisme est un jeu où les inventions se donnent en spectacle et où le génie humain se montre égal à celui d'un dieu créateur. Mais, au temps des Lumières, les automates vont quitter leur théâtre et faire leur entrée dans les ateliers où des humains travaillent de longues heures sans être toujours efficaces. Remplacer des corps vivants par des machines qui copient leurs gestes devient un programme industriel dont les applications sont progressives et l'écriture toujours en cours. Dans l'industrie se forme une figure type du travailleur que nous appelons « homme-machine », qui exprime un savoir particulier sur l'humain, mais aussi l'exercice d'un pouvoir, notamment sur ceux qui travaillent. Cette figure émerge avec le « modèle mécanique du vivant » (Canguilhem, 1994 : 324-329) : la machine humaine étant capable de s'auto-entretenir par des dispositifs de régulation, la quête d'un travail automatisé, pourvoyeur d'infinies richesses, fait des ouvriers des corps-machines, des humains réduits à des rouages de la machinerie plus vaste que constitue l'organisation. Cette phase de mécanisation des corps constitue

[1] Centre lillois d'études et de recherches sociologiques et économiques ; Université de Lille 1, Bâtiment SH2, 59655 Villeuve d'Ascq.

la première partie de cet article : elle fait naître, parmi les élites du XIXe siècle, la croyance dans une société où le travail servile disparaît par automatisation et où l'abondance de biens met fin à la misère.

Au XXe siècle, le cerveau humain devient un territoire investi par le « rationalisme appliqué » (Bachelard, 1986 [1949]), l'intelligence humaine est alors réduite à un ensemble de processus cognitifs reproductibles sur une machine, l'ordinateur. L'automatisation du travail de l'esprit requiert, elle aussi, des modes de régulation, autrement dit, une capacité à enchaîner de manière autonome une suite d'opérations mentales nécessaires au traitement des informations, ou algorithme. Les sciences de l'intelligence renouvellent la figure de l'homme-machine en dotant ce dernier d'une plasticité cérébrale : avec un réseau neuronal auto-organisé, il est capable d'apprendre à apprendre. Désormais, l'homme-machine au travail traite des informations en permanence, recycle ses connaissances et développe ses compétences cognitives. Pour comprendre cette nouvelle phase de l'automatisation du travail, la seconde partie de l'article retrace ses fondements cybernétiques : hommes et machines étant faits de la même matière – l'information –, une intelligence artificielle peut prendre la commande des opérations, laissant le soin aux humains de remplir leurs loisirs et de consommer des biens et des services de masse. Cette nouvelle phase de la mécanisation humaine engage, comme la précédente, des mécanismes de savoir-pouvoir qui se lisent dans les choix scientifiques et les dispositifs techniques. En effet, après le corps humain, une logique d'ingénieur travaille désormais l'esprit humain pour le rendre plus efficace au travail. Dans le même temps, elle révèle les limites humaines et tend à dévaloriser tout ce qui est inutile et inopérant chez l'humain, voire à éliminer les humains des lieux et des moments où ils sont moins performants qu'un automate programmé.

Dans cette brève histoire du travail de l'homme-machine, certains auteurs ont une place toute particulière. Jacques Vaucanson et Andrew Ure annoncent, aux XVIIIe et XIXe siècles, l'usine automatique : le premier en concevant des « androides » et les premiers automates industriels, le second en théorisant l'organisation du travail automatisé. Au XXe siècle, l'œuvre de Norbert Wiener, fondateur de la cybernétique, éclaire la formation contemporaine de l'homme-machine. Quant à l'œuvre de Herbert Simon, elle renvoie à la docilité de « pensée » des automates programmés, et à une intelligence artificielle beaucoup moins limitée que celle des humains. Enfin, c'est Karel Čapek, l'écrivain « inventeur » du robot, qui nous aidera à voir plus clair dans les promesses d'abondance d'un système automatique du travail où l'humain n'a plus sa place. Car nous allons constater, comme le redoutait John Maynard

Keynes, que c'est l'humanité elle-même qui tend à s'effacer dans la quête sans fin de l'abondance économique (Keynes, 1971 [1930]).

Du théâtre des machines à l'ordre industriel : le corps limité

Dans un univers pensé selon des principes horlogers depuis la révolution galiléenne, le monde est appréhendé selon un filtre géométrique qui lui donne un mouvement cyclique, régulier et prévisible. Dans cet agencement mathématisé des choses et des humains, l'énergie insufflant le mouvement est encore d'inspiration divine, et ceux qui s'efforcent de le copier sont accusés de concurrencer Dieu. Tel sera le jugement porté, un temps du moins, sur Jacques Vaucanson, figure des Lumières qui nous servira d'éclaireur dans cette partie[2]. Fabricant d'automates, il incarne la sortie de scène des machines automatiques et leur entrée dans les ateliers. Il propage alors l'idée d'une industrie pouvant se passer du travail humain le plus pénible, celui qui use les corps. L'abondance est même promise à toutes et à tous, mais l'accès au paradis économique réclame de la discipline. Ici aussi, la machine se présente comme un remède aux limites humaines, car sa seule présence imprime un ordre et une rigueur qui s'imposent à des ouvriers de plus en plus mécanisés.

Les machines animées : un spectacle d'ingénieur

Aux XVIe et XVIIe siècles, se forme une représentation mathématisée, voire automatisée, de la nature, par l'usage de la métaphore horlogère. Le monde, jusque-là couvert de signes magiques à interpréter, dévoile ses secrets de fabrication sous la forme d'un langage mathématique (Foucault, 1968 [1966] : 48). C'est ainsi que Galilée et Newton écrivent un grand livre de l'univers où les choses sont réduites à un ensemble de lignes et de figures géométriques dont la raison humaine peut prendre la mesure. Géométrie et Mécanique peuvent dès lors nous rendre « maîtres et possesseurs » de la nature, selon l'expression employée par Descartes. Dans ce monde-machine dont l'horloge est le symbole, toute réalité peut s'expliquer par le jeu des figures et de leurs mouvements. Cette « philosophie mécaniste » (Bachelard, 1986 [1949] : 174) transforme les choses et les êtres en automates dont il s'agit de comprendre le fonctionnement afin de produire des effets toujours supérieurs. L'idée d'énergie naît ainsi au XVIIIe siècle comme un « trait d'union » entre les choses et leur mouvement (Bachelard, 1986 [1949] : 66).

2 Pour une présentation des premiers ingénieurs mécaniciens, en particulier de Jacques Vaucanson (1709-1782), lire Jorda, 2002 : 13 *sq*.

Ce programme de la science classique s'est traduit dans la construction d'automates imitant la nature-machine. En appliquant les règles mathématiques et géométriques aux corps vivants, ces derniers deviennent des objets dont l'homme de science ne retient « autre chose que les divers rapports ou proportions qui s'y trouvent ». Épurés, ramenés à « quelques chiffres », comme l'écrit Descartes (1991 [1637] : 91-92), ces objets fabriquent un monde où la présence divine se manifeste dans la précision et l'harmonie des agencements, dans la perfection des formes et dans la force qui imprime les mouvements. L'animal est ainsi considéré comme un automate et le corps humain « comme une machine, qui, ayant été faite des mains de Dieu est incomparablement mieux ordonnée et, a en soi des mouvements plus admirables, qu'aucune de celles qui peuvent être inventées par les hommes » (Descartes, 1991 [1637] : 125). La différence entre l'animal et l'homme, précise Descartes, est dans la disposition des organes et l'usage de la Raison.

Son « dualisme » empêche Descartes de penser une assimilation complète de l'homme à la machine, mais le ton est donné : désormais, le vivant peut s'expliquer en termes mécaniques (Chazal, 2013). La Mettrie, en associant l'âme et le corps (La Mettrie, 1987 [1748]), montre que le corps humain est une machine capable de monter elle-même ses ressorts. Avec lui, les êtres humains sont réduits à des « machines perpendiculairement rampantes » (La Mettrie, 1987 [1748] : 185) dont l'âme est le principe d'un mouvement perpétuel, à l'image d'une horloge mécanique. La machine humaine qui se meut d'elle-même, comme le méditait déjà Descartes, est faite de tuyaux, leviers, poulies, canaux, pompes et soufflets, et elle peut donc être imitée par les humains afin d'en saisir les principes du mouvement. Cette mécanique des corps connaît plusieurs versions, selon l'origine des mécaniciens… Le médecin et le physiologiste ont pour modèle la machine hydraulique pour analyser la circulation des fluides, notamment le sang [3]. Le chimiste « imagine » plutôt un assemblage d'alambics, de philtres et de serpentins (Diderot & d'Alembert, 200X [1751-1780] : article « Corps » : 4/263).

Certains horlogers se servent d'engrenages, de rouages, de leviers, de ressorts et de poids pour composer des machines animées, des automates dont certains ont figure humaine et sont appelés « androides ». Un exemple en est donné par l'*Encyclopédie*, le *Flûteur automate* de Jacques Vaucanson. Les

---

3 C'est le cas de Bernouilli, par exemple. Médecin, il prend la machine hydraulique pour modèle mécanique du corps vivant. La machine idéale est, selon lui, une machine qui permet d'obtenir le maximum d'effet avec le minimum de fatigue, en ne gaspillant pas la force qui lui est imprimée (Séris, 1987 : 305-308).

mouvements du joueur de flûte sont commandés par des dispositifs techniques sous forme de roues tournant sur des axes, de cordons reliés à des soufflets et à des poulies, de leviers aboutissant à des soupapes, de tuyaux dans lesquels circule le « vent » communiqué par les soufflets, de rouages faisant tourner des cylindres qui, par un système de fils et de chaînes d'acier, font « passer le vent » dans les tuyaux et imitent le son de la flûte. C'est ainsi que « par l'action du levier qui sert à augmenter l'ouverture des lèvres, on imite l'action de l'homme vivant » et, par un autre levier, « on imite le mouvement que fait aussi la langue de l'homme » (Diderot & d'Alembert, 200X [1751-1780] : article « Androide », 1/448). Ses automates ont rendu Vaucanson célèbre en Europe : le *Flûteur*, le *Joueur de tambourin* et le *Canard digérateur* qui bat des ailes, mange du pain et le rend digéré. Ils ont bénéficié des progrès de l'horlogerie, secteur dans lequel était étudiée depuis plusieurs siècles la possibilité de mouvements réguliers et cycliques, se répétant à l'identique sans intervention humaine, par le seul agencement de pièces mécaniques[4].

Ces êtres-machines se donnent à voir dans des « théâtres »[5]. Les automates et leur inventeur rejouent la scène originelle de la Création devant un public qui assiste au spectacle du « réveil » de la machine. Le créateur humain se fait ici démonstrateur : il présente sa créature en jouant à Dieu, dans des foires et des palais. Selon Vaucanson, ses automates musiciens sont capables de jouer des airs sans se fatiguer et plus rapidement : une langue mécanique peut remuer plus vite qu'une langue humaine, un bras mécanique peut frapper un tambourin sans jamais faiblir. Le public est impressionné par l'imitation, même si cette dernière relève parfois davantage de la prestidigitation que de l'ingénierie mécanique… Malgré tout, ces animaux et hommes de fer intéressent tout particulièrement les rois et les princes : ils seraient, en effet, d'une grande utilité dans les armées et les manufactures, car ils n'ont aucune faiblesse, ne s'épuisent jamais, ne connaissent ni la faim ni la soif, et sont toujours loyaux et obéissants. En 1741, Vaucanson est nommé Inspecteur général des manufactures de la soie (Jorda, 2002 : 14) : ses inventions quittent alors la scène du spectacle pour entrer dans les ateliers où la recherche de l'efficacité réclame des machines-outils plus performantes que les humains.

---

4 Ces machines humaines ou animales déplaisaient à l'Église qui les voyait comme des concurrentes aux créations divines, voire comme l'exercice d'un pouvoir démoniaque se manifestant dans des modèles réduits d'êtres vivants. Vaucanson a été empêché d'entrer dans les ordres pour cette raison.

5 Ces « théâtres » d'ingénieur supposent une scène et un public, contrairement aux « théâtres de machines » de la Renaissance qui étaient des ouvrages imprimés représentant des machines. Cf. Dolza & Vérin, 2004.

Les machines automatiques : une économie des corps

En quittant le théâtre des machines, l'inventeur d'automates abandonne son rôle de démiurge pour se faire ingénieur. Ainsi, quand Vaucanson entre dans les ateliers de tissage, son but n'est pas de produire des effets spectaculaires avec un automate ayant corps et aspect humains, mais de reproduire des opérations industrielles afin de remplacer les mains et les corps ouvriers par des machines automatiques. La conception de l'automate industriel est guidée par les seules considérations économiques où l'esthétique n'a guère de place : l'apparence et le visage de l'automate industriel importent peu, et sa peau n'a pas besoin d'être copiée par des tissus qui en imitent la texture. Nul besoin d'androïde, des bras articulés, des tours et des axes suffisent, car il ne s'agit plus d'impressionner un public, mais d'augmenter l'efficacité du travail en mécanisant, puis en automatisant les activités ouvrières. Il ne s'agit plus d'imiter Dieu pour réussir un spectacle, mais d'imiter les opérations humaines pour dépasser les limites du corps. Ce qui compte est ce qui peut faire l'objet de calculs – le mouvement, la force, l'allure –, et ce qui importe est de reproduire les gestes par un dispositif technique plus rentable que les humains.

Inspecteur des manufactures, Vaucanson conçoit un premier « automate » industriel qui dépasse les performances humaines : un métier à tisser manœuvré par un âne. Il démontre ainsi, affirme-t-il, qu'« un cheval, un bœuf ou un âne [font] des étoffes bien plus belles et plus parfaites que les plus habiles ouvriers en soie » (Vaucanson cité par Wood, 2005 : 62). Pour Vaucanson, les ouvriers ne pourront jamais atteindre la perfection mécanique et, en bon physiocrate, il les renverrait aux champs où ils seraient bien plus utiles que dans les ateliers. Son œuvre exprime l'idée d'un corps humain imparfait, limité en vitesse et en endurance, un corps qui s'use avec le temps alors que le Progrès, lui, réclame des efforts constants, un travail exécuté selon les principes d'utilité et d'efficacité. Au XVIIIe siècle, et plus encore au XIXe siècle, le travail industriel promet l'abondance des nations et devient le lieu de libération des énergies, mais pour produire des effets sans cesse croissants, la machine automatique est préférable à l'humain limité [6]. Ce programme qui réclame l'union des sciences et des techniques, transforme l'organisation du travail dans les ateliers par la mécanisation des procédés. Il se lit déjà dans l'*Encyclopédie* de d'Alembert et

---

[6] C'est au tournant des XVIIIe et XIXe siècles, avec une civilisation qui se mécanise et des transports qui s'accélèrent, que la question de l'épuisement et de l'usure des corps est posée pour la première fois. Le corps humain se révèle fatigué et doit être fortifié dans le cadre du travail à l'usine et de la compétition sportive, afin qu'il suive les rythmes urbains et supporte les cadences industrielles. Cf. Pitsos, 2011.

Diderot, où la science est convoquée pour chasser l'arbitraire des idées sur le travail, arracher les métiers à leurs traditions et recomposer les manières de travailler. Vaucanson radicalise le programme encyclopédique et annonce les « innovations » du XIXe siècle, en construisant la première machine-outil automatique, un métier à tisser programmé pour travailler à la place du tisserand. La force et l'intelligence sont désormais dans la machine[7].

Mécaniser et automatiser le travail requièrent la transparence des savoir-faire ouvriers. Pour les reproduire, il a fallu observer, décomposer, dessiner et calculer les gestes, les outils, les déplacements, il a fallu faire dire leur travail à ceux qui l'exécutaient, comprendre leur jargon professionnel, leurs astuces et leurs arrangements avec la réalité du travail. Ensuite, il a fallu recomposer l'ensemble en retirant le superflu, l'inutile, tout ce qui fait perdre du temps, tout ce qui est inefficace et inutile car improductif. L'ingénieur du travail cherche alors à concevoir un procédé dont le mouvement est régulier et contrôlable à tout moment. C'est la répétition des mêmes cycles d'opération qui assure un travail continu, réglé comme une horloge, dont le déroulement est prévisible, et qui transforme les ouvriers en rouages, en instruments au service d'une machine qui fait leur travail de manière quasi automatique.

Dans la quête des rendements croissants, le système automatique de travail semble supérieur au travail humain jugé faible et peu fiable, manquant de force et de vitesse. Pour l'ingénieur, le médecin ou l'économiste, les ouvriers sont lents, leur intelligence et leur corps sont limités par leur condition humaine et « sociale ». Seul le savant peut réformer le travail en définissant des règles claires et objectives inspirées de la science des machines. Ainsi, au XIXe siècle, une nouvelle science prend pour objet la manufacture : elle analyse les activités élémentaires pour les recomposer, elle cherche à établir des relations fluides entre les opérations et elle réforme la circulation des matières et de l'énergie dans le corps de l'usine[8].

C'est en Angleterre que cette théorie de l'organisation s'exprime le plus clairement, avec Andrew Ure et sa « Science des manufactures ». Médecin et

---

7 Pour ce métier automatique conçu en 1775, Vaucanson s'est inspiré du fonctionnement des pianos mécaniques, et a remplacé les cartons perforés par un cylindre métallique dont le mouvement est entraîné par un système hydraulique. Au début du XIXe siècle, Joseph-Marie Jacquard reprend et améliore l'invention de Vaucanson : le motif du tissu est traduit en cartons perforés, et une seule pédale permet de faire avancer le carton d'un cran afin que le métier exécute le tissage automatiquement (Jorda, 2002 : 15).

8 La manufacture est ainsi présentée par Andrew Ure (1778-1857) comme un corps composé de machines, de nature plus ou moins organique, entraînées par la « reine » des machines, la machine à vapeur (Ure, 1836 : 3).

chimiste écossais, il se fait connaître en publiant, en 1835, *The Philosophy of Manufactures*[9], « best-seller » traduit en français dès l'année suivante. Il y recense les progrès du « système automatique de l'industrie anglaise », sujet qui souffre de « l'ignorance et de l'esprit de routine des ouvriers » (Ure, 1836 : XX), avance-t-il dès sa préface. C'est bien pourquoi il faut leur soustraire le travail pour le confier à des machines automatiques. Selon Andrew Ure, la manufacture forme bien un corps, c'est même un « organisme mécanique » qui comprend des « millions d'organes complexes », et fait preuve d'« intelligence créatrice » (Ure, 1836 : 3). Selon lui, il n'est plus nécessaire de réunir un grand nombre de bras pour produire le plus possible, car, au contraire, « la plus parfaite manufacture est celle qui peut se passer entièrement du travail des mains » (Ure, 1836 : 1). L'usine est un Grand Automate qui annonce des temps heureux pour l'humanité, pourvu qu'il puisse se mouvoir de lui-même et que les humains deviennent à leur tour des machines à son service.

L'homme-machine : un être discipliné

Au XIXe siècle, il ne s'agit plus seulement d'analyser les opérations distinctes les unes des autres, mais leur enchaînement logique et leur régulation automatique. Les promoteurs de la « mécanique industrielle » en France et de la « science des manufactures » en Angleterre, envisagent les machines comme des agencements d'organes définis selon leur fonction – récepteurs, transmetteurs, opérateurs… – ou bien comme des moteurs qui communiquent la force, le mouvement, le rendement, des mots d'ingénieur pour dire la vie[10]. Les machines sont conçues pour produire en masse, elles sont bien plus puissantes que les humains, et leur science doit contribuer « à la prospérité publique »[11]. La manufacture automatique d'Andrew Ure annonce, à partir des expériences menées en Grande-Bretagne, un système mécanique capable de prendre en charge la production industrielle de masse en réglant le travail selon les principes de l'horlogerie – cycle, ressort, régulation, etc.

---

9 Le titre complet est *The Philosophy of Manufactures, or an Exposition of the Scientific Moral, and Commercial Economy of the Factory System of Great Britain.*

10 En France se constitue dans le premier tiers du XIXe siècle une « science des machines » portée par des ingénieurs pour la plupart issus de l'École polytechnique. Autour de Charles-Louis Navier, Gustave Coriolis, André-Marie Ampère, Sadi Carnot et bien d'autres, une ingénierie du travail mesure les effets des machines afin d'en augmenter le rendement, notion qui apparaît clairement en 1840, même si l'idée était déjà présente chez les mécaniciens. Lire la formation de cette « mécanique industrielle » dans Séris, 1987 : 408-446.

11 Avec la puissance de la machine et une population disciplinée, « nos fabriques fleuriront et porteront des fruits abondants », affirme Andrew Ure (1836 : 231).

Dans un système automatique de production, le travail manuel est dévalorisé du fait même que la machine l'exécute mieux et plus vite. Si les ingénieurs et les programmeurs y occupent une place centrale, la machine automatique retire aux ouvriers leur savoir-faire désormais encarté. C'est ainsi que la machine automatique peut être confiée à un enfant qui sera heureux de travailler, précise Ure, ce qui substitue le travail docile et peu coûteux à la production chère et sujette aux cabales ouvrières (Ure, 1836 : 38). La machine, surtout quand elle fait partie d'un « corps manufacturier », exerce un pouvoir disciplinaire sur les ouvriers, elle les condamne à suivre son rythme, à s'adapter à ses règles de fonctionnement. C'est, par exemple, le cas de l'« automate fileur », une machine qui semble à Andrew Ure douée de pensée, et par laquelle « la main rebelle de l'industrie apprend à être docile » (Ure, 1836 : 140).

La docilité est assurée par une économie qui transforme les corps ouvriers en « machines utiles » (Chaptal, 1993 [1819] : 417) : les corps ouvriers sont automatisés après avoir rendu l'esprit qui les anime complètement inutile[12]. Plier les corps devient au XIXe siècle le principe mécaniste de direction des manufactures, avec une automatisation qui permet parfois d'employer des corps moins endurants, comme ceux des femmes et des enfants[13]. La figure

12 Selon Michel Foucault, dans toute l'Europe, se dessine à partir du XVIIIe siècle, un même « schéma de docilité » qui renvoie à la production d'un corps ouvrier obéissant dont il faut extraire les gestes et les mouvements utiles (Foucault, 1975). Karl Marx, quant à lui, analyse la transformation du procès de travail sous l'effet du machinisme : le capitalisme retire au travailleur son outil de travail et cantonne l'ouvrier à un rôle de surveillant de la machine. C'est la machine qui met désormais en œuvre le procès de travail et « possède habileté et force à la place de l'ouvrier ». Dès lors, « l'activité de l'ouvrier, réduite à une pure abstraction, est déterminée en tous sens par le mouvement d'ensemble des machines ; l'inverse n'est plus vrai. La science contraint, de par leur construction, les éléments inanimés de la machine à fonctionner en automates utiles. Cette science n'existe donc plus dans le cerveau des travailleurs : au travers de la machine, elle agit plutôt sur eux comme une force étrangère, comme la puissance même de la machine » (Marx, 1967 : 116).

13 Avant d'être un homme-machine, l'ouvrier a été un enfant-machine du fait de la simplification du travail réalisée par la mécanisation, « réduit à une situation d'esclavage tant à l'égard de ses parents [...] qu'à celui du capitaliste dans une usine qui se rapproche du bagne » (Didry, 2017 : 134). De son côté, la femme étant assignée à des rôles subalternes dans le procès de travail industriel, la femme-machine semble invisible. Elle a pourtant fait l'objet d'un roman de Villiers de L'Isle-Adam, *L'Ève future* (1886) : Lord Ewald est amoureux d'une très belle femme qui se révèle idiote à ses yeux. Thomas Edison lui fabrique alors une « andréide », copie exacte du modèle féminin à l'esprit « augmenté » (Villiers de l'Isle-Adam, 1993 [1886]). La représentation de la femme comme machine a été étudiée dans le secteur de la téléphonie et de la couture. Ainsi, dans le récit autobiographique d'une « demoiselle du téléphone » du début du XXe siècle, on peut lire : « Je deviens un robot, un appareil ménager précisément, placé devant un autre robot » (Julliard, 2004-2005 : 24).

de l'homme-machine exprime alors l'engagement des corps dans des mouvements entraînés par le système automatique de production. Le cerveau humain est remplacé par la commande mécanique et le corps humain est travaillé dans le détail « au niveau même de la mécanique – mouvements, gestes, attitudes, rapidité : pouvoir infinitésimal sur le corps actif » (Foucault, 1975 : 139)[14].

Au XIXe siècle, les corps ouvriers entrent dans une économie où leur utilité est mesurée par la durée et l'intensité des efforts, et où l'échelle des salaires reflète à sa manière la hiérarchie des endurances. En chassant la pensée de l'atelier, comme le dit clairement Taylor, et en soumettant les corps à la discipline industrielle, la formation de l'homme-machine vise à supprimer ce qui, dans l'humain, est superflu au travail. L'homme-machine est, par nature, inhumain, c'est un « homme de fer », un homme sans vie relégué au rang d'esclave dès lors qu'il sert une machine. Son temps de travail est dicté par une autre machine, l'horloge mécanique, qui instaure la ponctualité et les rappels à l'ordre nécessaires à l'efficacité d'un procédé lui-même réglé comme une horloge. Son emploi du temps est établi selon des intervalles de plus en plus resserrés pour lutter contre la porosité et « constituer un temps intégralement utile » (Foucault, 1975 : 152). L'homme-machine est l'ouvrier idéal, parfaitement adapté à son poste, servant de la machine, le corps entier engagé dans la production, oubliant son humanité le temps du travail. Par le chronométrage des opérations et des temps élémentaires, et par le chaînage du procédé de fabrication[15], il est toujours plus performant. Après l'analyse de ses mouvements, les calculs de sa force, de sa vitesse et de son énergie, ses mouvements et ses temps inutiles

---

14 Voir, par exemple, les travaux d'Étienne-Jules Marey (1830-1904) qui, en photographiant les corps, en fait des machines travailleuses ou sportives, par la détection des mouvements et des gestes inutiles. Physiologiste, Marey a employé les techniques de la photographie en série pour étudier la locomotion humaine et animale ; cette méthode chronophotographique est considérée comme l'un des ancêtres du cinématographe (Canguilhem, 1994 : 247).

15 Taylor mécanise les gestes ouvriers en chronométrant les temps élémentaires après la décomposition des opérations, alors que les ingénieurs mesuraient jusque-là les opérations dans leur ensemble, sans les décomposer en opérations élémentaires. Quant à Ford, il introduit le convoyage automatique dans la chaîne d'assemblage des automobiles, mais la « chaîne » était employée dans la chimie et le raffinage depuis les années 1850, dans la sidérurgie depuis les années 1860, et dans la fabrication des cigarettes et des allumettes depuis les années 1880. Dans les industries mécaniques, le chaînage du procédé a débuté dans l'armement, les machines à coudre et les bicyclettes, avant de concerner l'automobile. Pour une petite histoire de la fabrication en continu, lire Jorda, 2002 : 42 *sq*.

sont supprimés pour aligner son fonctionnement sur celui de la machine[16]. C'est toute une machinerie disciplinaire qui s'impose progressivement dans les usines où la machine automatique, en dictant un rythme indépendant des dérèglements humains, fait régner l'ordre, car la discipline de l'homme-machine est la condition du bonheur à venir.

Au XIXe siècle, la difficulté n'est plus dans l'automatisation du travail – elle est déjà réalisée dans l'industrie textile –, mais dans l'organisation de la manufacture de telle sorte qu'elle forme un corps où tous les organes agissent de manière concertée. La fabrication de ce corps homogène – avec ses moteurs, ses roues, ses engrenages et ses poulies – en révèle le « maillon faible », l'ouvrier. Ce dernier, selon Andrew Ure, est prisonnier de ses routines de travail et de son esprit mal tourné, il est sujet à des cabales et à la paresse. L'industrie doit donc être délivrée du « caprice de la main d'œuvre », et cette dernière pourra être délivrée à son tour du travail servile, celui qui peut être exécuté par une machine automatique. En attendant ces temps heureux, « la difficulté consist[e] surtout dans la discipline » des ouvriers : elle tient à leurs « habitudes irrégulières dans le travail » qui contrarient la « régularité invariable du grand automate » (Ure, 1836 : 22).

Seule la science des manufactures peut en terminer avec la malédiction originelle du travail, en procurant une « nourriture abondante », « sans verser une goutte de sueur », affirme Andrew Ure (1836 : 25)[17]. Et il précise que, pour gagner ce paradis économique, le travail, la science et le capital doivent coopérer pour former, à l'échelle de la nation, un corps « semblable à celui d'un être animé » dont le mouvement est communiqué par un « contrôleur général », la machine à vapeur. C'est elle qui entraîne l'ensemble du système automatique dont la « perfection » pourrait être contrariée par une présence humaine suspecte d'être limitée.

En définitive, l'abondance économique promise par le projet de société issu des Lumières suppose la coopération de trois acteurs essentiels : les

---

16 Au XIXe siècle, le corps humain est travaillé par un « imaginaire énergétique » qui l'assimile à un « moteur », et qui tient à la volonté marquée entre la fin du XVIIIe et le début du XIXe siècle, de calculer ses capacités physiques et de mesurer ses gestes pour le rentabiliser (Corbin dir., 2005 : 324-327).

17 La rationalisation du travail est bénéfique aux ouvriers car elle réduit leurs efforts, telle est l'idée partagée par Ure, Taylor et tous les ingénieurs du travail. Avec l'automatisation, même un enfant chez Ure, un handicapé ou un aveugle chez Ford, peut trouver à s'employer pour gagner sa vie. Aujourd'hui, le *lean management* promet, par l'application des recettes toyotiennes à tous les niveaux de l'organisation, de sauver les emplois et d'améliorer les conditions de travail en soulageant les efforts ouvriers... Cf. à ce propos Durand, 2017.

ingénieurs, les ouvriers et les capitalistes. C'est alors que se forme une hiérarchie sociale à partir de mécanismes de savoir-pouvoir : l'ingénieur dicte les règles du travail efficace à des ouvriers qui les exécutent pour rentabiliser un capital investi par des entrepreneurs privés ou par l'État. Avec la rationalisation du travail, la méfiance envers les ouvriers grandit : ils sont soupçonnés de ne pas en faire assez au travail et de fomenter des cabales contre leur employeur. Avec la fin des corps de métier, les ouvriers, expropriés de leur savoir-faire et de leurs outils, sont progressivement réduits à des êtres purement fonctionnels dont il faut augmenter l'efficacité. Le corps humain est alors placé au centre des dispositifs disciplinaires pour en faire un outil, une machine, du procédé de travail. L'homme-machine, l'être idéal aux yeux des ingénieurs et des entrepreneurs, est ainsi engagé dans une économie définie par l'instrumentation du corps humain (le corps est une machine utile dont il faut extraire le maximum d'énergie productive), l'automatisation des gestes (la répétition des tâches procure l'habileté nécessaire à la conduite du procédé de travail) et l'inutilité de l'esprit ouvrier (seule la science des ingénieurs est légitime pour définir le meilleur procédé).

C'est ainsi que l'être humain idéal au travail agit comme une machine, sans imagination ni intelligence. Son esprit étant inopérant, c'est l'engagement maximal des corps qui est recherché selon une technologie qui chasse la pensée des ateliers.

Au XXe siècle, le marché entre dans l'organisation du travail. Les flux d'information, de matières et de produits s'accélèrent, les changements deviennent permanents et les ajustements se font de plus en plus vite pour espérer des rendements rapides. Les nouvelles formes d'organisation du travail rendent encore plus visibles les limites humaines et l'automatisation s'étend aux tâches intelligentes, voire aux décisions prises jusqu'alors par des humains. La pensée elle-même devient un processus mécanique dont l'ingénieur de l'esprit définit l'ordre logique des opérations afin de doter l'homme-machine d'un cerveau.

Du robot endurant à l'intelligence artificielle : l'esprit limité

Au XXe siècle, les sciences de la nature, qui analysaient jusqu'alors un monde homogène et prévisible, envisagent une nature complexe dont les phénomènes connaissent des écarts, des fluctuations et des instabilités[18]. Elles réalisent que

---

[18] Ce même « mouvement » s'observe dans les mathématiques, en biologie et en physique. Cette dernière va connaître une « théorie du chaos » avec son « effet papillon » qui fait du monde un espace probabilisé. Jusqu'alors, l'effort des scientifiques visait l'élimination de la

l'ouverture des systèmes naturels ou artificiels les rend vulnérables aux influences extérieures, et prennent alors pour objet d'étude les processus adaptatifs et régulateurs. Les échanges d'information sont ainsi placés au centre des recherches : la carte des interactions est dressée, les modalités de transmission et de réception sont repérées, et les processus de traitement symboliques sont analysés[19]. Cette manière nouvelle d'appréhender les choses et les êtres se manifeste dans le projet cybernétique qui réfère l'intelligence des systèmes à leur faculté de s'adapter, par apprentissage, aux conditions environnementales changeantes. Après celles du corps, les opérations de l'esprit font l'objet d'une ingénierie tendant à déconsidérer et à mécaniser le cerveau humain, comme nous allons le voir dans cette partie. Désormais, les ingénieurs de l'intelligence définissent les procédés cognitifs efficaces et révèlent, dans le même mouvement, les limites de l'esprit humain. Au travail, le robot devient la figure nouvelle de l'homme-machine, un cyber-travailleur managé corps et âme par l'organisation qui l'emploie.

L'ingénierie de l'esprit : une mécanique de l'intelligence

Les sciences cognitives sont nées dans les années 1950 par la convergence de travaux issus de sciences humaines et de sciences naturelles : les neurosciences, l'intelligence artificielle, la linguistique, la psychologie et la philosophie cognitives ont pour objet de recherche les capacités de l'esprit humain[20]. Après l'horloge, c'est l'ordinateur qui devient la machine métaphorique exprimant la rationalisation du travail, celle de l'esprit. En effet, les comportements intelligents sont envisagés comme des mécanismes de stockage, récupération, codage et manipulation des informations. Les systèmes intelligents, qu'ils soient naturels ou artificiels, se caractérisent par leur capacité à se réorganiser en permanence en intégrant des informations nouvelles par l'apprentissage constant de leur milieu. Leur régulation n'est plus horlogère car elle mobilise des dispositifs d'asservissement à la norme par des effets de rétroaction[21].

---

turbulence, de l'erreur ou du bruit pour produire une image homogène de la réalité physique et sociale fondée sur la convergence, la régularité et l'équilibre (Bachelard, 1987 [1934]).

19 C'est le cas, par exemple, de la biologie moléculaire avec l'ADN comme support d'information génétique.

20 Pour une présentation claire et synthétique des sciences cognitives et de leur origine : Vignaux, 1991 ; Dupuy, 1994.

21 Le *feed-back* (ou « boucle d'asservissement », ou encore « boucle de rétroaction ») est un concept central de la théorie cybernétique. C'est un dispositif qui fonctionne dans l'interaction constante entre le système cognitif finalisé et son milieu, au fur et à mesure de son expérience du réel. Il est capable de corriger la trajectoire du système afin qu'il

L'hypothèse centrale des sciences cognitives est que les processus intelligents sont des opérations symboliques, leur étude peut donc employer des modèles mathématiques ou informatiques. Le cerveau humain est assimilé à une machine cybernétique composée de cellules nerveuses qui communiquent des informations, et ces dernières sont codées pour être reconnues et manipulées par le réseau neuronal (Changeux, 1983).

Il est difficile d'identifier l'origine d'un tel processus d'explication du monde et des êtres, mais il semble que Charles Babbage soit le précurseur de ce qui s'appellera programmation. Selon lui, l'emploi des machines est plus avantageux que l'emploi des humains dans la mesure où elles sont plus rapides, plus solides et plus rentables. Et « un avantage remarquable des machines, c'est cette surveillance qu'elles exercent sur l'inattention, la négligence et la paresse de l'homme : ainsi s'appliquent-elles parfaitement à compter une suite de répétitions d'une même action, l'une des opérations les plus fatigantes qu'on puisse imposer à l'esprit humain » (Babbage, 1833 : 70). L'homme étant imparfait et incomplet, sujet à des faiblesses physiques et morales, il est préférable de diviser le travail, y compris celui de l'esprit. C'est ainsi qu'il est tout à fait possible, et souhaitable, « d'effectuer toute espèce de calcul numérique avec une machine » (Babbage, 1833 : 257). Non seulement la machine à calculer est supérieure au cerveau humain, mais elle peut domestiquer l'humain, le surveiller dans ses opérations, le guider dans son travail pour gagner du temps. La rationalisation du travail de l'esprit ne sera pas aboutie avec Babbage, mais sa « machine analytique », qui reprenait le système de cartes perforées de Vaucanson et Jacquard, est considérée par les historiens des sciences (Levy, 1989 ; Breton, 1990) comme l'ancêtre de l'ordinateur moderne.

C'est Alan Turing qui mécanise véritablement l'esprit en simulant, en 1936, « la manière dont un être humain peut effectuer mécaniquement certains calculs » (Chazal, 2013 : 63)[22]. La machine de Turing conçue comme un outil de traitement des informations, renvoie au second plan le traitement des matières et de l'énergie. C'est avec elle que naît le mot « programme », même si la programmation est déjà appliquée dans la conception des machines-outils avec des instructions et des consignes codées et inscrites dans un « ruban »

---

atteigne l'objectif malgré les perturbations rencontrées. Pour une présentation du *feed-back* comme dispositif disciplinant les comportements humains, Jorda, 1999 : 64-66.

22 L'obsession de ce premier tiers du XXe siècle est celle d'un corps mécanisé, fait pour la performance, y compris cérébrale, ce que dit à sa manière *La Tête mécanique* (1919) de Raoul Hausmann ; cf. Courtine, 2005 : 422-423 (et couverture de ce numéro).

(Séris, 1994). Vient ensuite le « moment cybernétique » qui permet de comprendre la mécanisation du monde et des humains que nous connaissons aujourd'hui. Pour Norbert Wiener, comme pour Babbage et Ure avant lui, il s'agit d'éliminer l'humain de la chaîne de calcul pour améliorer l'efficacité du travail, car le cerveau humain est limité au regard du potentiel mécanique (Wiener, 2014a [1948/1961])[23]. Il s'agit alors de rechercher les conditions de la performance des systèmes en milieu ouvert, c'est-à-dire les adaptations et apprentissages constants qui procèdent à leur régulation automatique. C'est pendant la Seconde Guerre mondiale que Wiener reprend l'architecture de la machine de Turing pour améliorer la défense anti-aérienne[24]. Il s'agit de suivre la trajectoire des avions ennemis, tout en calculant la probabilité des trajectoires futures, afin de corriger automatiquement le tir et de toucher la cible mouvante. Le système cybernétique peut s'auto-corriger de lui-même alors que la « machine humaine » est incapable, malgré les qualités de son système nerveux, de calculer et de corriger de tels écarts en temps réel.

L'article coécrit en 1943 par Rosenblueth, Wiener et Bigelow est considéré comme l'acte de naissance de la cybernétique et, par la suite, des sciences cognitives[25]. Les auteurs prennent comme métaphore méthodologique le système nerveux humain pour décrire le « pilotage » des défenses anti-aériennes. Le problème fondamental des concepteurs réside dans la traduction statistique et l'inscription physique de la régulation dans une « boucle d'asservissement ». Il faut inventer un système mécanique qui commande (et pas seulement qui fournisse de l'énergie) à un autre système mécanique qui exécute la commande (un canon de la DCA ou une machine-outil). La régulation automatique est alors un pilotage du système où l'humain est limité,

---

23 « Il est donc avantageux, écrit Wiener, dans la mesure du possible, d'éliminer l'élément humain de toute chaîne de calcul élaborée » (p. 222), car « le cerveau [...] n'est pas l'analogue absolu du calculateur, mais plutôt d'une machine à session unique » (p. 227).

24 Dans l'introduction de *La Cybernétique,* Wiener rappelle les débuts de cette science dans la DCA (défense contre l'aviation) : les avions étant de plus en plus rapides, leur destruction requiert des capacités de calcul de plus en plus puissantes et des dispositifs permettant d'anticiper les trajectoires de vol. Julian Bigelow, Arturo Rosenblueth et Norbert Wiener proposent alors la métaphore du système nerveux pour décrire les mécanismes engagés dans le « pilotage » des installations anti-aériennes. En effet, le système nerveux est performant dans la mesure où il est capable de s'auto-corriger en temps réel (Wiener, 2014a [1948/1961] : 55 *sq.*).

25 Il s'agit de « Purpose, Behavior and Teleology » publié dans *Philosophy of Science*. Dans cet article, les auteurs proposent une alliance entre les sciences de l'ingénieur et les sciences du vivant afin d'étudier les comportements des vivants et des machines, envisagés comme des « automates à *feed-back* » (Triclot, 2008 : 86-92).

voire impuissant, d'où la nécessité d'une science de la commande, la cybernétique[26]. Avec elle, la frontière entre les humains et leurs artefacts est définitivement effacée : toutes les conduites intelligentes peuvent être analysées selon des modes opératoires mobilisant des fonctions cognitives permettant d'exécuter des calculs. La conscience de soi n'est même plus nécessaire puisque les processus cognitifs sont des computations automatiques qu'il s'agit d'imiter pour les rendre plus efficaces sous la forme d'un programme informatique. Les comportements humains peuvent dès lors être simulés par un algorithme qui formalise les tâches décomposées et recomposées de l'esprit humain[27].

L'homme-machine de la cybernétique est un « organisme communicant », écrit Wiener dans *Cybernétique et Société*. Les systèmes intelligents, humains ou artificiels, sont des dispositifs de communication qui comprennent des mécanismes de réception, codage, stockage et traitement des informations. Leur intelligence se révèle dans leur faculté à traiter rapidement l'information de l'extérieur, à interagir constamment dans le réseau humain et technique, à apprendre en permanence pour corriger leurs comportements selon les conditions changeantes. Finalisés, il leur faut mobiliser des ressources – informations, compétences – et ne pas perdre de vue leur objectif. Et l'objectif absolu de l'humanité, pour Wiener, est le bien-être matériel : pour atteindre ce bonheur plus vite, il est préférable que des machines programmées prennent en charge le travail. Car le calculateur moderne, écrit-il en 1948, peut commander automatiquement le travail, et « l'usine automatique », « sans agents humains », est bien plus productive. Quelques années plus tard, la chaîne d'assemblage automobile le fait rêver à un monde où les êtres humains, libérés du travail servile, connaissent des loisirs illimités et une vie spirituelle enrichie. Mais l'accès à ce paradis n'est pas automatique, alerte Wiener, car le capitalisme peut transformer la quête d'abondance en enfer pour l'humanité.

---

[26] Selon Norbert Wiener, la « machine humaine » a montré qu'elle était incapable d'augmenter ses performances malgré son système nerveux sophistiqué. Il faut donc inventer un dispositif de pilotage automatique et une théorie « de la commande et de la communication ». Cette science de la commande est appelée cybernétique, du grec *kubernêtikê* qui veut dire gouverner, « piloter » pour Wiener (2014a [1948/1961] : 67-71).

[27] L'ordinateur de Von Neumann concrétise la division du travail de l'esprit, avec ses organes spécialisés qui correspondent aux « opérations de base », et un dispositif de régulation qui distribue les informations, contrôle l'ordre des opérations et détermine les connexions, une sorte d'« agent de maîtrise », écrit-il (Von Neumann, 1992 : 27).

Le cyber-travailleur : un esclave du système

Norbert Wiener s'est rendu célèbre en 1948 en publiant *Cybernetics*, ouvrage dans lequel il annonce des temps meilleurs pour l'humanité quand elle sera remplacée dans certaines de ses fonctions intelligentes. Il y soulève des questions éthiques qu'il approfondit dans un nouvel *opus* en 1954 pour « protester contre un usage inhumain des êtres humains »[28]. En effet, selon lui, un automate programmable n'est ni bon ni mauvais en soi, il ne le devient qu'en fonction de quoi et par qui il a été programmé. Après avoir comparé les machines intelligentes à des esclaves mécaniques travaillant mieux et plus vite que les humains, le problème principal, pour Wiener, réside dans l'économie capitaliste, car elle met en concurrence les esclaves humains avec les esclaves mécaniques, y compris dans le travail intellectuel. C'est là le sens de son ouvrage : la société nouvelle promise par la cybernétique doit être fondée sur autre chose que le marché et la compétition, et Wiener s'adresse donc aux syndicats pour les mettre en garde[29]. En 1954, son message est encore plus clair : la révolution de l'information est inscrite dans un champ économique et social où règnent des intérêts mercantiles et industriels qui peuvent détruire l'humanité en la réduisant à l'esclavage. Ce que Wiener appelle « fascisme » est un système clos sur lui-même avec des robots stupides et obéissants, le contraire de la machine cybernétique qui aspire à l'ouverture et ne peut vivre que dans l'interaction avec son milieu (Triclot, 2008 : 403-404). Demain, les humains pourraient devenir les robots d'un système qui décide pour eux car les technologies sont désormais capables de remplir des fonctions jusqu'à présent réservées aux humains (le calcul, la commande, le contrôle), et les machines intelligentes prennent des décisions au regard des événements passés. L'usine automatique n'est plus une utopie, elle est en train de se matérialiser sous l'effet de la mécanisation de l'intelligence. Wiener met alors en garde : la machine automatique est « l'équivalent précis du travail d'esclave. Tout travail qui fait concurrence au travail d'esclave doit accepter les conditions économiques du travail d'esclave » (Wiener, 2014b [1950] : 187). La révolution cybernétique est donc à double tranchant : elle peut être

[28] D'où le titre de son ouvrage : *The Human use of Human beings. Cybernetics and Society* (1950) traduit en français sous le titre de *Cybernétique et Société. L'usage humain des êtres humains* (2014b).

[29] Wiener dit ressentir le devoir d'informer les syndicats, car ils ne sont pas préparés à cette révolution du travail alors que les travailleurs risquent de souffrir dans une société fondée sur les seules valeurs marchandes (Wiener, 2014a [1948/1961] : 94).

utilisée pour le bien de l'humanité ou, au contraire, détruire l'humanité en faisant de chaque homme un esclave, c'est-à-dire un robot.

Le robot est la figure même de l'homme-machine au XXe siècle. Le mot est né en 1920 sous la plume de Karel Čapek dans sa pièce de théâtre *R.U.R., Rossum Universal Robots.* Il provient du tchèque *robota* qui signifie un travail pénible et désigne une machine intelligente à forme humaine, ce que les Lumières nommaient androïde. La pièce reprend le mythe du Golem, avec pour personnage principal le directeur de l'usine qui fabrique les robots. Ces derniers se rebellent et chassent du pouvoir une humanité corrompue par l'oisiveté et la dissolution des mœurs. Le scénario de Čapek s'éloigne des versions antérieures du Golem – Frankenstein, par exemple – car, ici, la créature artificielle n'est fabriquée que dans le seul but de travailler à la place des humains. Et, contrairement à son père, inventeur qui rêvait d'imiter parfaitement l'humain, le jeune Rossum a simplifié l'anatomie des robots dans une logique d'ingénieur, pour créer un ouvrier ayant le « minimum d'exigences ». Il a ainsi supprimé la joie, la promenade et le rêve, toutes ces choses « au fond, inutiles » (Čapek, 2011 [1920] : 30) ; d'ailleurs, ses robots ne connaissent pas l'enfance, une période de temps perdu pour le travail. Dans ce monde d'ingénieur, les humains inefficaces sont progressivement remplacés dans toutes les tâches productives afin qu'à l'avenir tous les produits soient quasiment gratuits[30]. Dans le faux paradis de *R.U.R.*, les humains ne font plus d'enfant, plus rien ne les intéresse, ils ne connaissent ni le travail ni la misère et perdent leur temps dans des orgies de plaisirs… Mais, quand sa maîtresse lui offre une bibliothèque, un robot goûte aux fruits de la connaissance et, après avoir tout lu, ne veut plus de maître et prend la tête de la révolte des robots. Ces derniers exterminent l'humanité, mais ils sont incapables de se reproduire car ils ont perdu le mode de fabrication de leur espèce.

Alors que, pour Čapek, l'accès des robots à la culture humaine provoque la fin de l'humanité, chez Wiener, le danger ne peut pas venir de la connaissance car, au contraire, l'apprentissage est le propre de tous les systèmes intelligents, et leur ouverture au monde les préserve de l'entropie, c'est-à-dire de leur mort. Pour Wiener, c'est l'organisation sociale qui détermine l'emploi des machines intelligentes et, comme elle est dominée par les intérêts capitalistes, les travailleurs sont de simples hommes-machines concurrencés par des machines plus performantes. Ils risquent de vivre le chômage et la misère tant leurs habiletés sont devenues inutiles, et les sociétés

---

30 Par exemple, Čapek fait dire : « dans 5 ans, on va nager dans le blé », « chacun n'a qu'à prendre ce qu'il lui faut » (Čapek, 2011 [1920] : 61).

démocratiques risquent de connaître des « influences perturbatrices » du fait de l'appropriation capitaliste des moyens d'information. Karel Čapek, de son côté, alerte le public sur la course folle à la production et consommation de masse qui fait perdre le sens de la vie et enferme les humains dans un système qui les robotise et finit par les détruire. C'est pourquoi sa critique prend pour objet l'organisation du travail dans les usines taylorisées qui transforment l'ouvrier en machine, alors que Wiener souhaite la réalisation d'usines entièrement automatiques pour accélérer la consommation de biens durables. Le système de production automatique ne pose pas de problème à Wiener, c'est la commande du système qui lui importe. Et comme elle est capitaliste, elle peut être contraire aux intérêts ouvriers.

Aux yeux de Wiener, la production – le montage automobile, par exemple – est en train de prendre la forme d'un « être vivant dans sa totalité », avec des organes sensoriels qui la mettent en contact avec son milieu, et des « effecteurs » qui lui communiquent le mouvement en fonction des informations perçues (Wiener, 2014b [1952])[31]. Cette usine-corps qui dote la manufacture automatique de Ure d'un pilotage informatique, est un organisme vivant et intelligent par son ouverture et son adaptation à l'environnement. Dès les années 1950, les organisations du travail sont pensées selon des principes cybernétiques : l'entreprise est un système global en interaction avec le marché qui doit favoriser l'enrichissement des tâches et l'autonomie de ses éléments pour s'adapter et innover. C'est l'absence de communication entre les organes qui bloque les flux d'information et réduit la créativité des organisations. Le raisonnement systémique enfanté par la cybernétique se diffuse à partir des années 1970 : il s'agit d'analyser la dynamique globale des systèmes pour identifier les processus d'adaptation et d'apprentissage, et les dispositifs de rétroaction qui régulent les systèmes[32]. En accélérant le transfert des informations et en

[31] Selon Wiener, l'information est le principe de toute vie : « Vivre, c'est vivre avec une information adéquate », écrit-il p. 50.

[32] Dans les années 1960, des expériences de groupes de travail semi-autonomes sont menées dans les usines taylorisées afin de les rendre plus « flexibles » et plus « réactives ». Les plus importantes ont été initiées par le Tavistock Institute qui définissait l'entreprise comme un « système socio-technique ouvert » à l'image d'un organisme biologique vivant. Elles ont été menées à l'échelle d'une nation, la Norvège, où un système de coopération entre syndicats de salariés et patronat a favorisé des expérimentations destinées à combattre la centralisation et la bureaucratisation des organisations. À la fin des années 1960 se développent en Suède des recherches portant sur la démocratie industrielle : le principal syndicat ouvrier prend conscience de la fuite des travailleurs suédois liée à la déqualification de leur travail, et l'organisation patronale recommande

multipliant les connexions entre les postes de travail, l'efficacité productive est recherchée dans la vitesse d'adaptation au marché et dans la coopération et la communication de tous les systèmes, humains et techniques.

Au travail, les humains sont eux-mêmes envisagés comme des systèmes ouverts autorégulés qui traitent efficacement les informations utiles. La communication est devenue essentielle car elle garantit la convergence des représentations et des calculs humains, et facilite les interactions entre tous les éléments du système. L'homme-machine d'aujourd'hui n'est plus un robot stupide au travail : il est capable d'apprendre, d'anticiper les événements, il se caractérise par un esprit, celui d'entreprendre[33]. Dit autrement, il peut prendre des initiatives pour réguler le procédé et il lui arrive même de changer les procédures si elles ne sont pas assez efficaces[34]. La discipline ne s'exerce plus sur son corps, mais sur ses représentations, ses raisons d'agir et ses calculs, car la compétence repose de plus en plus sur un état d'esprit. Elle agit comme une programmation culturelle, avec une novlangue managériale qui dit l'obéissance au système. L'homme-machine, s'il ne veut pas être directement mis en concurrence avec la machine intelligente, doit apporter un supplément d'âme au système, mais son humanité ne doit surtout pas contrarier la synergie productive. Dans

---

une organisation du travail formée de groupes semi-autonomes (GSA) ainsi qu'un mode de rémunération dans un sens plus collectif. Lire l'histoire de la démocratie industrielle et de la constitution des GSA dans Martin, 1994. Dans les années 1970, le modèle toyotien s'impose au regard de ses gains de productivité : il applique le principe du *feed-back* en « tirant » la production par les informations du marché et en régulant l'activité des équipes de travail par les fiches *Kanban* qui relaient les informations entre les cellules, à l'image d'un système nerveux (Coriat, 1991 : 49).

33 L'automate intelligent de Norbert Wiener n'est pas un robot travaillant en circuit fermé. Au contraire, il est « couplé au monde extérieur » et il échange des messages pour agir efficacement et atteindre ses objectifs (Wiener, 2014a [1948/1961] : 114-115). Puisque l'être humain est un automate qui se meut de lui-même, la « psychologie industrielle » s'intéresse à son moteur, la motivation – ou « énergie humaine ». Cette psychologie envisage les humains et les organisations comme des systèmes cybernétiques ; elle se donne pour projet de corriger les comportements humains qui entravent la circulation d'une « information rigoureuse » et empêchent ainsi une régulation efficace du système : « l'absentéisme, la rotation du personnel, l'élaboration de normes informelles, le tirage au flanc, le ralentissement de l'allure, l'affiliation à un syndicat, [...], la non-implication personnelle, le retrait psychologique et l'aliénation » (Argyris, 1974 [1964] : 84).

34 L'« innovation » managériale introduite par les techniques toyotiennes et ses avatars anglo-saxons du *lean management* est de faire participer les opérateurs humains à « l'amélioration continue » de leur travail, au point de les engager dans leur future élimination du système quand leur poste est « rationalisé ». Pour appréhender l'engagement des salariés dans le système de production *lean* (Durand, 2004 ; Ughetto, 2012).

l'ensemble, son travail est de plus en plus mécanisé par les procédures, qu'elles soient numériques ou gestionnaires, et son autonomie est réduite au choix entre quelques décisions possibles selon des occurrences probables.

La mécanique des décisions : un management inhumain

Le problème de Wiener est un corollaire de son diagnostic portant sur le système d'information. L'adaptation et l'intelligence ne sont possibles que dans la circulation et la transparence des informations qui assurent une régulation permanente par les boucles qui asservissent le système à la poursuite de ses objectifs. Pour Wiener, le capitalisme peut dénaturer les informations ou s'en servir pour son seul profit, ce qui perturbe les communications et trompe les agents récepteurs. La critique formulée par Čapek envisage, quant à elle, l'homme-machine du point de vue, non des informations et de leur circulation, mais du fonctionnement global de la société et, surtout, de la science. En effet, c'est quand la science se technicise, c'est quand elle adopte une vision purement ingéniérale des choses et des êtres qu'elle risque de transformer le monde et les humains en machines. La logique d'ingénieur qui se matérialise dans la mise au point de robots industriels réduit l'être humain à de pures fonctionnalités inscrites dans des programmes qui font disparaître l'humanité elle-même. L'abondance promise par les concepteurs de machines intelligentes qui travaillent à notre place est donc un leurre, alerte Čapek. Les ingénieurs du corps et de l'esprit sont persuadés d'agir pour le bien de l'humanité en la rendant plus efficace, mais, dans la réalité, ils la déshumanisent et lui font perdre le sens du travail et de la vie en lui retirant ce qui est jugé inutile, ce qui ne compte pas – le superflu, l'improbable, l'incalculable…

Čapek pointe, en définitive, le danger de faire prendre des décisions par des machines, au travail et en société. Faire piloter une usine ou un État par un système intelligent peut s'avérer infernal pour l'humanité. Wiener, de son côté, ne voit pas ce « trou noir » dans la théorie cybernétique car il partage, avec les ingénieurs de l'esprit, la conviction que la machine cérébrale humaine est limitée. L'imitation mécanique des fonctions cognitives ne peut donc se faire à l'identique, il faut les débarrasser de tout ce qui pourrait ralentir les opérations de traitement, biaiser le fonctionnement optimal du système, corrompre l'efficacité du travail par des sentiments ou des croyances, des rêveries ou de la paresse. Les calculs humains étant suspects aux yeux des ingénieurs, il est préférable de laisser faire le travail par des machines intelligentes conçues par ceux qui savent. Et puisqu'il est décidément difficile de se passer des humains, il faut leur fabriquer un cadre de référence technique et objectif pour qu'ils se déterminent de manière rationnelle dans les problèmes qu'ils rencontrent.

La question de la rationalité devient centrale au lendemain de la Seconde Guerre mondiale. Les humains ont démontré que le vernis de la civilisation pouvait se craqueler facilement et faire retourner l'humanité à l'état de barbarie. Il serait donc préférable de confier l'administration des choses à des machines intelligentes capables de piloter des systèmes instables (Breton, 1992). L'intelligence artificielle (IA), née de la cybernétique, prend précisément la rationalité pour objet principal de ses recherches, comme chez l'un de ses fondateurs, Herbert Simon. Pour lui, tout système naturel ou artificiel est finalisé et s'adapte à son environnement ; l'IA, « science de l'ingénieur », écrit alors Simon, envisage « la façon dont les objets devraient être afin d'atteindre des buts et de fonctionner » (Simon, 2004 [1969] : 32-33). L'intelligence est, ici, appréhendée comme un ensemble de « compétences » et de « performances » relatives à des activités « symboliques » nécessaires à l'adaptation des systèmes – résolution de problèmes, apprentissages, évolutions, etc.

Le diagnostic de Herbert Simon est clair et il est répété à plusieurs reprises : tout système intelligent est limité par ses capacités cognitives et calculatoires. Le système humain est un système de traitement de l'information limité par sa capacité de mémorisation trop faible et par des transferts d'information trop lents. Le système cognitif humain est un « système de production », écrit-il, dont il faut augmenter l'efficacité à l'aide des technologies de traitement des informations. Ainsi, les décisions de gestion courante peuvent être transférées dans des algorithmes de recherche opérationnelle ou d'intelligence artificielle, et les systèmes experts peuvent, de leur côté, prendre des décisions de niveau supérieur, précise-t-il dès 1969, dans *The Sciences of the Artificial*[35]. Quant aux critères qui doivent guider les choix, ils doivent procéder, comme tout système vivant, de la sélection naturelle. L'adaptation au marché se faisant par une suite de *feed-back*, Herbert Simon préconise, comme Friedrich Hayek, d'appliquer les principes de la cybernétique aux comportements marchands – pilotage, anticipation, etc. (Dupuy, 1994 : 172-173)[36]. Cette adaptation permanente est un gage de

---

35 L'ouvrage a été traduit en français par Jean-Louis Le Moigne, sous le titre *Les Sciences de l'artificiel* (Simon, 2004 [1969] : 68).

36 D'après Herbert Simon, personne ne caractérise mieux les comportements marchands que Friedrich Hayek car son argumentation repose sur « les limites computationnelles des êtres humains » (Simon, 2004 [1969] : 77-78). Figure majeure du néo-libéralisme, Hayek envisage l'économie marchande comme un système complexe aux interactions

réussite pour les organisations et pour leurs agents dont la « docilité » est assurée par des routines, des règles et des procédures collectives. Les organisations sont même nécessaires pour pallier les limites humaines en forgeant leurs « structures mentales » et en définissant les critères de décision. Par un ensemble de stimuli destinés à garantir la docilité et la motivation, elles automatisent la décision, faisant de chaque agent un homme-machine[37].

Les décisions économiques sont trop sérieuses pour être laissées à des humains sans qu'ils soient augmentés d'une intelligence artificielle. Il s'agit donc, écrit Simon, de l'aider à « mieux penser » (Simon, 1983 : 254). Alors que la tradition philosophique envisage la décision comme un processus de nature délibérative – de soi à soi, de soi avec les autres –, Simon en objective le processus pour le décomposer en étapes pouvant être rationalisées. Le « renseignement », la « conception », la « sélection » et la « constatation » composent des « engrenages d'engrenages », écrit-il, qui connaissent des phases de résolution de problème. L'ingénieur peut donc s'en saisir pour les recomposer de manière efficace sous la forme d'algorithmes[38]. Comme la pensée humaine n'est affaire que de manipulations symboliques, le champ des décisions programmables s'accroît de jour en jour grâce à l'ordinateur[39].

---

multiples et l'État comme un acteur qui, par ses interventions, ne peut que perturber les mécanismes marchands fondés sur des adaptations locales. L'esprit humain lui-même se forme au contact direct du marché par un apprentissage solitaire fait d'essais et d'erreurs : le laisser-faire s'impose alors afin d'améliorer encore la performance des facultés intellectuelles. C'est, en définitive, le marché qui a permis aux humains de se perfectionner et de devenir de plus en plus intelligents : « Dans ces conditions, vouloir remplacer l'ordre spontané des échanges par une organisation de la société conduit à l'arrêt du progrès scientifique et à la stagnation économique » (Pouchol, 2013 : 211).

37 « L'organisation injecte dans le système nerveux même de ses membres les critères de décision », écrit Herbert Simon, cité par Nicolas Postel. D'où vient la critique d'Alain Boyer pour qui la théorie de Herbert Simon tend à faire de l'agent un « automate programmé, instruit pour ainsi dire de l'extérieur par des règles routinières » (Postel, 2008 : 282).

38 Daniel PARROCHIA, *Philosophie et épistémologie de la décision*, [s.d.], [En ligne], consultable sur le site de l'Université Lyon III Jean Moulin (consulté le 19/06/2018). URL : http://facdephilo.univ-lyon3.fr/philosophie-et-epistemologie-de-la-decision-713842.kjsp

39 Depuis les années 2000, les progrès de l'intelligence artificielle, du *big data* et des objets connectés accélèrent les recompositions des systèmes productifs, avec des possibilités renouvelées d'automatisation du travail, des technologies dites de « soutien » aux tâches physiques et cognitives (robots, chatbots, algorithmes) et des possibilités accrues de mise en réseau des humains et des outils de travail. Ainsi, les algorithmes intelligents, fondés sur le *deep learning*, les réseaux neuronaux artificiels et le traitement automatique des langues, peuvent désormais apprendre à partir des données, résoudre des problèmes

Avec la direction assistée par ordinateur, les ressources seront mieux employées, le plein emploi sera assuré et le problème de la pauvreté sera réglé dans un équilibre à long terme garanti par les forces du marché, prévoit Simon (1980). D'ailleurs, les usines et les bureaux qu'il observe fonctionnent déjà de manière quasi-automatique, avec des prises de décision dont le degré de programmation varie selon le niveau hiérarchique. Au total, l'automatisation du travail devrait accroître le temps de loisir et ne devrait pas avoir d'effet négatif sur le travail humain, sauf pour les humains dont la structure cognitive est insuffisante, précise-t-il.

Ni Wiener ni Simon hier, ni les dirigeants des GAFAM aujourd'hui – Google, Apple, Facebook, Amazon, Microsoft) – ne sont conscients des dangers du pilotage automatique qui manifeste toujours plus spectaculairement l'inutilité de la pensée humaine. Rien ne semble disqualifier un ensemble organisé en flux tendus, capable de traiter en temps réel les informations marchandes, piloté par une intelligence artificielle, sans nul besoin d'intervention humaine pour décider. Cette « révolution industrielle de la décision » annoncée par Wiener et réalisée par le toyotisme et le *lean management*, a révélé des faiblesses humaines qui ont pour noms troubles musculo-squelettiques (TMS) et *burn-out*. C'est que les sciences du management se sont inspirées de la cybernétique pour instaurer des boucles d'asservissement – fiches *Kanban*[40], ateliers *Kaizen*[41], tableaux de bord,

complexes, voire prédire le comportement des consommateurs. Ce qui fait dire à Bernard Stiegler : « À l'époque des algorithmes implémentant les mathématiques appliquées dans les machines computationnelles, *il n'est plus besoin de penser* : la pensée s'est concrétisée sous forme d'automates algorithmiques orchestrant des systèmes de capture qui la rendent obsolète » (Stiegler, 2015 : 96).

40 La méthode des Kanban est mise en place par Taiichi Ohno dans les usines Toyota dès les années 1940. Selon Ohno, il s'agit d'une « révolution par les stocks » qui fait travailler les ouvriers et les machines sans gaspiller le moindre temps à produire des choses sans valeur. Pour cela, de simples fiches cartonnées circulent entre les ateliers, chaque atelier étant le fournisseur d'un autre atelier, et ne fabriquant que les seuls produits nécessaires à satisfaire la demande. La circulation des fiches permet de corriger les écarts de production par un *feed-back* permanent. Ainsi, c'est par l'élimination de tous les stocks que procède l'ohnisme (synonyme de toyotisme), car le stock est le mal absolu dont souffrent les organisations qui deviennent obèses par leurs « excès de production ». L'antidote est de développer des « capacités réflexes » en produisant juste-à-temps et en favorisant les autocontrôles (Ohno, 1989 : 56-59).

41 Pour mieux exploiter les temps de travail, le toyotisme s'appuie en partie sur l'expertise des opérateurs eux-mêmes, car l'un des gaspillages les plus importants que combattent les nouvelles organisations du travail est celui des ressources humaines et de leur intelligence. Ainsi, dans des ateliers *Kaizen* dédiés à l'amélioration continue et au sein de leur équipe de travail, les opérateurs recherchent des solutions pour accroître leur productivité. Ces

contrôles de gestion – toujours plus fines, afin de mécaniser, voire d'automatiser les décisions. Cette ingénierie managériale promet d'augmenter le bien-être matériel et sa « qualité », tout en sauvegardant les emplois et en améliorant les conditions du travail. En réalité, elle enferme les humains dans un mouvement perpétuel, un éternel recommencement – une « spirale de la qualité », une « roue de Deming »[42]. Elle fait de chaque être humain un automate entièrement fonctionnel, soumis et obéissant, programmé pour atteindre les objectifs de son centre de profit en pilotant son activité selon les indicateurs de son tableau de bord.

En guise de conclusion

À la fin de son archéologie du savoir, Michel Foucault annonce la disparition prochaine de la figure humaine après celle de la figure divine. En se saisissant des êtres vivants et en cherchant à expliquer leurs comportements, leurs mouvements, leurs performances et, désormais, leur intelligence, les humains s'effacent progressivement en faisant disparaître ce qui relève de leur humanité. C'est au travail, dans les organisations consommatrices de technosciences, que cette disparition est la plus nette : non seulement les emplois humains sont remplacés par des machines automatiques, mais l'activité même tend à se passer de toute intervention véritablement humaine. Tout ce qui relève de l'humanité et pourrait entraver les flux d'informations et la réalisation des objectifs est considéré comme faisant perdre du temps. C'est pourquoi le système managérial assisté par ordinateur produit des algorithmes et des procédures visant à automatiser les comportements et les décisions.

L'automatisation des gestes ouvriers a été une étape cruciale dans la formation de l'homme-machine au travail ; elle a demandé à chasser la pensée de l'atelier, comme le réclamait Taylor. À présent, le pilotage cybernétique et l'intelligence artificielle menacent de chasser la pensée de ceux qui décident, suspectés comme êtres humains d'avoir des performances

---

ateliers sont entrés dans les pratiques managériales et font désormais partie des projets de *lean-manufacturing*, par exemple dans l'industrie automobile (Lasnier, 2007).

42 William Deming a proposé une « spirale de la qualité » pour représenter l'éternel recommencement du contrôle statistique de la qualité de la production. Le *management* l'a transformée en « roue » selon un cycle répétitif « PDCA » (*Plan-Do-Check-Act*) qui indique un travail de Sisyphe fait de procédures et d'outils de résolution de problème (Deming, 1988).

cognitives limitées. Aujourd'hui comme hier, l'abondance promise par les réformes scientifiques du travail demeure une utopie d'ingénieur fondée sur la suppression des temps perdus pour accélérer l'entrée au paradis économique. C'est parce que les humains perdent trop de temps – à débattre avant de décider, à rêver plutôt que de travailler – que le Pays de Cocagne s'éloigne. Automate programmé pour s'adapter aux conditions changeantes de l'économie de marché, le cyber-travailleur, lui, emploie chaque seconde à faire des choses utiles de manière efficace. Robots imparfaits, condamnés à être limités, accusés de ne jamais en faire assez, les humains feraient donc mieux de s'engager physiquement et mentalement dans le pilotage de projets et de ne pas perdre de vue leurs objectifs. Pris dans les mailles d'un réseau d'informations autorégulé, s'ils demeurent malgré tout des sujets, l'ingénierie managériale leur fait perdre la face devant la machine gestionnaire, ou alors les efface de ses mémoires s'ils se montrent indociles. Agents idéaux du système de production-consommation de masse, les femmes et les hommes risquent bien de perdre le goût des « arts de la vie » chers à Keynes. En effet, si le capitalisme conduit l'humanité vers l'abondance économique par l'appât du gain, la transformation de toutes les activités humaines en activités utilitaires fait perdre aux humains le goût des arts et la faculté de jouir d'une « vie bonne ». Comme le redoutait Wiener, l'utopie ingéniérale d'une abondance promise par l'automatisation du travail, peut produire une dystopie économique et sociale, en faisant des humains les esclaves des machines intelligentes, incapables de rivaliser en termes d'efficacité et d'utilité économiques dans un capitalisme de courte vue.

Références bibliographiques

ARGYRIS Chris, 1974 [éd. originale : 1964]. *Participation et organisation*, Paris, Dunod (Organisation et sciences humaines 10).

BABBAGE Charles, 1833. *Traité sur l'économie des machines et des manufactures*, Paris, Bachelier.

BACHELARD Gaston, 1986 [1949]. *Le Rationalisme appliqué*, Paris, PUF.

—, 1987 [1934]. *Le Nouvel Esprit scientifique*, Paris, PUF.

BRETON Philippe, 1990. *Une Histoire de l'informatique*, Paris, Éd. du Seuil (Points. Sciences S65).

BRETON Philippe, 1992. *L'Utopie de la communication : l'émergence de « l'homme sans intérieur »*, Paris, La Découverte.

CANGUILHEM Georges, 1994 (7e éd. augmentée). *Études d'histoire et de philosophie des sciences*, Paris, Vrin.

ČAPEK Karel, 2011 [éd. originale : 1920]. *R.U.R., Rossum Universal Robots. Drame collectif en un prologue de comédie et trois actes*, Paris, La Différence (Minos 81).

CHANGEUX Jean-Pierre, 1983. *L'Homme neuronal*, Paris, Fayard.

CHAPTAL Jean-Antoine, 1993 [1819]. *De l'industrie française*, Paris, Imprimerie nationale.

CHAZAL Gérard, 2013. *Philosophie de la machine : néo-mécanisme et post-humanisme*, Dijon, Éd. universitaires de Dijon.

CORBIN Alain (dir.), 2005. *Histoire du corps*, t. 2 : *De la Révolution à la Grande Guerre*, Paris, Éd. du Seuil.

CORIAT Benjamin, 1991. *« Penser à l'envers ». Travail et organisation dans l'entreprise japonaise*, Paris, Christian Bourgois.

COURTINE Jean-Jacques, 2005. *Histoire du corps*, t. 3 : *Les Mutations du regard. Le XXe siècle*, Paris, Éd. du Seuil.

DEMING William Edwards, 1988. *Qualité : la révolution du management*, Paris, Economica.

DESCARTES René, 1991 [1637]. *Discours de la méthode*, Paris, Gallimard (Folio. Essais 158).

DIDEROT Denis, LE ROND D'ALEMBERT Jean, 200X [1751-1780]. *Encyclopédie ou Dictionnaire raisonné des sciences, des arts et des métiers* [En ligne], ATILF. URL : http://portail.atilf.fr/encyclopedie/

DIDRY Claude, 2017. « L'enfant-machine. Note sur la fabrique et la machinerie dans *Le Capital* », *L'Homme & la Société*, 205 (3), p. 133-151.

DOLZA Luisa, VÉRIN Hélène, 2004. « Figurer la mécanique : l'énigme des théâtres de machines de la Renaissance », *Revue d'histoire moderne et contemporaine*, 51 (2), p. 7-37.

DUPUY Jean-Pierre, 1994. *Aux origines des sciences cognitives*, Paris, La Découverte.

DURAND Jean-Pierre, 2004. *La Chaîne invisible. Travailler aujourd'hui : flux tendu et servitude volontaire*, Paris, Éd. du Seuil.

—, 2017. *La Fabrique de l'homme nouveau. Travailler, consommer et se taire ?*, Lormont, Le Bord de l'eau.

FOUCAULT Michel, 1968 [1966]. *Les Mots et les choses : une archéologie des sciences humaines*, Paris, Gallimard.

—, 1975. *Surveiller et punir : naissance de la prison*, Paris, Gallimard.

JORDA Henri, 1999. *Travail et discipline. De la manufacture à l'entreprise intelligente*, Paris, L'Harmattan.

—, 2002. *Le Métier, la chaîne et le réseau. Petite histoire de la vie ouvrière*, Paris, L'Harmattan.

JULLIARD Virginie, 2004-2005. « Une "femme machine" au travail : la "demoiselle du téléphone" », *Quaderni*, 56, p. 23-32.

KEYNES John Maynard, 1971 [1930]. « Perspectives économiques pour nos petits-enfants » (1930), in *Essais sur la monnaie et l'économie : les cris de Cassandre*, Paris, Payot (Petite bibliothèque Payot 203).

LA METTRIE Julien Jean (OFFRAY DE), 1987 [1748]. *L'Homme Machine*, in *Œuvres philosophiques*, t. 1, Paris, Fayard.

LASNIER Gilles, 2007. « Le *lean-manufacturing* (Système de production à haute performance) dans les industries travaillant en juste-à-temps avec flux régulés par *takt-time* (rythme de la consommation du client) », *La Revue des Sciences de Gestion*, 223 (1), p. 99-107.

LEVY Pierre, 1989. « L'invention de l'ordinateur », *in* M. Serres (dir.), *Éléments d'histoire des sciences*, Paris, Bordas, p. 515-535.

MARTIN Dominique, 1994. *Démocratie industrielle. La participation directe dans les entreprises*, Paris, PUF.

MARX Karl Henrich, 1967. « Conséquences sociales du machinisme automatisé », *L'Homme et la société*, 3 (1), p. 113-131.

OHNO Taiichi, 1989. *L'Esprit Toyota*, Paris, Masson.

PITSOS Nicolas, 2011. « Le moteur en panne s'affiche : le corps épuisé au tournant du XIXe siècle », *in* L. Guignard, P. Raggi & É. Thévenin (dir.), *Corps et machines à l'âge industriel*, Rennes, PUR, p. 289-300.

POSTEL Nicolas, 2008. « Incertitude, rationalité et institution : une lecture croisée de Keynes et Simon », *Revue économique*, 59 (2), p. 265-289.

POUCHOL Marlyse, 2013. « Contre une philosophie économique post-hayékienne », *Cahiers d'économie politique*, 65 (2), p. 203-226.

ROSENBLUETH Arturo, WIENER Norbert, BIGELOW Julian, 1943. « Purpose, Behavior and Teleology », *Philosophy of Science*, 10, 18-24.

SÉRIS Jean-Pierre, 1987. *Machine et communication. Du théâtre des machines à la mécanique industrielle*, Paris, Vrin (L'Histoire des sciences, textes et études 35).

—, 1994. « La double origine de la notion de programme », *in* Fr. TINLAND (éd.), *Ordre biologique, ordre technologique*, Seyssel, Champ Vallon, p. 133-148.

SIMON Herbert A., 1980. *Le Nouveau Management : la décision prise par les ordinateurs*, Paris, Economica.

—, 1983. *Administration et processus de décision*, Paris, Economica.

—, 2004. *Les Sciences de l'artificiel*, Paris, Gallimard (Folio. Essais 435).

STIEGLER Bernard, 2015. *La Société automatique*, t. 1 : *L'Avenir du travail*, Paris, Fayard.

TRICLOT Mathieu, 2008. *Le Moment cybernétique. La constitution de la notion d'information*, Seyssel, Champ Vallon.

UGHETTO Pascal, 2012. « Le *lean* : pensée et impensé d'une activité sans relâchement », *Activités*, 9 (2), p. 148-167.

URE Andrew, 1836. *Philosophie des manufactures ou Économie industrielle de la fabrication du coton, de la laine, du lin et de la soie avec la description des diverses machines employées dans les ateliers anglais*, Paris, L. Mathias – Bruxelles, Périchon.

VIGNAUX Georges, 1991. *Les Sciences cognitives, une introduction*, Paris, La Découverte.

VILLIERS DE L'ISLE-ADAM Auguste (DE), 1993 [1886]. *L'Ève future*, Gallimard, 1993 (Folio. Classique 2498).

VON NEUMANN John, 1992. *L'Ordinateur et le cerveau*, Paris, La Découverte.

WIENER Norbert, 2014a [1re éd. originale : 1948 ; 2e éd. augmentée : 1961]. *La Cybernétique. Information et régulation dans le vivant et la machine*, Paris, Éd. du Seuil.

—, 2014b [1re éd. originale : 1950 ; 2e éd. révisée : 1954]. *Cybernétique et société. L'usage humain des êtres humains*, Paris, Éd. du Seuil (Points. Sciences 216).

WOOD Gaby, 2005. *Le Rêve de l'homme-machine : de l'automate à l'androïde*, Paris, Autrement.

La méthode graphique et l'esprit du « capteur d'activité » (1847-1920)

Aux sources du *self-tracking*, la courbe « autographique » du moteur humain

Marco SARACENO
CETCOPRA[1] (EA 2483)
Université Paris 1 Panthéon Sorbonne

L'apparition et le succès de la méthode graphique en physiologie ont largement occupé les historiens depuis plusieurs décennies. L'histoire des sciences (Chadarevian, 1993), l'histoire culturelle (Brain, 2015), l'histoire de l'art (Braun, 1994) et l'histoire du travail (Rabinbach, 1992) ont trouvé dans les milliers de tracés enregistrés dans les laboratoires de physiologie des images caractéristiques d'une époque. Cette époque est celle de la fin du XIXe siècle, marquée par le développement de la « technicisation » des sciences expérimentales, par les grands complexes industriels à rationaliser et les premières formes d'automatisation dont les imaginaires influenceront largement la culture de la fin du siècle. L'histoire a ainsi trouvé dans le caractère très fortement évocateur des tracés physiologiques « l'icône » de la rationalisation technico-scientifique du capitalisme. Cette lecture s'appuie par ailleurs sur l'explication que la science de la fin de siècle donnait de ces tracés.

L'utilisation de la méthode graphique en physiologie est, en effet, directement en relation avec l'assomption dans l'étude du corps humain du paradigme énergétiste de la thermodynamique, qui est lui-même lié au développement de la production industrielle (Vatin, 1993). D'ailleurs, l'emploi d'instruments d'inscription est développé d'abord dans le contexte de la gestion économique des moteurs à vapeur. Ce sera en effet l'ingénieur

---

[1] Centre d'études des techniques, des connaissances et des pratiques ; Université Paris 1 Panthéon Sorbonne, 17 rue de Tolbiac, 75013 Paris.

James Watt qui, le premier, l'utilisera pour mesurer le rendement de ces machines en inscrivant sur un graphique le temps de déplacement d'un piston (Hoff & Geddes, 1959). L'application de la méthode graphique à l'étude de l'organisme humain participe donc à l'élargissement des lois de l'énergie vers l'ensemble des phénomènes physiques ; elle contribue alors à introduire la mesure du rendement dans la physiologie expérimentale et à véhiculer la métaphore du « moteur humain ». C'est dans cette perspective que la méthode graphique est à la base de la science du travail humain qui se développe entre la fin du XIXe siècle et le début du XXe siècle. Elle fournit, par l'inscription des variations des rythmes et des vitesses des phénomènes physiologiques, des éléments pour mesurer les causes organiques du rendement productif et les effets des activités professionnelles sur le corps. Les tracés de la méthode graphique deviennent en ce sens des outils de gestion, permettant de faire fonctionner correctement le moteur humain afin d'obtenir l'optimum de son rendement (Rabinbach, 1992 ; Vatin, 1999).

Si le rapport entre organisation capitaliste du travail et technique d'enregistrement de l'activité physiologique a donc été souligné par les historiens, cela ne les a pas conduits à se pencher de manière spécifique sur les méthodes d'inscription elles-mêmes et sur leur rôle dans la « production » capitaliste d'un corps rentabilisable. Lorsque ces méthodes ont été étudiées, c'était principalement pour analyser la circulation des savoirs entre science et techniques (Hoff & Geddes, 1960a et 1960b), mais elles ont été rarement mises en relation avec la métaphore économico-mécaniciste du « moteur humain ». Cet article se concentrera donc sur l'évolution de ces instruments technico-scientifiques qui cherchent à inscrire graphiquement les mouvements corporels, afin de montrer que l'idée d'une traduction technique de l'activité en une trace intelligible est essentielle dans l'imaginaire du moteur humain. À travers cette histoire, la métaphore du moteur humain apparaîtra à la fois comme celle d'un homme dont le travail est rentabilisable par son inscription sur un graphe cartésien et celle d'un homme vu comme l'élément d'une chaîne technique, reliant son organisme à des appareils inscripteurs. La courbe est donc à la fois la source d'une norme mathématique par laquelle gérer le corps comme une machine, et la continuation technique de l'activité « réelle » de l'organisme.

Dans cette perspective notre article se concentrera sur la notion « d'autographie » qui est au cœur du développement de la méthode graphique. Le succès de ces instruments réside en effet dans le fait qu'ils traduisent de manière « directe » l'activité organique sans la médiation d'un interprète humain. Il s'agira donc de suivre, d'une part, les solutions techniques trouvées pour faire en sorte que le corps inscrive fidèlement son propre mouvement et, d'autre part, la manière dans laquelle cette « autographique » est valorisée comme source de rationalité. On remarquera dans cette histoire l'ambivalence de cette notion d'autographie. L'activité à rationaliser qu'il s'agissait d'inscrire n'est en effet pas exclusivement le fonctionnement « automatique » de l'organisme, mais également l'action volontaire d'un sujet au travail. En ce sens, on verra que le suffixe « auto » de l'idée d'autographie renvoie à la fois à l'automatisation de l'enregistrement graphique et à l'inscription « de soi par soi ».

On mobilisera pour clarifier notre développement la notion de « capteur » bien qu'il s'agisse d'une notion anachronique par rapport à notre terrain historique. Ce ne sera en effet qu'à partir des années 1950 que ce terme apparaîtra dans le dictionnaire technico-scientifique. Toutefois, si le concept de capteur d'activité physique n'est pas mobilisé dans la conception des instruments de la physiologie de la fin du XIXe siècle, dans leur développement on retrouve des éléments essentiels de l'idée contemporaine d'une traduction technique de l'activité corporelle. Aujourd'hui, dans des discours comme celui du « quantified self » ou « self-tracking » (Lupton, 2016), le capteur est présenté à la fois comme un outil de « monitorage » de l'organisme servant à gérer automatiquement son fonctionnement et comme un instrument qui permettrait au sujet de mieux « se connaître soi-même ». Cette relation ambivalente entre l'activité du corps humain et sa « traduction » technique renvoie à l'image postmoderne du cyborg, un être dont le fonctionnement est largement automatisé par le monitorage mécanique, mais dont l'autogestion technicisée est la source d'une véritable émancipation par rapport aux identités sociohistoriques (Haraway, 1991). Si cette image émerge avec le paradigme informationnel cybernétique, cette relation ambivalente entre activité corporelle et traduction technique trouve, bien avant le déploiement de « l'empire cybernétique » (Lafontaine, 2004), un fondement dans le rôle joué par la méthode graphique dans la production de l'imaginaire du « moteur humain ». Sans nier l'importance de l'avènement des innovations informatiques dans l'idéal du corps humain comme système traduisible techniquement, la « préhistoire » du capteur d'activité physique que nous esquissons ici permet de montrer l'ancrage des pratiques contemporaines de suivi technique de l'activité corporelle dans le questionnement plus anthropologique concernant le rapport entre le corps comme sujet et le corps comme machine. Cette relation est celle entre le corps comme support « mécanique » de l'action (corps-machine) et le corps comme « matrice de l'activité humaine » (Schwartz, 2000 : 664) orientée par des valeurs (corps-soi).

Or, cette question est justement celle du travail « libre » et « rationnellement organisé » de la production capitaliste[2] ; c'est-à-dire celle de l'utilisation du corps à la fois « par les autres » dans un processus sociotechnique de production de valeur économique et « par soi » dans un processus vital et axiologique de production de « subjectivité ».

L'esprit du capteur

L'une des premières définitions « officielles » de capteur est formulée en 1975 par l'American National Standards Institute (ANSI) : « a device wich provides a usable *output* in rection to a specific *mesurand* » (Gopel, Hesse & Zemel, 1989 : 3). Plus spécifiquement, l'*output* est défini comme « une quantité électrique » et le *mesurand* comme « une quantité, une propriété ou une condition physique qu'il s'agit de mesurer ». Or, cette définition est à la fois trop étroite et trop large. Tout d'abord, les *outputs* peuvent être d'une autre nature qu'électrique. Ensuite, la définition ne fait pas de distinction entre le captage, la traduction et l'enregistrement d'un phénomène physique. Cela risque d'inclure dans la définition du capteur tout instrument de mesure. Néanmoins, à faire trop de distinctions, on ne sait plus de quoi on parle. Ainsi, après avoir dissocié les capteurs des transducteurs et des détecteurs, on est contraint de déclarer que seulement une « ligne très subtile » les sépare. Il paraît donc qu'il n'est pas possible d'identifier un objet « capteur ». D'ailleurs, si cette notion apparaît dans les années 1960, ce n'est pas pour attester d'une invention, mais pour rendre compte d'un projet que l'on peut définir « cybernétique » de produire un équivalent technique du sens humain :

> Capteur est un terme technique commun qui est fréquemment employé seulement depuis environ une décennie, des instruments fonctionnant comme le capteur ont été utilisés depuis que l'homme a tenté de recueillir des informations fiables concernant son environnement chimique, biologique et physique. Ce n'est qu'au cours des dernières années, en raison de la rapidité accrue des capacités des microprocesseurs, que l'idée a surgi de construire un analogue technique de l'intelligence humaine avec des sens humains[3]. (Gopel, Hesse & Zemel, 1989 : 2-3)

Nous ne nous pencherons donc pas dans ce texte sur l'origine matérielle d'un objet technique « capteur », mais sur celle de l'imaginaire scientifique qui véhicule l'idée d'une « captation » technique de l'activité du corps. Pour

---

2 Je m'inspire bien évidemment des réflexions classiques de M. Weber (2001 [1905]).

3 Traduction de l'auteur.

le dire avec une formule, on se penchera sur « l'esprit » du capteur, sur sa « signification culturelle »[4]. Or, l'idée de capteur se fonde sur une rupture épistémologique par rapport à la représentation de la continuité entre sens humains et instruments de connaissance véhiculée par les instruments de la « révolution scientifique » (microscope, télescope). Elle se fonde sur l'image d'une technique qui n'amplifie pas le potentiel gnoséologique humain, mais qui permet une forme de connaissance totalement nouvelle. C'est l'histoire de cette nouvelle relation aux outils scientifiques qu'il s'agit donc de tracer, telle qu'elle est précisément définie par le physiologiste français Jules-Étienne Marey en référence aux instruments de la méthode graphique, un siècle avant la cybernétique :

> Non seulement ces appareils sont destinés à remplacer parfois l'observateur, et dans ces circonstances s'acquittent de leur rôle avec supériorité incontestable ; mais ils ont aussi leur domaine propre où rien ne peut les remplacer. Quand l'œil cesse de voir, l'oreille d'entendre, et le tact de sentir, ou bien quand nos sens nous donnent de trompeuses apparences, ces appareils sont comme des sens nouveaux d'une précision étonnante. (Marey, 1878 : 103)

L'idée de capteur à laquelle on fait référence est en ce sens celle d'un nouveau « sens technique » et cette idée ne semble apparaître qu'avec celle « d'enregistrement » et de « suivi ». Or, depuis l'Antiquité existent des instruments (le thermoscope par exemple) qui se servent de variations physicochimiques pour déterminer l'intensité d'un phénomène. À ce propos, les baromètres et les thermomètres du XVIIIe siècle, avec leurs différentes échelles de mesure, semblent très proches de ce qu'aujourd'hui on appellerait un « capteur » de température ou de pression. Toutefois, la conception de ces outils est plus proche de celle d'une expérience scientifique que d'un instrument de mesure moderne. Il s'agissait en effet, dans la thermométrie du XVIIIe siècle par exemple, d'étudier le rapport entre deux phénomènes : l'ébullition et les modifications de hauteur d'un liquide dans une colonne de verre. La question n'était pas encore de considérer le déplacement du mercure comme l'enregistrement du phénomène thermique. Il faudra atteindre le XIXe siècle et les premiers barographes et les thermographes, enregistrant les plus infimes variations de température et de pression dans le temps, pour permettre au scientifique de « comprendre ce que les instruments mesurent » (Middleton, 1966).

---

4 La notion d'esprit renvoie à nouveau à M. Weber (2001 [1905]).

Certes, comme l'ont montré Hoff et Geddes dans une série d'articles sur les « origines » de la méthode graphique, on peut retrouver des systèmes d'enregistrement à la Renaissance comme des odomètres, des anomètres ou des baromètres inscripteurs. Toutefois, ces instruments n'y trouvent pas le succès qu'ils auront au XIXe siècle (Hoff & Geddes, 1960a). Cela est dû au fait que les hommes du XVIIe siècle et du XVIIIe siècle ne voyaient pas l'utilité de dépenser un si grand effort technique pour inscrire des phénomènes comme les mouvements du vent ou la pression atmosphérique. C'est donc seulement lorsque l'enregistrement graphique devient indispensable qu'il se développera. Or, c'est justement au XIXe siècle que le caractère nécessaire de ces instruments apparaît. D'abord, c'est dans l'étude des potentiels des poudres explosives que la nécessité de l'inscription s'impose. Cela pour deux raisons complémentaires : d'une part, l'activité des explosifs se révèle trop rapide pour être observée, d'autre part, pour évaluer le rendement des poudres, il fallait comparer leur potentiel moteur. En ce sens, en continuité avec l'application balistique, ce sera la mécanique industrielle qui rendra l'inscription graphique incontournable, notamment avec « l'indicateur » de Watt. Il y a donc deux raisons qui sont en réalité directement corrélées : premièrement, la nécessité de saisir des phénomènes, dont la variation trop rapide ou infime, ne peut être lue sur un cadran ; deuxièmement, la nécessité de mettre en relation deux phénomènes à chaque instant comme dans le calcul de rendement.

Dans cette perspective on peut considérer que le capteur apparaît avec le même « paradigme » thermodynamique qui est le vecteur principal de la métaphore du moteur humain. En effet, d'une part, selon ce paradigme, l'univers entier y compris l'organisme est traversé par une activité constante de transformation énergétique. Corollaire de cette conception est une nouvelle théorie de la connaissance : l'homme étant constamment immergé dans ce mouvement perpétuel est incapable de le distinguer. La technique doit donc sélectionner et isoler des parties du réel pour les rendre visibles à un homme qui, pour sa place dans la grande activité énergétique, serait incapable de les saisir. D'autre part, ce paradigme, concevant tout phénomène comme une phase de la transformation de l'énergie, définit le principe fondamental de la science comme la mesure du rapport entre deux formes énergétiques dans le temps (transformation de la chaleur en travail), ce qui implique de suivre toutes les variations des phénomènes à chaque instant, comme dans l'instrument de Watt.

Autographe comme inscription automatique, le capteur et le travail moteur...

Le premier développement de la méthode graphique en physiologie trouve son origine dans la recherche d'une solution à un problème technique d'enregistrement. Le physiologiste allemand Karl Ludwig, afin d'étudier les effets de la respiration sur le battement cardiaque, avait besoin de comptabiliser à la fois le rythme respiratoire et celui de la pression sanguine. La difficulté d'enregistrer précisément les deux variations le conduit à réfléchir à une forme d'enregistrement « automatique » en s'inspirant de ce que Watt avait réalisé pour l'inscription du cycle de la machine à vapeur (Ludwig, 1847). Il pensa donc à appliquer « un flotteur en forme de tige » sur la colonne de mercure d'un manomètre de Poiseuille. En positionnant devant ce flotteur un cylindre couvert de papier noirci et tournant à une vitesse régulière, on obtenait des courbes « dans lesquelles la hauteur exprime la pression sanguine et la largeur désigne le temps ». Le déplacement du mercure par effet de la pression sanguine inscrivait, par la médiation du flotteur, son mouvement, exactement comme le piston de Watt enregistrait son cycle.

Cette “première” application de la méthode graphique à la physiologie a rapidement un large succès en Allemagne. Bien que la notion d'autographie ne soit pas utilisée par Ludwig, c'est bien la possibilité d'enregistrer automatiquement les phénomènes physiologiques qui rend la technique particulièrement adaptée au tournant expérimentaliste de la physiologie. Le terme « autographie » apparaît par ailleurs pour la première fois dans la *Note sur la vitesse de l'influx nerveux* que Herman von Helmholtz envoya à l'Académie des sciences de Paris en 1851 (Helmholtz, 1851). Le savant allemand, afin de démontrer ses découvertes sur le temps de latence entre stimulation et contraction, avait joint à sa publication des courbes tracées en utilisant un kymographe dont le stylet était mû par le rétrécissement musculaire. Le traducteur du texte, le physiologiste et ami de Helmholtz, Emil du Bois Reymond, avait annoté à côté des tracés myographiques la légende : « courbe autographique d'un muscle ». Ce sera justement Emil du Bois Reymond qui diffusera l'idée d'autographie dans les années 1970 (Du Bois-Reymond, 1886 : 288).

Cette idée de l'automatisation de l'inscription se base bien évidemment sur une conception du corps comme automatisme. Toutefois, cette représentation peut renvoyer à deux images mécaniques complémentaires de l'organisme et à deux compréhensions de la continuité entre l'inscripteur de Watt et le kymographe. D'une part, on peut considérer que le corps, en fonctionnant par une constante transformation de l'énergie en mouvement, peut mouvoir automatiquement un apparat inscripteur comme les leviers d'une machine ; dans ce cas, la référence à l'instrument de Watt est exclusivement structurelle. D'autre part, on peut considérer que l'activité organique est une transformation de l'énergie en mouvement dont le ratio est objectivé par la courbe ; dans ce cas la référence à Watt est épistémologique. Si les deux conceptions ne sont pas en contradiction, elles impliquent néanmoins deux approches différentes au rôle de la courbe cartésienne en physiologie. Dans le premier cas, on considère que le graphique ne peut que montrer la « forme » d'un phénomène, il croît ou il décroît par exemple (autographie comme trace imprimée automatiquement) ; dans le deuxième cas, on conçoit qu'il permet d'établir une relation mathématique entre un mouvement et un effet à chaque instant (autographie comme trace dévoilant une loi). Dans les premières recherches de l'école allemande, l'autographe est mobilisé non pas par sa valeur mathématique, mais par l'euristique de son affichage. Cette conception de l'utilisation de la courbe en physiologie avait été clairement définie par Emil Du Bois Reymond dans sa thèse écrite une année après l'article de Ludwig :

> La dépendance entre un effet et chaque condition physiologique n'est pas présentable sous la forme d'une courbe, dont la loi exacte, il faut en être sûr, reste inconnue, mais dont il sera le plus souvent possible de tracer le caractère général. Il sera presque toujours possible de déterminer si la fonction croît ou diminue avec la variable étudiée[5]. (Du Bois-Reymond, 1848 : XXVI-XXXIII)[6]

Helmholtz avait en effet utilisé la courbe exclusivement pour rendre visible le « temps perdu » entre le stimulus nerveux et la contraction et non pour calculer la valeur de ce temps. Il pensait que le chronoscope restait plus fiable comme instrument de mesure que le calcul des distances entre les phases de la courbe inscrite sur le papier (Holmes & Olesko, 1994). La traduction des phénomènes physiologiques en traces graphiques sert donc, dans un premier temps, pour montrer objectivement le fonctionnement organique et non pas pour en fournir un outil de gestion rationnel[7]. Ni Ludwig

---

5 Traduction de l'auteur.

6 En commentant ce texte en 1887, Du Bois-Reymond utilisera la notion d'autographie en évoquent le rôle des recherches de Ludwig dans sa réflexion. Cf. aussi Du Bois-Reymond, 1887 : 26.

7 D'après Henning Schmidgen, la première utilisation de l'expression « autographie » dans la deuxième note de Helmholtz ferait référence à une pratique d'imprimerie qu'on appelait en France au début du XIXe siècle « autographie ». Cette méthode consistait à

ni Helmholtz ne cherchent dans la courbe des données concernant le rendement du moteur humain, le parallèle avec l'instrument de Watt se limite donc à l'automaticité de l'inscription. Si Helmholtz calcule effectivement la rapidité du stimulus nerveux, il ne le fait pas avec les outils graphiques, puisque, comme il le souligne, la résistance des leviers et la pression du stylet sur la surface d'inscription peuvent fausser la précision de la mesure. Si, en 1874, Ludwig envoie à son élève italien Angelo Mosso les premiers tracés de son kymographe en les définissant comme les premiers « balbutiements de la respiration et du cœur »[8], la métaphore linguistique semblent faire référence à une nouvelle méthode de communication scientifique « universelle » plus qu'au langage propre de l'organisme.

La compréhension de l'autographie comme l'objectivation « directe » d'une loi physiologique mathématisée apparaît avec l'application de la méthode graphique à l'étude biomécanique de l'organisme commencée justement par les travaux de Marey. Le physiologiste français utilise en effet les instruments inscripteurs non plus pour visualiser l'évolution d'une fonction physiologique, mais comme un outil pour saisir les composantes de ce qui représente, selon sa perspective, le fondement de tout phénomène naturel, à savoir le mouvement :

> J'ai fait une plus grande part au mouvement dans les fonctions de la vie et je pense, avec Cl. Bernard, que le mouvement est l'acte le plus important, en ce que toutes les fonctions empruntent son concours pour s'accomplir. Bien plus, il faut aujourd'hui envisager le mouvement dans un sens plus large, et lui rattacher un grand nombre de changements d'état dont l'étude appartient également à la méthode graphique. (Marey, 1868 : VI)

En assumant le paradigme énergétiste à partir de son principe dynamique de la transformation de l'énergie en travail, Marey pensait que l'orientation essentielle de l'étude scientifique devait être la compréhension et la mesure du mouvement. C'est en ce sens que la courbe n'a plus le seul intérêt de la forme, mais devient également la possibilité de fixer à chaque instant l'évolution du principe de mobilité. De là la référence à Watt change. Il ne s'agit plus exclusivement d'appliquer au corps la technique d'enregistrement

---

transposer sur une pierre de lithographie des dessins réalisés sur un « papier report » à l'aide d'une encre grasse (Schmidgen, 2015 : 383).

8 Carl Ludwig, « Prima curva della pressione del sangue e della respirazione scritta da Ludwig il 12 dicembre 1846 », *Université di Torino, Fondo Angelo Mosso.*

de l'ingénieur, mais également de se servir de la courbe pour objectiver le calcul de rendement :

> Ainsi, la connaissance d'un mouvement constitue une notion essentiellement incomplète ; la véritable détermination d'une force est celle du travail mécanique produit. [...] la méthode graphique donne directement cette mesure, en combinant l'inscription des efforts développés à chaque instant, avec celle des chemins parcourus. (Marey, 1878 : XII)

Cela explique probablement la relative absence de la notion d'autographie dans l'œuvre du plus important contributeur au développement de la méthode graphique. Le terme apparaît dans les années 1860 dans les premières recherches de Marey avec les instruments inscripteurs (Chaveau & Marey, 1861 : 623) et on la retrouve une seule fois dans l'important ouvrage de synthèse que l'auteur consacre en 1878 à la méthode graphique. Certes, dans ce texte on rencontre la métaphore linguistique de Ludwig : « Tous ces changements dans l'activité des forces, la méthode graphique les traduit sous une forme saisissante que l'on pourrait appeler le langage des phénomènes eux-mêmes » (Marey, 1878 : III). Toutefois, l'analogie avec la « langue » semble ici renvoyer à l'idiome mathématique de l'univers : l'instrument inscrit la loi même du mouvement. Il ne s'agit pas de la parole intime des faits physiologiques, mais de leur code de fonctionnement. Dans l'ouvrage *La Machine animale*, consacré à l'étude de la locomotion et que François Dagognet considère comme un tournant essentiel (Dagognet, 1987 : 52) dans l'œuvre du physiologiste, le terme autographie est d'ailleurs absent. Pourtant, justement dans ce texte, Marey précise l'objet de sa biomécanique : il abandonne en effet la recherche de la mobilité dans toutes les fonctions de la vie, pour se concentrer sur la spécificité des moteurs animés qui est celle de produire un mouvement extérieur. C'est en ce sens qu'il se focalise sur la locomotion. L'objet de la physiologie est donc de comprendre comment l'organisme transforme l'énergie en travail moteur.

Cette trajectoire de recherche « vers l'extérieur » conduit Marey à abandonner le bistouri bernardien au profit d'instruments permettant de saisir le corps dans son activité « normale » (Dagognet, 1987 : 52). Il développe donc des outils qui puissent éviter des opérations invasives impliquant, comme dans le cas du kymographe, des mutilations de l'organisme. Dans cette perspective, dès 1860, Marey se tourna vers un « nouvel instrument » permettant d'enregistrer la pression sanguine en adaptant « à l'artère un levier que chaque pulsation soulèverait, et qui, redescendant dans l'intervalle de deux pulsations consécutives, fournirait des mouvements d'ascension et de descente qui s'inscriraient sur le cylindre comme les mouvements de la colonne mercurielle dans l'appareil de Ludwig » (Marey, 1860 : 6). Toutefois, le système de transmission mécanique du sphygmographe développé par le physiologiste Karl von Vierordt (1855) se révèle imprécis. D'après Marey, en effet, l'instrument de Vierordt, à cause du poids du levier, déforme l'inscription des mouvements sanguins en les traduisant en une courbe ayant la même forme dans la montée et dans la descente. C'est donc pour réaliser un inscripteur « extérieur » sensible comme le kymographe que Marey se sert d'une méthode inventée par Pierre-Charles Buisson[9] et développe ce qui sera connu dans l'histoire de la physiologie comme le « tambour » de Marey. Ce capteur se fonde sur l'idée de transmettre le mouvement par utilisation de la force pneumatique grâce à l'emploi de membranes en caoutchouc et de tuyaux.

Cette quête d'une courbe du travail conduira le physiologiste jusqu'à la mise en cause de la méthode graphique même. Si en effet le développement des « capteurs » pneumatiques permet à Marey d'obtenir des traces du mouvement normal, leur fonctionnement, reconduisant tout déplacement à celui rectiligne du stylet, posait problème à Marey en quête d'une méthode pour saisir le travail d'un organisme complexe. C'est le cas de la chaussure dynamographique utilisée pour étudier la locomotion. Ces souliers munis d'un tambour transmetteur dans la semelle inscrivaient des segments représentant la pression appliquée par le pied durant la marche. Toutefois, sans la connaissance des déplacements réalisés, cette donnée ne permet pas de connaître le travail accompli pendant la locomotion. Autrement dit, ces graphiques ne satisfont pas le principe fondamental de la méthode graphique selon Marey de montrer le rapport entre « effort » et « chemins parcourus ». C'est cela qui le conduit à se consacrer au développement de la chronophotographie. Le fusil photographique fixant le mouvement des segments corporels produit des tracés qui ont une signification différente par rapport à ceux de la méthode graphique. Il ne s'agit plus d'obtenir une « autographie » la plus fidèle possible de l'activité étudiée, mais plutôt une décomposition du mouvement en ces éléments essentiels. C'est la nature de diagramme mathématique de la courbe qui est valorisée au détriment de la représentation du phénomène dans son individualité.

---

9 Pierre-Charles Buisson, *Quelques recherches sur la circulation du sang à l'aide d'appareils enregistreurs*, Thèse de médecine, Faculté de Paris n° 67, 1862.

Autographe comme inscription de soi par soi, le capteur et le travail volontaire

C'est avec les recherches du physiologiste italien Angelo Mosso sur l'activité cérébrale et sur la fatigue que la notion d'autographie assume un nouveau sens. Si, d'une part, Mosso s'inspire directement de Marey et de sa quête d'une mesure du travail humain en élargissant même cette conception au « travail du cerveau », d'autre part, ce *travail* apparaît rapidement déterminé par des facteurs qui ne sont pas reconductibles à la biomécanique maresyenne. Cette question émerge dès les premières recherches de Mosso sur les émotions qui font l'objet de sa publication intitulée *La Peur* (1886). Dans ces recherches, Mosso développe différentes solutions techniques pour saisir les variations les plus subtiles de l'activité cardiaque qui peuvent être dues à des phénomènes psychiques. Il inventa alors le pléthysmographe, un instrument capable « d'écrire ces émotions qui n'apparaissent pas sur le visage ou qui se révèlent trop faiblement avec le rythme cardiaque et l'essoufflement respiratoire » (Mosso, 1875 : 37). Cet outil est constitué d'un cylindre en verre rempli d'un liquide (eau, éthéré ou essence de pétrole) dans lequel est inséré un membre (main, bras, pied). L'augmentation de la circulation dans les vaisseaux faisant augmenter le volume de la partie du corps, en liant le cylindre à une colonne dotée d'un stylet placé devant un rouleau inscripteur, il est possible d'inscrire l'activité cardiaque par transmission hydraulique. Cette méthode sera à la base de l'un des « capteurs » les plus ambitieux de Mosso. Pendant ses recherches sur les émotions, il applique un sphygmographe à des patients ayant des fissures sur le crâne, réussissant ainsi à inscrire le pouls du cerveau durant des activités différentes comme le sommeil ou l'effort intellectuel. Or, pour transmettre la pulsation cérébrale, la membrane des tambours de Marey se révèle inadaptée à cause de la résistance trop importante qu'elle oppose. Mosso se sert donc d'une transmission hybride hydraulique, pneumatique : il applique un tube de verre sur la cicatrice du crâne en l'isolant complètement avec de la gutta-percha. Ce tube communique avec un vase d'eau qui conserve la pression de l'air, de telle sorte que, à chaque pulsation, l'air forme une bulle dans l'eau et que cette variation active un stylet[10] qui se trouve à l'extrémité d'un tuyau rempli d'air plongé dans le vase.

Au cours de ces recherches, il observe l'augmentation de la circulation sanguine au moment où surviennent de fortes émotions. Mosso utilise l'expression « d'autographe » pour parler de ces tracés renvoyant aux méthodes

---

[10] Sur les innovations techniques de Mosso, voir Galloni, 2014.

de l'école allemande dont il a été un élève. La nature « autographique » de ces courbes paraît néanmoins différente. C'est l'activité psychologique elle-même qui laisse une trace. Ainsi, les enregistrements graphiques sont les « autographes » des émotions, comme l'écrit explicitement Félix Hément, le préfacier et traducteur français de l'ouvrage (Hément, 1886 : VII). Apparaît l'idée d'une inscription du « soi » que nous avons évoqué plus haut, il s'agit d'un soi « inconscient », mais qui est le fondement de l'activité du sujet. Cela paraît d'ailleurs explicite lorsque Mosso écrit : « Il suffit d'une légère modification dans la vitesse du sang qui pénètre dans le cerveau pour que notre moi se modifie immédiatement » (Mosso, 1886 : 59).

L'augmentation de circulation cérébrale durant l'activité psychique est la démonstration pour Mosso que nos organes, y compris le cerveau, sont « des petites machines » et que le « travail de la pensée », comme celui des muscles, consomme de l'énergie. Néanmoins, Mosso devait reconnaître que ces observations ne permettaient pas d'étudier ce travail psychologique dans le cadre des lois universelles de la thermodynamique. En effet, les recherches du physiologiste sur la température du cerveau montrent que celle-ci ne varie pas en fonction de l'activité psychique, ce qui met à mal l'idée d'une équivalence calorifique du travail intellectuel (Mosso, 1892). C'est pour cette raison que Mosso s'intéresse à la fatigue. En effet, lorsqu'on travaille avec le cerveau, on ressent un épuisement énergétique, de la même manière que lorsqu'on travaille avec les muscles. Par conséquent, si on arrive à percer le mystère de ce phénomène, on pourrait, d'après le physiologiste, dévoiler le fonctionnement énergétique de la pensée.

Mosso envisage donc d'étudier la fatigue causée par des contractions musculaires volontaires. Il cherche par-delà à saisir l'impact du « travail de la volonté » sur la consommation énergétique mesurable du travail physique. Or, les instruments inscripteurs ne permettaient pas d'observer précisément les mouvements intentionnels : si le myographe, pour sa part, était utilisable exclusivement sur des muscles détachés en écartant donc l'influence de la volonté, le dynamographe, de son côté, lorsqu'il était utilisé pour mesurer la force d'un groupe musculaire, fournissait des données instables, puisqu'au moment où un muscle est fatigué un autre intervient en substitution. Mosso conçoit donc un instrument nouveau qu'il appelle « ergographe ». Il se compose d'une planche, sur laquelle on positionne l'avant-bras du sujet. Le bras est contenu par un système de pinces. Deux tubes bloquent également l'annulaire et l'index. N'est ainsi laissé libre que le majeur, auquel on attache un poids par un fil relié à un levier, lequel meut un stylet sur le dispositif d'enregistrement graphique. En faisant tourner le rouleau très lentement, on arrive à tracer un segment pour chaque soulèvement que le doigt réalise. En connaissant le poids, on peut donc calculer le travail moteur accompli en mesurant la distance parcourue et inscrite sur le papier noirci. Au fur et à mesure que l'exercice avance, la hauteur à laquelle le majeur soulève le poids se réduit jusqu'à l'inaction totale (Mosso, 1908).

Les tracés de l'ergographe se présentent donc comme un enchaînement de segments de moins en moins hauts. En unissant les sommets de ces segments, on obtient des courbes décroissantes jusqu'à l'axe des abscisses (hauteur nulle) qui représente le moment où le muscle est incapable de faire le moindre soulèvement. Le capteur est mécanique, il s'agit d'un transmetteur de mouvement qui lit le doigt au stylet. Néanmoins, pour Mosso, les courbes obtenues ne sont pas la simple trace graphique d'un travail, mais, en montrant l'affaiblissement de soulèvement dans le temps, elles permettent de saisir le phénomène de la fatigue dans sa caractéristique la plus intime. En soumettant ses collaborateurs à plusieurs expériences utilisant l'ergographe à des mois de distance, le physiologiste relève que ses assistants, malgré des variations dans la quantité de travail produite, tracent des courbes ayant toujours la même forme, comme si la façon de travailler avec son instrument était l'expression d'une qualité individuelle indépendante des conditions physiologiques contingentes. Les expériences de Mosso montrent, en effet, que chaque individu a sa *propre* manière de se fatiguer : certains se fatiguent « d'un coup », d'autres ont une courbe qui descend lentement vers le point zéro, d'autres encore après une première phase de descente reprennent le travail sans s'épuiser complètement (« forme à S renversée »). Ainsi le tracé de l'ergographe devient une véritable « autographie » :

> Elle nous donne l'inscription d'un des faits les plus intimes et les plus caractéristiques de notre individu : la manière dont nous nous fatiguons, et ce caractère particulier se maintient constant. [...] Dans le mémoire que j'ai publié sur les lois de la fatigue sont reproduits des tracés qui démontrent cette constance dans les caractères personnels de la courbe inscrite par l'ergographe. (Mosso, 1908 : 61)

À ce propos, Mosso utilise souvent la première personne pour décrire les expériences faites sur sa propre fatigue : « J'ai écrit d'abord avec la main gauche en soulevant trois kg toutes les deux secondes [...]. J'attends deux heures jusqu'à ce que je me sois reposé complètement et alors j'écris avec la main droite [...] » (Mosso, 1887 : 423). Toutefois, dans la description de cette auto-expérience émerge l'ambivalence de l'idée d'autographie de l'ergographe. En sachant que la formule « j'écris » est utilisée par les physiologistes pour décrire toute recherche réalisée avec un instrument inscripteur, par exemple dans l'expression « j'ai écrit la respiration du chien » : qui est-ce qui écrit exactement dans cette auto-expérience ? Le Mosso-sujet qui imprime la trace de son geste volontaire ? Ou le Mosso-physiologiste qui se sert d'un outil pour obtenir la trace d'un effort volontaire ? Cette ambivalence de l'autographie se révèle lorsqu'on regarde la nature du trait de la personnalité que le sujet inscrit sur le papier. D'après Mosso, en effet, la variabilité interindividuelle de la courbe de la fatigue est l'expression non seulement de l'influence du centre nerveux, siège de la volonté, mais également du fonctionnement différentiel des organes périphériques (muscles et nerfs). Sans rentrer dans le détail de ces expériences, dont j'ai parlé ailleurs (Saraceno, 2016), il est important de remarquer que, d'après Mosso, la courbe ergographique montre un caractère proprement psychophysiologique. L'autographie de la fatigue est donc une objectivation de la capacité générale de travail d'un individu. C'est en ce sens qu'elle se prêtait à devenir un support pour la gestion socioéconomique de l'activité de l'homme. Mosso lui-même, d'ailleurs, avait proposé la physiologie, et plus spécifiquement les tracés ergographiques, comme science objective capable d'organiser le travail sans devoir se plier aux volontés idéologiques et politiques. Ce seront notamment les continuateurs de l'œuvre de Mosso qui concevront explicitement la courbe de la fatigue comme un outil de gestion des travailleurs. Le psychologue français Charles Henry écrivait ainsi :

> En résumé, la courbe de fatigue est une caractéristique rigoureuse de l'état des forces d'un individu [...] Il devient très utile de connaître la courbe de la fatigue du muscle normal afin de rapporter à cet étalon les courbes des différents individus. (Henry, 1894)

Dans cette perspective Henry travailla pour traduire mathématiquement le graphique en une équation. Inspiré en cela par la psychophysique de Fechner et en collaboration avec la physiologiste polonaise Iosepha Joteyko, il interprète la courbe de la fatigue comme une parabole de troisième degré (Henry & Joteyko, 1903). Cette tentative fera long feu, mais l'idée de se servir de la méthode graphique pour obtenir l'inscription directe du fonctionnement économique générale du corps humain se révélait particulièrement féconde.

C'est d'ailleurs dans cette perspective que l'on essaya d'exporter l'idée de la courbe autographique dans la naissante psychométrie qui avait bâti son modèle épistémologique sur le calcul d'une « équation personnelle » déterminable à partir des résultats des sujets aux tests de réaction. Ce fut un élève d'Angelo Mosso, Luigi Mariano Patrizi, qui proposa le premier le terme « autographie » dans les recherches psychométriques. En 1895, il publie ainsi des études réalisées avec un « psychographe », application d'un rouleau inscripteur devant un signal Deprez (Patrizi, 1895). Ce dernier consiste en un circuit électromagnétique activant un stylet à chaque fois que le courant est fermé ou rompu, dispositif inventé par le physicien Marcel Deprez (1876). L'instrument aura une large diffusion dans la psychométrie. En effet, en demandant à un sujet de pousser un levier qui ferme le courant du signal Deprez dès qu'il perçoit une stimulation auditive ou visuelle, on peut fixer la distance entre les moments de l'administration de la stimulation et de la réponse du sujet. Autrement dit, l'instrument permet de mesurer le temps de réaction. En administrant plusieurs excitations avec un rythme constant, on obtient une série de traits montrant l'évolution de la latence dans les réponses des sujets. Dans l'idée de Patrizi, l'union de ces traits représente une sorte de courbe ergographique de la fatigue intellectuelle qu'il n'hésite pas à définir comme « l'autographe de la volonté ». Afin de soutenir cette conclusion, l'élève de Mosso compare cette courbe avec celle qui fut réalisée à l'aide d'un pléthysmographe perfectionné appelé « gant volumétrique » (Patrizi, 1898). L'affinité entre les formes des graphiques psychométriques et des tracés pléthysmographiques d'un sujet montre, selon Patrizi, le rapport intime entre l'évolution dans le temps des réactions volontaires et celle des réflexes vasomoteurs. Le capteur technique par le truchement de la traduction graphique indique à l'homme le fonctionnement même de sa propre volonté, ancré dans l'activité énergétique générale de l'organisme.

Au-delà du réductionnisme de la pensée de Patrizi, le psychographe ouvre la voie à une étude « technique » de l'activité psychologique. De même que les variations infimes des mouvements organiques dans le flux des transformations énergétiques se révèlent imperceptibles, raison pour laquelle il y a besoin des capteurs, l'activité de la volonté reste insaisissable dans l'écoulement de l'existence du sujet. Il faut donc penser à un détour technique pour l'y extraire. Dans cette perspective émerge la critique à la vieille méthode de l'introspection. Il est d'ailleurs particulièrement évocateur que le psychologue russe Vigotsky, en 1926, loin du raisonnement réductionniste de Patrizi, se serve de la métaphore du capteur pour critiquer l'introspection et pour souligner l'importance du détour par un « sens technique » pour faire sortir la psychologie de sa « crise ». En effet, le « sentiment de soi » introspectif serait incapable de se déprendre du soi pour saisir l'objectivité du fait psychique. D'après Vigotsky, la psychologie pour objectiver l'activité de l'esprit doit donc prendre la voie « indirecte » dont « le modèle parfait » est la thermométrie. En effet, le thermomètre « nous émancipe entièrement de la sensation lorsque nous étudions la chaleur : quelqu'un qui n'a pas cette sensation peut néanmoins utiliser le thermomètre, alors qu'un aveugle ne peut se servir du microscope » (Vygotski, 1999 : 153-154). C'est en ce sens que le psychologue russe verra dans la naissante psychotechnique l'avenir de la recherche psychologique.

La trace autographique comme continuation du geste professionnel, le capteur et le travail réel

La technique dévoile l'activité intentionnelle à l'homme, la psychotechnique se propose donc d'aller plus loin dans l'utilisation des instruments inspirateurs pour l'étude du travail humain. Les tracés ne sont plus seulement les outils de l'optimisation du corps-moteur, mais deviennent les supports d'une rationalisation plus large qui prétend saisir les ressorts intimes de la volonté. En ce sens, la notion de technique dans l'expression « psychotechnique » ne sert pas seulement à faire référence à une psychologie « appliquée » aux activités techniques, mais rend compte d'une véritable épistémologie nouvelle. L'autographe devient donc une sorte d'écriture objective par laquelle définir les caractéristiques spécifiques du sujet. Il ne s'agit plus tant d'utiliser la courbe pour optimiser le rendement à la manière de Watt et de Marey que de le faire pour « gérer » un travailleur dans toute sa complexité.

C'est dans ce contexte que la question de ce que l'on peut définir comme la captation de « l'activité réelle » fait définitivement son apparition. Bien que depuis Marey – nous l'avons vu – la méthode graphique cherche des solutions techniques afin d'enregistrer l'activité « normale », avec ce « tournant psychologique » de la science du travail, la question se précise. Ce qu'il s'agit d'étudier n'est plus seulement un mouvement, mais la réponse individuelle du sujet à une tâche spécifique. Le capteur ne doit pas se limiter à saisir le mouvement automatique du corps, mais le mouvement organisé rationnellement pour la réalisation d'une activité orientée vers un but efficace. En ce sens, on commence à penser à des capteurs greffés sur le corps et sur les instruments des travailleurs, afin de tracer l'évolution du geste professionnel. Le premier qui s'attacha à appliquer les rouleaux de papier fumé aux outils de travail fut le physiologiste français Armand Imbert. En anticipant les thématiques qui seront celles de l'ergonomie dans les années 1950, Imbert critiquait la réduction de la mesure du travail à la simple quantification de la charge mécanique telle que la réalise l'ergographe, et, pour cette raison, chercha à mesurer l'effort *durant l'*activité professionnelle[11]. La fatigue dépend, en effet, des conditions spécifiques d'exercice de

---

[11] Sur cet auteur, voir Le Bianic & Vatin, 2007.

chaque profession. L'application des tambours de Marey aux instruments professionnels servait en ce sens à saisir un effort « réel », à la différence de l'idée d'épuisement général de la courbe ergographique :

> Quant à l'exploration graphique de la fatigue musculaire consécutive à un travail professionnel, il sera d'abord nécessaire, dans chaque cas, de déterminer, par l'analyse physiologique des conditions du travail, […] le ou les groupes de muscles dans lesquels la fatigue s'accumule. L'utilisation du même principe, association d'un ressort et d'un tambour, permettra alors, plus simplement et plus généralement qu'avec le dispositif de l'ergographe de Mosso, d'explorer la fatigue musculaire professionnelle dans son intensité et dans sa durée. (Imbert & Mestre, 1905 : 405)

Les tambours dynamographiques que Imbert applique aux instruments professionnels inscrivent quelque chose de plus intime que la simple quantité de travail mécanique. Les tracés traduisent la capacité plus ou moins importante des ouvriers à adapter leur geste à une tâche spécifique, en ce sens ils deviennent l'objectivation de la gestion volontaire du moteur humain. L'autographe plus que la trace du « moteur humain » est celle du sujet lui-même, puisque, comme l'écrit Imbert, nous sommes nous-mêmes le « mécanicien du moteur que nous constituons (Imbert, 1902 : 9). C'est dans cette perspective que le physiologiste pense s'en servir comme outil de discrimination de la supériorité professionnelle. Le capteur ne se limite plus à saisir un mouvement organique, mais capte sa gestion intentionnelle, une gestion dont la source est par ailleurs inconnue au sujet lui-même, puisque le geste « efficace » est complètement « incorporé ». Pourtant, des variations graphiques sont bien le signe d'une faculté spécifique qui ne dépend nullement d'une supériorité physique, mais d'une capacité à choisir un « style » de travail plus efficace. Comme l'écrit Imbert en commentant les tracés de deux ouvrières employées dans le bouturage des sarments de vigne, tracés obtenus grâce à un sécateur auquel on a appliqué un tambour de Marey :

> Tandis que chaque coup de sécateur se traduit sur le tracé de Mme H. par un simple trait vertical ou par un crochet plus ou moins ouvert, suivant que le sarment coupé était plus ou moins épais, chaque coup de Mlle S. a donné en quelque sorte un crochet double. […] Mme H., en effet, donne le coup de sécateur lorsqu'elle a amené le sarment ou avancé le sécateur dans la position qu'elle juge convenable […]. Mlle S., au contraire, pousse brusquement le sécateur ouvert contre le sarment à couper, dont elle ne s'occupe pas de régler la position ; elle est ainsi prévenue que le sarment est poussé à fond entre les lames par le choc que sa main éprouve et ce choc lui sert de signal pour reconnaître que le moment est venu d'opérer la section. (Imbert, 1909 : 21)

L'idée d'Imbert était d'élargir les recherches avec la méthode graphique à toute activité professionnelle. En effet, sa recherche sur le travail des ouvriers travaillant au sécateur avait, d'après lui, montré que les tracés n'étaient pas utiles seulement pour l'étude des travaux impliquant une importante utilisation de la force musculaire, mais également pour les emplois dans lesquels l'efficacité dépendait de fonctions intellectuelles. Ce chantier fut d'ailleurs l'un de ceux qui furent investis dans la naissante psychotechnique à sa « sortie du laboratoire ». Toutefois, l'intégration des capteurs aux activités professionnelles pose de nouvelles contraintes techniques. Le problème n'est plus tant de traduire les mouvements imperceptibles de l'organisme et donc de trouver des éléments conducteurs pouvant transmettre la moindre variation, puisque les mouvements à capter sont plutôt importants (fermeture d'un sécateur, mouvement d'une lime[12]...). Au contraire, la difficulté majeure devient d'intégrer le capteur sans déformer ou déranger physiquement et psychologiquement le geste professionnel. Cette difficulté sera par ailleurs bien soulignée par Victor Dhers, directeur du Bureau international du travail qui, dans sa thèse consacrée à la « Critique des Tests de fatigue », écrit :

> L'emploi des outils inscrivants est exclusivement limité à certains travaux manuels et n'est pas toujours applicable pratiquement, car ceux-ci nécessitent un appareillage dont l'utilisation amène des variations dans le travail dues soit à des causes physiques, gêne apportée par un appareil par exemple, soit à des influences psychiques favorisantes ou adverses, intérêt, curiosité ou mauvaise humeur. (Dhers, 1924 : 52-53)

Conclusion

L'idée d'un moteur qui s'autorégule change donc fondamentalement la conception de l'autographie et du couplage corps-capteur, signant, de fait, l'échec des capteurs pneumatiques et mécaniques. En effet, la nécessité d'un appui stable et la latence très longue de la transmission rendaient l'utilisation des tambours de Marey compliquée dans des contextes de « travail réel ». D'autre part, les méthodes pléthysmographiques, en fonctionnant avec des systèmes de pression, appliqués au corps du travailleur, se révélaient extrêmement gênantes. La sortie du laboratoire coïncide donc avec une « libération » du geste étudié par rapport aux contraintes du protocole d'expérimentation. Cela sera à l'origine, entre les années 1930 et 1960,

---

12 On pense aux recherches avec une lime dynamographique réalisées par le physiologiste Jules Amar, 1914 : 398).

d'innovations importantes. Le bond en avant de l'électrophysiologie au début du XXe siècle avec le premier ECG de Einthoven, et plus tard le premier EEG de Berg et la découverte des propriétés piézoélectriques de certains cristaux, contribuent au remplacement progressif des appareils pneumatiques ou mécaniques de la méthode graphique par des systèmes de transduction électriques. Cela modifie le rapport entre l'activité corporelle et l'enregistrement. Il ne s'agit plus de transmettre un mouvement à un stylet afin d'imprimer une trace, mais de transmettre un signal afin de le déchiffrer. Le corps lui-même devient un circuit de transmission et de captation et les enregistrements graphiques apparaissent de la sorte comme des informations qui peuvent éclairer le corps-sujet lui-même sur son fonctionnement au sens d'une forme de *feedback* paroxysme de l'idée d'autographie.

Si ces concepts de « feedback », de « signal » et de « traduction », comme d'ailleurs celui de « capteur », n'apparaissent qu'avec l'avènement du soi-disant « paradigme cybernétique », à la lumière de notre parcours, leur jaillissement semble moins le résultat d'une césure épistémologique et plus celui d'une parabole dont l'idée d'autographie est une manifestation. Les recherches en histoire du corps ont souvent vu dans la succession des métaphores techniques le signe du rapport analogique entre imaginaire culturel du corps et innovation technique : de « l'homme-machine » avec ses poulies et ses leviers au « moteur humain » à l'image de la machine à vapeur, jusqu'au « corps-réseau » traitant les informations comme un ordinateur. Si cela est indéniable, ces métaphores sont traversées par un questionnement anthropotechnique qui n'est pas seulement celui du rapport analogique entre corps et instrument, mais également celui du corps *comme* instrument. Dans ce questionnement rentrent en compte des réflexions sociologiques et anthropologiques sur l'organisation et la valeur socio-anthropologique de l'activité de travail. Sans donc nier la rupture entre la métaphore énergétique du moteur humain et l'image informationnelle du cerveau-ordinateur, il paraît possible d'esquisser une continuité dans la relation entre corps et technique qui est spécifique à l'organisation capitaliste du travail comme « gestion de soi par soi » et « gestion de soi par les autres ». La continuité entre les instruments inscripteurs du moteur humain et le capteur « cybernétique » montre la question de la traduction technique du corps-sujet comme une source de la gouvernementalité du travail « libre », gouvernementalité fondée sur l'ambivalence entre la « rationalisation » du geste en fonction des exigences du système productif et « l'incorporation » subjective des normes productives.

Références bibliographiques

AMAR Jules, 1914. *Le Moteur humain et les bases scientifiques du travail professionnel*, Paris, H. Dunod et E. Pinat.

BRAIN Robert Michael, 2015. *The Pulse of Modernism: Physiological Aesthetics in Fin-de-Siècle Europe*, Seattle, University of Washington Press.

BRAUN Marta, 1994. *Picturing Time: The Work of Étienne-Jules Marey (1830-1904)*, Chicago, University of Chicago Press.

CHADAREVIAN Soraya (de), 1993. « Graphical Method and Discipline: Self-Recording Instruments in Nineteenth-Century Physiology », *Studies in History and Philosophy of Science*, 24 (2), p. 267-291.

CHAUVEAU Jean-Baptiste Auguste, MAREY Étienne-Jules, 1861. « Détermination graphique des rapports du choc du cœur avec les mouvements des oreillettes et des ventricules, expériences faites à l'aide d'un appareil enregistreur (sphygmographe) », *Comptes rendus de l'Académie des Sciences*, 53, p. 622-625.

DAGOGNET François, 1987. *Étienne-Jules Marey. La passion de la trace*, Paris, Hazan.

DEPREZ Marcel, 1876. « Enregistreurs électromagnétiques », *J. Phys. Theor. Appl.*, 5 (1), p. 5-9.

DHERS Victor, 1924. *Les Tests de fatigue. Essai de critique théorique*, Paris, J.-B. Baillière et fils.

DU BOIS-REYMOND Emil, 1848. *Untersuchungen über thierische Elektricität*, Berlin, G. Reimer.

—, 1886. « Kulturgeschichte und Naturwissenschaft. Im Verein für wissenschaftliche Vorlesungen zu Köln am 24. März 1877 gehaltener Vortrag », in *Reden*, vol. 1 : *Folge, Literatur, Philosophie, Zeitgeschichte*, Leipzig, Veit & Co.

—, 1887. « Über die Lebenskraft. Aus der Vorrede zu den „Untersuchungen über tierische Elektrizität“ vom März 1848 », in *Reden*, vol. 2, Leipzig, Veit & Co.

GALLONI Marco, 2014. « Gli strumenti di Angelo Mosso », *Rivista di Storia dell'Università di Torino*, 3 (1), p. 85-91

GOPEL Wolfgang, HESSE Joachim, ZEMEL J.N., 1989. *Sensors. A Comprehensive Survey*, vol. 1 : *Fundamental and General Aspect*, Weinheim, VCH.

HARAWAY Donna Jeane, 1991. *Simians, Cyborgs and Women: The Reinvention of Nature*, New York, Routledge.

HELMHOLTZ Hermann (VON), 1851. « Deuxième Note sur la vitesse de propagation de l'agent nerveux », *Comptes rendus hebdomadaires des séances de l'Académie des Sciences*, 33, p. 262-265.

HÉMENT Félix, 1886. « Avant-propos », *in* A. Mosso, *La Peur : étude psycho-physiologique*, Paris, F. Alcan.

HENRY Charles, 1894. « À travers la science et l'industrie : la fatigue intellectuelle et physique d'après Angelo Mosso », *Revue blanche*, 7 (34), p. 170-178.

HENRY Charles, JOTEYKO Józefa, 1903. « Sur l'équation générale des courbes de fatigue », *Comptes rendus de l'Académie des Sciences*, 137 (séance du 24 août 1903), p. 441-444.

HOFF Hebbel E., GEDDES Leslie A., 1959. « Graphic Registration before Ludwig: The Antecedents of the Kymograph », *Isis*, 50 (1), p. 5-21.

—, 1960a. « Ballistics and the Instrumentation of Physiology: The Velocity of the Projectile and of the Nerve Impulse », *Journal of the History of Medicine and Allied Sciences*, 15 (2), p. 133-146.

—, 1960b. « The Technological Background of Physiological Discovery: Ballistics and the Graphic Method », *Journal of the History of Medicine and Allied Sciences*, 15 (4), p. 345-363.

HOLMES Frederic L., OLESKO Kathryn M., 1994. « The Images of Precision: Helmholtz and the Graphical Method in Physiology », *in* N. Wise (ed.), *The Values of Precision*, Princeton, Princeton University Press, 198-221.

IMBERT Armand, 1902. *Mode de fonctionnement économique de l'organisme*, Évreux, Impr. de C. Hérissey (Scientia. Série biologique 14).

—, 1909. « Étude expérimentale de travail professionnel ouvrier. Travail de coupage de sarments par boutures », *Revue d'économie politique*, 23, p. 1-34.

IMBERT Armand, MESTRE Antonin, 1905. « Recherche sur la manœuvre du cabrouet et la fatigue qu'il en résulte », *Bulletin de l'inspection du travail*, p. 374-406.

LAFONTAINE Céline, 2004. *L'Empire cybernétique. Des machines à penser à la pensée machine : essai*, Paris, Éd. du Seuil.

LE BIANIC Thomas, VATIN François, 2007. « Armand Imbert (1850-1922), la science du travail et la paix social », *Travail et Emploi*, 111, p. 7-19

LUDWIG Carl, 1847. « Beiträge zur Kenntnis des Einflusses der Respirationsbewegungen auf den Blutlauf im Aortensystem », *Archiv für Anatomie, Physiologie und wissenschaftliche Medicin*, p. 242-302.

LUPTON Deborah, 2016. *The Quantified Self: A Sociology of Self-Tracking*, Cambridge, Polity.

MAREY Étienne-Jules, 1860. *Recherches sur le pouls au moyen d'un nouvel appareil enregistreur, le sphygmographe*, Paris, Thunot.

—, 1868. *Du mouvement dans les fonctions de la vie*, Paris, Masson.

—, 1878. *La Méthode graphique dans les sciences expérimentales et principalement en physiologie et en médecine*, Paris, Masson.

MIDDLETON William Edgar Knowles, 1966. *A History of the Thermometer and its Use in Meteorology*, Baltimore, Johns Hopkins Press.

MOSSO Angelo, 1875. « Sopra un nuovo metodo per scrivere i movimenti dei vasi sanguigni nell'uomo », *Atti della Reale Accademia delle Scienze di Torino*, 11, p. 21-81.

—, 1886. *La Peur : étude psycho-physiologique*, trad. fr. de F. Hément, Paris, F. Alcan.

—, 1887. Sulle leggi della fatica, Discorso alla Reale Accademia dei Lincei, 3, *Atti della Reale Accademia dei Lincei. Rendiconti*, p. 425-431.

—, 1892. « Les phénomènes psychiques et la température du cerveau », Croonian lecture (London, 24 mars 1892), *Philosophical Transactions of the Royal Society of London*, 183, p. XVIII, 299-309.

—, 1908. *La Fatigue intellectuelle et physique*, Paris, F. Alcan.

PATRIZI Mariano Luigi, 1895. « Le graphique psychométrique de l'attention », *Archives italiennes de biologie*, 22, p. 189-196.

PATRIZI Mariano Luigi, 1898. « Due sussidi di tecnica fisiologica e psicofisica (I. Pneumanometro a criterio acustico, II. Guanto volumetrico) », *Rivista sperimentale di Freniatria*, 24, p. 686-691.

RABINBACH Anson, 1992. *The Human Motor: Energy, Fatigue, and the Origins of Modernity*, Berkeley, University of California Press.

SARACENO Marco, 2016. « L'expérimentation instrumentale et l'instrumentalisation de l'expérience. Succès et déclin de l'ergographe dans la représentation de l'expérience quotidienne du travail », in J. Fatet (dir.), *À quoi servent les instruments scientifiques ? Réflexions et études de cas sur les rôles et les fonctions des instruments dans la pratique scientifique*, Limoges, PULIM, p. 107-132.

SCHWARTZ Yves, 2000. *Le Paradigme ergologique ou un métier de philosophie*, Toulouse, Octares.

SCHMIDGEN Henning, 2015. « Leviathan and the Myograph: Hermann Helmholtz's "Second Note" on the Propagation Speed of Nervous Stimulations », *Science in Context*, 28 (3), p. 357-396.

VATIN François, 1993. *Le Travail : économie et physique, 1780-1830*, Paris, PUF (Philosophies 42).

—, 1999. *Le Travail : sciences et société. Essais d'épistémologie et de sociologie du travail*, Bruxelles, Éd. de l'Université de Bruxelles.

VIERORDT Karl (VON), 1855. *Die Lehre vom Arterienpuls im gesunden und kranken Zuständen gegründet auf eine neue Methode der bildlichen Darstellung des menschlichen Pulses*, Braunschweig, Friedeich Vieweg und Sohn.

VYGOTSKI Lev Sémionovitch, 1999. *La Signification historique de la crise en psychologie*, Lausanne, Éd. Delachaux et Niestlé.

WEBER Max, 2001 [1905]. Éthique protestante et l'esprit du capitalisme, Paris, Flammarion (Champs 424).

Grandeur et misère de l'humain augmenté

Le cas du pilote sans avion

Gérard DUBEY
CETCOPRA[1] (EA 2483)
Université Paris 1 Panthéon Sorbonne

L'énigme d'une technologie sans sujet et sans corps

Il ne se passe pas un jour sans que nous ne soyons alertés des dangers multiples auxquels nous exposent nos rapports d'extrême dépendance à la technologie, notamment au travers de la délégation aux automatismes algorithmiques d'un nombre toujours croissant de compétences, de connaissances et de savoir-faire. Derrière le spectre d'un remplacement « inéluctable » de l'homme par la machine plane celui d'une précarisation mentale et affective, d'un appauvrissement généralisé de la conscience et de l'intelligence humaine (Carr, 2017 ; Morosov, 2014 ; Sadin, 2015 ; Stiegler, 2015, pour ne citer que les plus connus). Presque symétriquement est distillé le message rassurant selon lequel il en va finalement des technologies actuelles comme de celles d'hier : les innovations suscitent toujours craintes, résistances et inquiétudes qui, une fois dépassées, laissent entrevoir « des formes inédites d'émerveillement » (Corbin, 2011 : 13)[2], de nouveaux agencements de notre rapport à l'espace et au temps, voire de formes de re-subjectivation originales (Boullier, 2016 ; Cardon, 2015 ; Casilli, 2010), à

1 Centre d'études des techniques, des connaissances et des pratiques ; Université Paris 1 Panthéon Sorbonne, 17 rue de Tolbiac, 75013 Paris.

2 Alain Corbin prend ainsi l'exemple de l'invention de la bicyclette. « Marcher assis, se reposer sans cesser d'avancer imposait une gestuelle inédite. Celle-ci réclamait une maîtrise nouvelle de l'action motrice, révélait des capacités du corps jusqu'alors inconnues et induisait une nouvelle expérience des performances corporelles. » (Corbin, 2011 : 12).

leur tour porteurs de nouvelles pratiques corporelles et de nouvelles sensibilités que l'on interprètera comme autant de preuves de l'extrême plasticité humaine, cognitive aussi bien que physiologique des êtres humains.

La voie que je propose d'emprunter est beaucoup plus étroite et d'une certaine manière plus inconfortable, plus fidèle aussi au principe d'indétermination au cœur de la démarche anthropologique défendue ici. Après tout, et à moins de céder à la fascination pour le pouvoir de la technologie, autrement dit à céder au déterminisme, nous demeurons de plain-pied dans le temps ouvert de l'histoire et, quel que soit le poids des apparences, les effets de puissance ne sont jamais exempts d'effets de surprise. Inversement, l'extraordinaire faculté d'adaptation des êtres humains, et du vivant en général, de même que la plasticité sociale et culturelle n'offrent aucune garantie sur l'avenir. Désamorcer les peurs, au prétexte que tout se transforme, ne dit encore rien sur la teneur morale et politique de ces transformations. Cette posture revient souvent à légitimer un état de déprise sur le monde qui constitue justement l'un des problèmes dont nous devons nous emparer. Penser les rapports contemporains des humains aux machines exige donc au contraire de s'emparer des changements en cours dans ce qu'ils ont d'inachevé et d'indécis, mais aussi de plus résistants à nos efforts de traduction pour en restituer les contradictions et les ambivalences (Balandier, 1967 et 1994).

L'une des questions majeures qui nous est adressée aujourd'hui concerne par exemple le caractère de plus en plus technocentré des dispositifs technologiques qui nous entourent et structurent physiquement notre relation au monde. La difficulté que nous rencontrons à nous emparer de cette question tient sans doute à ce que nous continuons d'appréhender le fait technique depuis l'expérience sensible et immédiate que nous en avons. Et peut-être est-il impossible de faire autrement. Les représentations que nous nous faisons de notre rapport à la technique sont toujours peu ou prou rapportées aux « techniques du corps » telles que Marcel Mauss les a définies en 1936, à savoir à des « montages physio-psycho sociologiques » (Mauss, 1935)[3] ou encore à des « façons dont les hommes, d'une façon traditionnelle, savent efficacement se servir de leur corps ». Or, si les techniques auxquelles pensait Marcel Mauss, outillées ou non (il peut s'agir de la marche, de la langue

3 Marcher est ainsi une pratique qui allie inextricablement des différences culturelles aussi bien que matérielles (façons de porter, types de vêtements, de souliers, objets, auxiliaires qui s'inscrivent eux-mêmes dans des cosmologies et des ordonnancements symboliques divers), des contraintes environnementales (habitudes distinctes selon qu'on se déplace en plaine, en montagne), un apprentissage social, des invariants biologiques (comme la bipédie) ou des spécificités morphologiques.

comme de la façon d'utiliser une bêche), se situaient d'emblée en deçà du grand partage entre le biologique et le culturel, l'individuel et le collectif, dans un rapport résolument anthropomorphique au monde, celles dont il va être question dans cet article, notamment la technologie militaire du drone, se situent en revanche dans le prolongement d'un long processus de dé-anthropomorphisation porté par un type particulier de rationalité qui consiste précisément à s'abstraire de ces montages par la mathématisation du réel (Ginzburg, 2010 [1989])[4] et l'adoption d'un point de vue sur le monde pour ainsi dire extra-terrestre (le point de vue de Sirius).

Pour saisir ce qu'a peut-être de plus spécifique la transformation numérique du monde dont on nous rebat les oreilles, il faut ainsi revenir à la définition la plus basique du numérique (du passage de l'échelle décimale à l'échelle binaire) qui ne signifie en effet rien d'autre que la transformation d'un message en un code préétabli qui ne lui ressemble en rien et que seuls sont capables de déchiffrer les machines et ceux qui les programment. (Triclot, 2008 ; Mercier, Plassard & Scardigli, 1984). La caractéristique peut-être la plus saillante des technologies actuelles est donc l'élément fort de discontinuité qu'elles introduisent avec l'expérience sensible (Gras *et al.*, 1991 ; Sennett, 2010 ; Crawford, 2016). Les problèmes qui naissent de cette discontinuité, le plus souvent sous la forme de situations ambiguës dans lesquelles les opérateurs humains de systèmes complexes peinent à retrouver leurs marques ou à mettre en œuvre leur savoir-faire, constituent le principal matériau auquel nous devons prêter attention. Celui-ci représente peut-être en effet le symptôme le plus évident de ce que la philosophe Hannah Arendt pressentait, à savoir que « si l'affirmation que nous sommes entourés de machines dont nous ne pouvons comprendre ce qu'elles font, bien que nous les ayons conçues et construites, était vraie [...] cela signifierait que les embarras théoriques des sciences de la nature à leur plus haut niveau ont envahi notre monde quotidien » (Arendt, 1972 : 343)[5].

---

4 Ce que l'historien Carlo Ginzburg dénomme le « paradigme galiléen »[4]. Dans la tradition galiléenne, et pour aller à l'essentiel, seuls comptent « les figures, les nombres et les mouvements, mais non les odeurs, ni les saveurs ni les sons, dont je crois qu'ils ne sont, en dehors de l'animal vivant, rien d'autre que des noms – écrit ainsi Galilée. *Individuum est ineffabile.* De ce qui est individuel, on ne peut pas parler. » (Ginzburg, 2010 : 255)

5 Et Hannah Arendt d'ajouter : « Puisque le retard souvent mentionné des sciences de l'homme par rapport aux sciences de la nature ou du développement politique de l'homme par rapport à son savoir-faire technique et scientifique n'intervient dans ce débat que pour noyer le poisson, il ne peut que détourner l'attention du problème principal qui est que l'homme peut faire, et faire avec succès, ce qu'il n'est pas à même de comprendre et d'exprimer dans le langage humain de tous les jours » (Arendt, 1972 : 343).

Comme nous allons le voir, le passage du pilote, qui fait corps avec sa machine, à l'opérateur de drone, rivé à ses écrans de contrôle, sans autre relation avec l'avion qu'il contrôle à distance que ce que les algorithmes et les liaisons de données lui communiquent, pose ce type de problème. Un capteur déporté de mouvements, connecté à un dispositif de détection électronique (qui permet d'identifier l'émetteur d'un appel téléphonique), tel qu'en utilisent quotidiennement les opérateurs de drones, relève-t-il encore d'un montage du genre de celui que propose Mauss pour penser notre relation aux techniques ? Se référant à Mark B.N. Hansen (2015), Yves Citton remarque par exemple que « nos processus de délibération (individuels et collectifs) sont condamnés à être toujours en retard sur ce que les appareils numériques ont déjà computé pour nous pour la raison que ces technologies ne s'adressent plus à nous en tant que sujets de perception ou de conscience, mais en tant qu'appareils sensoriels ultra-sensibles » (Citton, 2016 : 156). C'est bien cette dé-corrélation entre les différentes composantes de l'expérience humaine jusque-là associées dans le geste technique, autrement dit ce dé-montage, qu'il s'agit de penser dans son étrangeté même.

Comment s'articulent, dans les dispositifs (systèmes complexes d'objets connectés) qu'utilisent les opérateurs de drones, les différents niveaux identifiés par Mauss dans sa définition du geste technique, sachant qu'il nous faudra renoncer à l'explication par la complexité si souvent convoquée ? Je me rallie ici à la position de Tim Ingold qui rappelle que dans l'histoire de la technicité humaine qui va de l'outil manuel à la machine, la transition ne va pas du simple au compliqué mais est plutôt équivalente au déplacement du producteur, en tant que personne, du centre vers la périphérie du processus de production, qu'il s'agit en d'autres termes « d'une externalisation et non une complexification » (Ingold, 2010) [6] L'une des idées fortes retenues et développées dans cet article sera celle d'une inhabitabilité croissante des milieux techniques dont le drone représente à la fois le symptôme et la préfiguration. « In-habitabilité » suggère ici que la relation des êtres humains aux machines s'incarne de moins en moins dans des pratiques, des gestes et des apprentissages (des montages) par la médiation desquelles l'intelligence située des êtres humains peut se réaliser. Je m'appuierai, pour traiter de ces questions,

---

[6] Pour Tim Ingold, le projet sous-jacent à la conception occidentale de la technique consiste à reconfigurer le savoir-faire et les pratiques des acteurs selon des caractéristiques entièrement détachées de l'expérience et de la sensibilité humaine.

sur le riche matériau empirique recueilli tout au long de dix années d'enquête[7] dans le monde très fermé de la chasse (Dubey & Moricot, 2008 ; 2016).

L'aéronautique militaire : un terrain emblématique de l'épopée prométhéenne et de ses embarras

Prométhée encapsulé

L'aéronautique, et en particulier l'aéronautique militaire, est emblématique de l'un des mythes fondateurs de la modernité. Elle symbolise la puissance démiurgique de l'homme dans son effort pour s'émanciper par la technique des forces de la nature. Elle est l'arme technologique par excellence. Conquête de la vitesse, accélération, précision, contrôle de l'espace et du temps s'y conjuguent pour structurer le milieu matériel dans lequel nous évoluons aujourd'hui. La figure du pilote de chasse, notamment, cristallise dans l'imaginaire collectif l'alliance de l'homme et de la machine : une hybridation aux potentialités supposées infinies. Le pilote de chasse est celui qui va plus haut, plus vite et plus loin. Il personnifie le mythe d'une liberté et d'une mobilité sans limites, celle de l'individu affranchi des forces terrestres, de la pesanteur, des contraintes spatiotemporelles qui s'imposent au commun des mortels. Il incarne l'humain technologiquement augmenté avec son lot de dépassements et de promesses. C'est en ce sens que tout changement susceptible d'altérer cette image m'intéresse. Ainsi, les évolutions qui affectent le monde de la chasse doivent-elles être comprises comme un indicateur (un indice, une trace, un symptôme) privilégié des tensions, des contradictions et des mutations qui traversent la société technologique dans son ensemble. Il faut comprendre la valeur emblématique de ce terrain, par ailleurs si spécifique (le champ du militaire et de la culture de la guerre), à la façon d'un idéal type wébérien, dont les écarts ou les variations rendent sensibles les dynamiques sociales à l'œuvre la plupart du temps de manière souterraine.

L'introduction du drone dans les forces aériennes constitue de ce fait un événement majeur, fiché comme un coin dans le grand récit de la modernité technologique, celui d'une évolution ininterrompue allant du simple outil à l'humain aux pouvoirs technologiquement augmentés. Lorsqu'on évoque la possibilité d'un humain augmenté, on se réfère généralement à une addition de performances humaines et machiniques dont la figure du cyborg, popularisée par la science-fiction, ou celle du pilote de chasse faisant corps

---

7 Avec des séjours prolongés sur les bases de Cognac, Nancy, Saint-Dizier, Mont-de-Marsan, Orange et Dijon, ainsi que sur un théâtre d'opération extérieur (Tchad).

avec sa machine constituent les principaux repères. Or, si les pilotes de drones militaires sont augmentés dans la mesure où ils peuvent, par exemple, grâce aux capteurs déportés, à l'optronique, aux caméras infrarouge, voir ce que de simples yeux humains ne pourront jamais voir, qu'est-il advenu du prestige que conférait au pilote le pouvoir de dompter la puissance machinique, les sensations et le plaisir du vol, le courage, mais aussi la fierté de dominer la peur, de la domestiquer au terme d'un long et éprouvant travail d'aguerrissement ?

Jusqu'à présent, l'attention de la critique s'est surtout portée sur les questions éthiques et juridiques soulevées par l'introduction de ces nouveaux objets, notamment la question qui sépare l'acteur de ses actes dans le cadre d'une réflexion sur la responsabilité. Tuer à grande distance, loin du théâtre d'opération, sans exposer sa vie, n'est-ce pas rompre avec les règles de la guerre et avec les valeurs cardinales du combattant ? Tuer avec un drone, n'est-ce pas, d'une certaine manière, commettre un meurtre ? (Chamayou, 2013 ; Mazoyer *et al.* dir., 2013).

Ce questionnement, bien qu'indispensable, passe cependant sous silence un certain nombre de transformations du rapport au réel dans un environnement techniquement modifié. Dans 70 % à 80 % du temps, les drones sont ainsi employés pour des actions de surveillance et de renseignement qui n'impliquent pas (ou pas directement) d'action offensive (comme l'élimination de cibles vivantes). Ce que signale alors l'arrivée du drone est l'entrée de la guerre dans l'ère de l'information et des télécommunications, en d'autres termes dans le vaste réseau des objets communicants et des bases de données numériques. Pour interpréter ce changement, nous laisserons provisoirement de côté la thèse classique du remplacement de l'homme par la machine (thèse de la robotisation) pour nous intéresser aux déplacements qui affectent le statut des êtres humains dans leur relation aux machines, lorsque ces dernières, subordonnées à un principe de puissance, se révèlent bien indifférente au sort des hommes. La situation des opérateurs de drone, parce qu'elle traduit à la fois le point d'aboutissement de la puissance technologique, sa consécration, et son point de retournement – une puissance à laquelle il devient de plus en plus difficile de s'identifier ou de s'attacher – illustre de manière concrète les doutes et les incertitudes de toute une époque aux prises avec des forces nouvelles qu'elle cherche à comprendre et à apprivoiser.

La fabrique du guerrier : l'institution sociale et historique du pilote de chasse

Avant d'aborder de manière plus détaillée le type de rapports qui se nouent entre hommes et machines au sein de l'aéronautique militaire, il n'est sans doute pas inutile, bien que cela puisse sembler une évidence, de préciser à grands traits la nature très particulière de l'expérience qui en constitue la toile de fond. Dans la guerre aérienne, en effet, il ne s'agit de rien de moins que de risquer délibérément sa vie et de prendre celle d'autrui. La mission opérationnelle place ainsi les équipages d'avions de chasse dans une situation matérielle, corporelle, émotionnelle, temporelle et sociale hors du commun. C'est une expérience limite qui exige un cadre institutionnel spécifique et passe par un processus d'aguerrissement à la fois physique et moral au long cours[8]. Affronter la peur, faire la preuve de son courage, maîtriser son corps et ses gestes dans des situations extrêmes sont au cœur de ce processus. Celui-ci vise autant à transformer les hommes en guerriers, les pilotes en chasseurs, qu'à les restaurer et les maintenir dans leur humanité. Car il faut à la fois produire l'impensable et rester humain, c'est-à-dire garder sa place dans la communauté des hommes. Le collectif – l'escadron et la patrouille – joue tout au long de cette transformation le rôle central de régulateur social et symbolique qui inscrit la guerre comme action sociale et circonscrit la violence. Il est étayé par des « traditions » (soit ici des pratiques collectives, des rites, des lieux de mémoire) qui l'inscrivent dans le temps long de l'histoire militaire. Pour ne prendre qu'un exemple, l'escadron de Rafales 1/7 Provence, l'un des fleurons de la haute technologie française, a été créé en même temps que la base 113 de Saint-Dizier à laquelle il est rattaché, soit en 1913. Cette histoire est sans cesse remémorée et matérialisée par un ensemble de symboles portés à même la combinaison des pilotes (par des patchs et toute une héraldique) ou sur les murs de l'escadron (par des « reliques », des prises de guerre, des photographies et des traces diverses).

---

8 La formation initiale des pilotes de chasse et de transport militaires est extrêmement sélective. L'École de l'Air de Salon-de-Provence recrute sur concours CPGE environ une cinquantaine de candidats par année (il existe une autre voie plus directe appelée EOPN mais dont les critères sont tout aussi drastiques). La condition physique de ces candidats doit être optimale. Après trois ans de formation théorique et pratique, les élèves pilotes partent pour une période d'un an sur la base 709 de Cognac. C'est à l'issue de cette formation aux missions militaires qu'ils sont sélectionnés et aiguillés soit vers la chasse (bases de Cazaux et Tours) soit vers le transport (base d'Avord). Au terme de cette phase 3, dite de spécialisation, ils obtiennent leur « macaron » de pilote (fièrement arboré sur la combinaison de vol) et rejoignent un escadron opérationnel. Signalons que jusqu'à l'obtention de ce macaron les candidats peuvent être exclus du cursus de formation.

Dans les récits qui m'ont été donnés, on assiste à une mise en tension dont l'intensité augmente graduellement et qui conduit le pilote, au jour J, à effectuer le geste de tirer, comme il l'a répété maintes fois à l'entraînement, et à séparer l'enchaînement des gestes et actions nécessaires de la signification politique de celui-ci. Chacune des étapes de ce parcours d'aguerrissement est importante. Dans cette « politique des petits pas », la gestion des émotions et du stress accompagne toute la progression des équipages. Bien qu'elles appartiennent à des catégories distinctes, les situations d'entraînement et les situations opérationnelles renvoient donc l'une à l'autre sur le plan de la construction du sens, comme l'exceptionnel prend sa signification par rapport à la routine. La préparation des équipages poursuit, dans cette perspective, le but de tisser le maximum de continuités entre l'entraînement et l'opération. Partir en opération, effectuer des missions de combat apparaît ainsi à la quasi-totalité des équipages que j'ai rencontrés comme l'aboutissement logique d'un parcours qui conduit à désirer l'expérience du combat parce qu'elle seule peut donner *in fine* un sens à tout ce qui a précédé. Le désir de combat tient alors plus souvent de l'accomplissement professionnel que de l'instinct guerrier. Ces deux facettes de la carrière du pilote de combat sont en réalité constamment en tension. Elles vont être très tôt mêlées, dès les premiers temps de l'apprentissage, et c'est de ce mélange initial que naît le sentiment de légitimité qui rend l'action possible. On comprend mieux l'étrangeté de ce métier pour quelqu'un d'extérieur et parfois pour les pilotes eux-mêmes, lorsque la tension retombe (Moricot, 2007).

Le milieu machinique comme champ d'expérience sensoriel

L'imaginaire du cyborg, d'un être mi-vivant mi-mécanique, s'enracine profondément dans l'imaginaire militaire d'une augmentation illimitée des performances. C'est aussi dans ce domaine qu'il atteint son plus haut degré de réalisation. L'homme "prothèsé", instrumenté, techniquement augmenté est l'homme dont il s'agit de protéger la vie contre de grands dangers. Et quoi de plus emblématique et de plus prometteur de l'intégration du biologique et du mécanique, de l'organique et du physique, de la convergence des sciences de l'ingénieur et du vivant (Roco & Bainbridge eds, 2002), que la figure du pilote de chasse ? Dans la chasse, du fait des vitesses atteintes et des temps de réaction de plus en plus courts exigés des opérateurs, la machine a depuis longtemps pris le pas sur les dispositions « naturelles » du corps humain. L'avion devient comme une seconde peau et une seconde nature.

Mais force est aussi de constater que les choses se présentent de façon bien plus mélangée et contradictoire. En réalité, le corps s'adapte aux conditions extrêmes et inhospitalières engendrées par la puissance des machines au cours d'un long apprentissage qui est social autant que technique. Celui-ci est sanctionné par la production d'un « nouveau » corps, non pas mécanisé ou machiné, mais doté de propriétés nouvelles, ou plutôt d'expériences sensorielles inédites, acquises dans la confrontation à ce nouveau milieu. En aéronautique, il faut donc commencer par se méfier des informations induites par le corps et par désapprendre un certain nombre de réflexes. Cela tient au fait que les êtres humains demeurent des mammifères ; leur organisme est adapté aux conditions de la pesanteur terrestre dont dépendent en particulier les phénomènes d'équilibration (perception de la verticalité et de l'horizontalité). Dans un environnement soumis à de fortes accélérations et à une absence de repères visuels, les sensations perçues peuvent revêtir une signification contradictoire avec celle qu'elles auraient eu au sol. Cela engendre un état de désorientation que les pilotes doivent apprendre à déjouer en réinterprétant ce qu'ils perçoivent, notamment en croisant ce qu'ils ressentent avec ce que leurs disent les instruments de bord (ce travail de vérification et de doute presque méthodologique est une constante et l'une des bases du métier).

> Il faut se méfier énormément de ses sens en avion parce que l'environnement est hostile et que vous avez beau sentir quelque chose, ça peut être une sensation complètement erronée qui va vous tuer. Par exemple, vous avez la sensation d'être sur le dos dans les nuages et vous êtes parfaitement aligné, donc vous vous remettez dans l'axe et là vous vous plantez. Ça s'appelle un vertige. C'est un combat intellectuel pour garder le bras à sa place, pour l'empêcher d'aller corriger ce que le corps ressent. Il faut croire les instruments, on apprend ça très tôt. Ça nous le fait encore, c'est très simple d'avoir un vertige en patrouille serrée avec un avion à côté, vous avez un vertige dans les nuages, vous avez l'impression que la patrouille est comme ça (il montre avec ses mains sur le côté) et surtout, il ne faut rien bouger, ne rien changer parce que vous risquez soit de vous planter, soit de rentrer dans votre *leader*. Ça arrive dans les nuages, en situation de vol aux instruments. Si les instruments disent que l'avion est dans telle configuration, qu'il vole bien, il faut s'y fier. Les premiers pilotes qui ont volé dans les nuages emmenaient une oie dans leur avion parce que l'oie garde toujours la tête droite. – *Pilote Mirage 2000*

Ce processus d'aguerrissement, ainsi que le montre avec beaucoup de précision l'extrait d'entretien ci-dessous, passe par une forme de mort qui, comme toutes les morts symboliques ou rituelles, n'est pas – les anthropologues le savent bien – que symbolique, mais se concrétise par un véritable changement d'état et de statut (Turner, 1990 [1969] ; Hocart, 2005

[1954]). L'idée de cyborg, autrement dit d'un corps aux propriétés inchangées, mais rendu plus performant par ses greffons techniques, est donc largement une vue de l'esprit.

> Le premier jour qu'on vous met dans un cockpit, c'est un milieu hostile, vous ne l'avez pas assimilé, c'est hostile… La première fois qu'on a fermé, je m'en rappellerai toute ma vie, le cockpit – déjà vous mettez un masque, un casque, à moins de faire de la moto, c'est pas très naturel, vous avez quelque chose sur la bouche aussi collé, respirer dans un tuyau, c'est pas très naturel, c'était sur Mirage F1 en (19)89 – et, si vous voulez, au moment où l'on ferme cette verrière, je ne suis pas claustrophobe, mais pendant deux secondes, je me suis dit que je n'y arriverai pas. Vous tapez la verrière là et là, vous êtes arnachés ; dans une voiture vous avez beau avoir une ceinture de sécurité, vous pouvez bouger les bras. Cela a un côté cercueil, c'est exactement ça, et là pendant deux secondes… je n'ai pas paniqué, mais et je me suis vraiment dit : « Calme-toi, reprends sur toi, oublie que tu es dans une boîte, et puis petit à petit, les heures de vol passant… vous vous l'appropriez et maintenant, c'est votre univers, ce qui fait que maintenant quand je monte dans une voiture je ne peux plus rouler sans ceinture, parce que je ne me sens pas en sécurité, et si je pouvais avoir des harnais, je me sentirais vraiment bien dans cet élément… Maintenant, il faut que je sente la tôle à côté et là je me sens confortable, en sécurité. Donc, c'est certain que l'éjection, quitter cette enveloppe qui vous protège, il me faudrait vraiment une bonne raison pour que je sorte de l'avion… C'est quelque chose qui n'est absolument pas naturel… et très violent. – *Pilote de Mirage 2000*

Comme l'illustre cet exemple, la souffrance est une des composantes du métier et de son apprentissage (toutes les initiations comportent des épreuves physiques qui garantissent la mémoire du passage ou du changement d'état), une souffrance inséparable des performances d'un dispositif technique qui contraint l'humain à « toujours “jouer” avec les limites de ses capacités physiques, à se trouver au bord de l'évanouissement sans y céder, à mouvoir son corps sans le blesser » (Moricot, 2007). La dernière remarque de ce pilote tend par ailleurs à montrer que l'automatisation, qui a pourtant fait du pilote un « gestionnaire de systèmes » (du fait de la complexité croissante du système d'armes et des systèmes d'“info.-com”'), se traduit parfois par une augmentation des contraintes auxquelles le corps est soumis (Dubey & Moricot, 2006)[9]. Cela

[9] « En combat, cela fait mal. L'automatisation n'enlève pas les contraintes corporelles, celles de la troisième dimension. On peut avoir un niveau de confort supérieur, mais les contraintes, elles sont claires. »
« Le combat s'arrêtera parce que le pilote arrive à ses limites ; l'avion en puissance maximale garde toutes ses possibilités. Je me souviens de combat ici avec des jeunes où celui qui a gagné, c'est celui qui a tenu le plus longtemps sous 9 g. Et au bout de 40 ou 50 secondes sous 9 g, il avait le même phénomène d'épuisement que vous pourriez avoir au bout de 15 km de course. »

suffit à tordre le coup à l'idée reçue selon laquelle la technologie, et notamment l'automatisation, tendraient à supprimer le corps. Il convient plus justement d'affirmer que si elle ne le supprime pas, elle en fait en revanche un problème. La souffrance « redoublée » par les automatismes, dont parle ce pilote, peut ainsi être réinterprétée comme le symptôme d'un divorce en cours entre la puissance des machines et l'expérience sensible des êtres humains, un divorce qui annonce déjà sous bien des aspects l'entrée en scène du drone.

Retour sur terre : la fin de l'épopée prométhéenne

La seconde chute d'Icare

Paul Virilio avait déjà noté que l'extrême vélocité atteinte par les véhicules modernes aboutissait à la réduction drastique de la liberté de mouvement de ceux qui les habitent (Virilio, 1984). C'est particulièrement vrai de l'avion (civil et *a fortiori* militaire) où passagers comme pilotes sont sanglés à leur siège pour des raisons de sécurité et où des efforts considérables on été entrepris pour protéger les corps de ses occupants[10]. Mais avec les drones, objets connectés au grand système d'information et de communication, le changement n'est pas que de degré. Du point de vue de l'opérateur humain, et si je continue à filer cette métaphore aéronautique, il s'agit d'une rupture. « Cloué » au sol, littéralement rivé aux écrans de contrôle, loin de tout danger, celui-ci se trouve désormais séparé du milieu hostile qu'il s'agissait d'apprivoiser[11]. Tout se passe donc comme si la puissance des systèmes d'information avait pour pendant l'immobilisation les hommes, ou encore, comme si la liberté de mouvement des êtres humains était inversement proportionnelle aux moyens techniques dont ils font usage pour agir à distance. C'est ce phénomène de confinement et d'immobilité d'un côté, d'éloignement des corps et des machines d'un autre côté, qui suscite peut-être le plus grand étonnement vis-à-vis d'un monde jusque-là entièrement dédié à la vitesse et à la maîtrise du milieu machinique.

La puissance intervient encore d'une autre manière sur le développement de cette nouvelle façon de faire la guerre. Le drone est l'arme de la guerre dite « asymétrique », elle-même résultat du déséquilibre technologique prodigieux

---

10 Voir à ce sujet l'intéressant travail de Jérémie Legroux sur la gestion des corps des passagers aériens qui s'amorce dès l'aube de l'aviation commerciale (Legroux, 2011).

11 L'apprentissage long devient ainsi superflu. La formation comprend cinq semaines de cours théoriques et une vingtaine de missions sur un entraîneur de vol (plus un vingtaine d'heures d'exercice de contrôle d'un appareil). À comparer avec la formation de plusieurs années d'un pilote de combat... Cela constitue un facteur économique non négligeable en faveur du drone.

entre les nations. L'absence ou la quasi-absence d'armée conventionnelle à combattre rend beaucoup plus difficile et problématique, pour les forces classiques, l'identification de l'ennemi. La ligne de partage civil/combattant tend à se brouiller avec toutes les conséquences éthiques que cela peut avoir. Dès lors, une autre grammaire de la guerre se met en place qui s'inspire davantage des technologies policières et de la culture du renseignement que des règles de la guerre. Le principe d'une veille ou d'une surveillance permanente des populations civiles s'inscrit dans cette logique. Ce sont des habitudes de vie, des comportements individuels, culturels et sociaux (aussi appelés *pattern of life*) qu'il s'agit désormais d'observer sur de très longues durées, chaque écart à la norme devenant l'indice d'une activité « suspecte » en cours ou en préparation (et qui permettra ultérieurement de guider l'action des forces conventionnelles). Dans ces conditions, le pilote embarqué devient un obstacle, et pour ceux qui demeurent dans les avions, la dépendance vis-à-vis de ceux qui, au sol, traitent l'information, ne fait que croître[12]. À cet égard, il est significatif que les drones aient été désignés « avions sans pilotes » plutôt que « pilotes sans avions ». La priorité accordée à la machine sur celui qui la maîtrise s'inscrit bien dans l'idée que, désormais, c'est bien le pilote, avec son corps, qui est le problème. Ainsi se réaliserait l'inversion du mythe d'Icare tel que Gunther Anders l'avait pressenti (Anders, 2002 [1956])[13]. Les corps des opérateurs humains, comme la relation qu'ils nouent avec les machines, sont désormais les principaux obstacles au perfectionnement et au déploiement d'une puissance abstraite à laquelle les pilotes continuent paradoxalement eux-mêmes de croire, et qui ne peut se déployer sans leur consentement ni leur participation active.

---

12 « On n'a pas enlevé le pilote de l'avion (drone) par crainte de perdre des pilotes, mais parce que c'était le seul moyen d'occuper durablement l'espace aérien. Au bout de six heures, le pilote doit regagner le sol. Naturellement les pilotes préfèrent être dans leur cockpit de F16 ou de Rafale, être au-dessus du théâtre d'opération pour voler, parce qu'ils sont entrés dans l'armée de l'air par la passion du vol. Mais c'est le seul moyen qu'on ait trouvé. L'homme est de ce point de vue limitatif pour la capacité. On peut le faire, on arrive à faire ce qu'on appelle des caps en défense aérienne, mais il faut relever les avions toutes les deux heures, c'est extrêmement consommateur, il faut des ravitailleurs en vol, il faut deux avions, c'est extrêmement compliqué. Donc le moyen qu'on a trouvé, et on n'est qu'au début, ce sont des drones qui voleront demain pendant 40 heures, voire beaucoup plus longtemps. » *– Chef d'escadron 1/33 Belfort, 1er escadron français de drones*

13 « Aujourd'hui ce n'est pas à la cire de ses ailes que l'on imputerait la chute d'Icare, mais à Icare lui-même. S'il pouvait se jeter dans le vide pour les délester de son propre poids, ses ailes pourraient conquérir le ciel » (Anders, 2002 [1956] : 51). C'est par cette réécriture du mythe d'Icare qu'Anders exprimait la honte de ses contemporains de voir leur corps entraver les promesses de la technologie.

Une reconfiguration des matériels et des hommes

Les conséquences de cette reconfiguration des relations entre le sol et l'air, la vue d'en bas et celle d'en haut, sont multiples. Au plan humain, cela concerne en premier « l'activité » des opérateurs. Le drone est un outil d'information partagée qui ne peut être appréhendé indépendamment du système d'information et de communication dans lequel il s'insère et dont il n'est qu'une terminaison ou un « senseur ». Ce système est d'abord technique : un grand réseau qui permet, grâce à des liaisons satellite et radio, de contrôler l'avion à distance, mais aussi et surtout de relayer l'information acquise aux opérateurs de drone, de la même façon et en « temps réel » à tous les niveaux de la chaîne de commandement (centres de commandements et d'opérations déportés). Ce dispositif technique se double d'un maillage humain. « L'équipage drone » a la responsabilité du guidage du capteur (pilotage du vecteur et guidage des capteurs embarqués : caméras infrarouges, dispositifs optroniques, systèmes de guidage et d'éclairage de cibles…), du suivi et de l'analyse des flux vidéo. Trois spécialités cohabitent dans ce que l'on désigne aujourd'hui par cockpit (en réalité un *shelter* ou un Algeco, c'est-à-dire un espace fermé et climatisé, sous lumière artificielle, dans lequel sont installées les différentes interfaces utilisées par les équipages : écrans, sticks de commandes des capteurs embarqués et du drone, outils de liaison radio, téléphonie…) : l'opérateur de vol, qui pilote le vecteur ainsi que les capteurs embarqués à l'aide de *joysticks*, l'opérateur image qui traite les vidéos en temps réel et procède à une première analyse, le coordinateur tactique qui est le chef de la mission et gère les communications avec les centres de commandement, ainsi qu'avec les autres composantes du dispositif opérationnel (en l'air et au sol ; Dubey & Moricot, 2016).

Face à cette restructuration des tâches et des fonctions, il faut commencer par écarter un certain nombre d'assertions communément émises au sujet de cet objet. Premièrement, on ne peut pas parler de robotisation à proprement parler, au sens d'une autonomie complète des systèmes techniques. En effet, le choix a été fait de confier le pilotage du vecteur à des pilotes qualifiés (sortis du personnel navigant pour différentes raisons) pour des raisons juridiques d'une part (le droit aérien exige, pour des questions de responsabilité dans un espace aérien partagé, que le guidage du drone soit assuré par un pilote qualifié), pratiques, d'autre part (seule une personne aguerrie à la troisième dimension et qui maîtrise les représentations de l'espace et du temps à très grand vitesse est capable d'assurer le lien entre ce que donne à voir le drone et ce que « perçoit » le pilote depuis son cockpit, entre le « temps long » du sol et la temporalité extrêmement contractée de l'air)[14]. Le traitement et l'analyse de l'information en provenance des différentes sources auxquelles l'opérateur de drone a accès sont ensuite toujours réalisés, comme le descriptif succinct du collectif drone présenté plus haut le montre, par des êtres humains. L'inflation de données (qui est l'une des caractéristiques des environnements numériques) aurait même tendance à rendre leur présence plus incontournable, ne serait-ce que parce qu'il n'existe pas de rapport d'équivalence entre les informations et que leur pertinence (et leur sélection) dépend presque entièrement de la capacité attachée à l'historicité des êtres humains de faire des analogies ou des rapprochements entre des événements apparemment disjoints dans le temps et dans l'espace[15].

De ce point de vue, au moins, l'expérience vécue redevient décisive. Mais au moment même où elle le redevient, ce sont les conditions de son acquisition qui changent et s'érodent. De nouvelles formes de pénibilité apparaissent qui, au passage, écornent l'idée reçue selon laquelle la numérisation (comme autrefois l'automatisation) des environnements de travail libère les opérateurs humains des tâches les plus ingrates et répétitives au bénéfice des activités cognitives les plus nobles (Dubey, 2014). Délocalisation et désynchronisation caractérisent en effet une activité qui consiste pour l'essentiel à agir par procuration ou par délégation. Dans ce nouvel agencement sociotechnique, la puissance des machines (ici, les capteurs et les ordinateurs) ne rejaillit que très peu sur les acteurs eux-mêmes et compense difficilement les sacrifices acceptés (l'immobilité, la sédentarité et, comme nous allons le voir, l'ennui). C'est que le corps ne participe plus vraiment, au sens de Marcel Mauss, à la prise en main du dispositif technique. Le travail exige bien un apprentissage social de coordination (et de management), mais celui-ci est comme détaché ou décorrélé de l'action technique elle-même (au sens matériel du terme). Le paradoxe est que, dans ces environnements hautement technicisés, littéralement

14 « Avoir une représentation, gérer les avions qui arrivent assez vite, quand vous ne l'avez jamais fait... C'est un métier. On n'apprend pas à gérer (guider) des avions qui évoluent à ces vitesses-là, qui ont des armements tirés à des distances si importantes [...] tout en parlant à la radio, avec l'Awacs, en gérant les échanges par messagerie instantanée si vous ne l'avez jamais fait... » – *Chef d'escadron*

15 « Si je vois ce type de camion, ce type de groupe électrogène, ça veut dire que derrière, il doit y avoir tel type de matériel. Donc là, ce n'est pas de l'intuition, c'est de l'analyse. Dans les conflits d'aujourd'hui, c'est beaucoup plus compliqué, parce qu'il n'y a pas d'armée organisée, ce sont des pickups, etc. Donc du coup, l'essentiel est invisible pour les yeux... » (référence à Saint-Exupéry).

produits par les systèmes techniques, la technique (la culture technique comme montage physio-psycho-social) occupe une place de plus en plus mineure et tend au fond à devenir marginale. Si les militaires qui ont la charge de ces nouveaux dispositifs peuvent être assimilés à de simples « techniciens-presse-boutons » (Gros, 2006), le terme de « technicien » n'est peut-être même plus approprié pour désigner leur activité. Le niveau de technicité exigé de l'opérateur est en effet sans commune mesure avec celui qu'on attend d'un pilote. Le long entraînement, qui était nécessaire pour hybrider l'homme à la machine, devient par exemple caduque. Nul besoin de s'aguerrir pour se protéger contre l'hostilité de l'environnement, les effets du facteur de charge ou bien encore la peur. Est-ce une si mauvaise chose que cela ? À première vue, ce constat ne contredit pas la thèse d'un cercle vertueux entre processus d'informatisation et revalorisation des dimensions cognitives et sociales du travail. Ce que la situation des opérateurs de drones met cependant en lumière – c'est ce qui fait tout son intérêt- est l'angle mort de cette approche.

Vide et puissance

Suggérer que le travail gagnerait en dignité à mesure qu'il s'émanciperait des activités impliquant davantage le corps revient, en effet, à minorer le rôle des sens dans l'intelligence au travail. Or, ce sont précisément les conséquences de ce divorce entre sens et cognition qui constituent le point le plus sensible de la phase numérique actuelle, puisque les sens apparaissent comme le principal garde-fou contre les effets délétères d'une puissance qui, par définition, n'a de cesse qu'elle s'autonomise (Dubey, 2014). Cela s'exprime concrètement par un certain nombre d'intempéries ou d'effets indésirables que je ne peux que présenter de façon synthétique dans cet article. Ainsi, les « pathologies » au travail de l'opérateur de la puissance machinique ressemblent à s'y méprendre à celles que l'on peut observer chez les télétravailleurs ou les opérateurs de vidéosurveillance. Le sens de l'activité au travail ne fait pas alors que se déplacer pour se recomposer ailleurs (Clot, 2010), il se perd dans la gestion de dispositifs qui imposent, dans l'indifférence des cultures de métier et des particularités de la culture militaire, leur logique propre. Cette gestion n'exclut pas le développement de nouvelles habiletés, et même une certaine excitation liée à la quantité des tâches à effectuer. Mais c'est bien de banalisation et de standardisation des pratiques qu'il s'agit. Cela se manifeste d'abord dans le champ lexical par la façon dont les opérateurs parlent et décrivent leur activité. Toute une série d'expressions contribuent à priver la fonction de ses attributs militaires et guerriers, par exemple par un rapprochement avec les activités de service :

> Le drone est un métier de service. » « L'outil nous permet d'acquérir une intelligence de la situation et cela nous permet de nous concentrer sur notre objectif qui est de rendre le meilleur service possible. » « Nous sommes des prestataires de services. – *Opérateurs drones*

D'autres expressions témoignent d'une réalité beaucoup plus rugueuse encore :

> Nous sommes un outil, un capteur parmi d'autres. » « On fait plutôt le singe que notre métier. » « L'action est plutôt limitée. On est plutôt spectateurs, on rend compte d'une situation. Ça dépend des missions. Parfois on filme, on analyse, on fait du *pattern of life*. Quand il y a des opérations d'appui au sol, ça reste très descriptif. – *Opérateurs drones*
>
> C'est un boulot de scribe.

Cette perte de sens se manifeste enfin et surtout par des phénomènes de *turn over* [16], d'ennui, de fatigue ou de perte de vigilance, assez « classiques » [17] dans ce type d'environnement. Ce qui se produit fréquemment lorsque le corps ne participe plus de l'action alors que l'attention est de son côté sollicitée à l'excès (lors de phases d'observation, appelées « stone watching », qui peuvent durer 12 heures ou plus sur un point fixe)[18]. Ce risque de désengagement ou de décrochage (des opérateurs vis-à-vis du cours de l'action) est actuellement une préoccupation majeure de la hiérarchie et de l'ingénierie qui imaginent un certain nombre de solutions « haptiques » pour maintenir l'humain « dans la boucle ».

---

16 Des sources diverses nous informent régulièrement de la difficulté rencontrée par l'armée américaine (la plus grande utilisatrice de drones au monde dont le nombre est aujourd'hui supérieur à celui des avions de chasse) pour fixer ses opérateurs. Il y aurait ainsi 240 abandons de postes par an pour environ 1000 opérateurs opérationnels. Les chiffres sont difficiles à vérifier mais il y a de toute évidence un problème.

17 Dès la fin des années 1980, et dans les années 1990 (phase d'informatisation des environnements de travail), les experts en sciences humaines furent invités à se pencher sur ces phénomènes récurrents de baisse de vigilance, de perte ou de dispersion de l'attention, de fatigue. Travaillant à la même époque sur les nouveaux outils de supervision des centrales nucléaires, le sociologue Francis Chateauraynaud eut recours à la notion de « déprise » pour qualifier le sentiment exprimé par les opérateurs (Chateauraynaud, 1997). Michel Freyssenet mettait de son côté l'accent sur la perte d'intelligence pratique accompagnant la mise en place de ces nouveaux environnements de travail. (Freyssenet, 1992).

18 « Le problème de vigilance – nous dit par exemple ce chef d'escadron – est une conséquence de l'ennui, je pense. Le pilote Reaper, qui ne s'occupe que de l'avion, assez rapidement, ça peut devenir ennuyeux. Il ne se passe rien. C'est pour ça que sur le poste de pilotage, on lui attribue un certain nombre de tâches à réaliser par rapport à la radio, la mise en œuvre du radar… »

On est revenu à un mode de pilotage, alors qu'on aurait pu automatiser un certain nombre de choses, de manière à ce que le pilote n'ait pas cette notion d'ennui qui fasse que... il décroche de la mission. Et donc, on a étudié la possibilité d'introduire... comme sur les simulateurs, des sensations... (vibrations par rapport aux problèmes de hauteur, inclinaison du siège, pour le ressenti de l'altitude), de manière à garder un certain niveau d'éveil et de compréhension. – *Chef d'escadron drone*

Cette dernière remarque nous ramène au cœur de la problématique des nouveaux environnements numériques telle que j'ai tenté de la reformuler, celle d'une disjonction entre l'expérience sensible et l'action, d'un divorce entre corps et technique. Le souci de reconnecter l'opérateur à l'action, par l'intermédiaire de stimulants ou de leurres sensoriels, vient renforcer, pour ainsi dire en contrepoint, cette approche. Les troubles de la vigilance, que l'on explique le plus souvent comme un effet de la stimulation excessive de l'attention inhérente aux activités de surveillance, sont en réalité le symptôme d'une abstraction croissante de notre relation au monde dont la portée excède, de très loin, le cadre du design ou de l'ergonomie des interfaces, à l'intérieur duquel on tente vainement de les cantonner. La vigilance devient un problème en soi lorsque ce qui nous relie au monde et aux autres cesse d'aller de soi. Tout cela n'a rien d'anecdotique ou d'imputable à un fait particulier. Si, face à l'inflation d'informations disponibles, la question de la sélection des données pertinentes constitue aujourd'hui le problème majeur de la société numérique, il est en effet grand temps de se poser celle des conditions qui rendent ce travail de sélection (de choix, de sens) possible – conditions au premier plan desquelles figurent les attachements sensibles qui nous permettent d'être en intelligence avec le monde, et pas seulement de l'observer[19]. Ainsi, à mesure que s'affaiblissent ces attachements se renforce le sentiment d'enfermement et de confinement, d'une absence de « dehors » dont les effets les plus tangibles commencent seulement à éveiller l'attention. Parmi ces effets, l'ennui n'est sans doute pas le plus inquiétant si l'on pense à l'état de sidération et de désorientation dans lequel nous plonge la vision d'un monde dont nous ne serions que les spectateurs, et finalement des corps étrangers.

---

[19] « On perd beaucoup de sensations, en direct, et donc en fait on a une vigilance accrue. Dans un Mirage 2000, vous ne regardez pas votre tableau de bord, vous regardez dehors, les trois quarts du temps. Là, on n'a pas de dehors, et si on veut savoir ce qu'il se passe, on est obligé de regarder les instruments, pour savoir ce que l'avion fait, pour savoir s'il tourne à gauche, ou s'il tourne à droite, ou s'il monte, ou s'il descend [...] Et c'est pour ça qu'on dit que c'est plus fatigant de faire quatre heures ou cinq heures de drone que quatre heures ou cinq heures de chasseur, parce que dans l'avion on n'est pas verrouillé sur ses instruments. » – *Pilote de drone, ancien pilote de Mirage 2000*

Conclusion. Les désillusions de la puissance

Gunther Anders parlait de « décalage prométhéen » pour désigner ce moment insigne où les êtres humains, humiliés par le pouvoir des machines qu'ils ont créé, prennent la mesure de leur impuissance et en intériorisent la norme (Anders, 2002 [1956] ; Gras, 2003). Dans ce que l'on qualifie aujourd'hui pudiquement de « transition (numérique) », le fait peut-être le plus remarquable est ainsi que la quête de puissance, de performance et de vitesse, n'expulse pas que les plus faibles, ou les « moins adaptés », à la périphérie du système technique, mais tout autant ceux qui pensaient se trouver en son centre et en maîtriser les effets, à l'instar des pilotes de chasse, désormais immobilisés dans l'espace confiné d'un *shelter* (Algeco), le regard rivé aux écrans de contrôle.

Pourtant, ce reflux est peut- être aussi l'occasion d'une prise de conscience des effets délétères de la puissance lorsque celle-ci n'est plus contenue dans les limites de l'expérience sensible. C'est aussi ce que révèle l'expérience paradoxale des pilotes de drones. Si la question de l'intégration-adaptation du corps humain aux environnements artificiels produits par la puissance machinique (et dont l'habitacle de l'avion offre un parfait exemple) a longtemps été au cœur des préoccupations des ingénieurs, ergonomes ou médecins, c'est aujourd'hui celle des prises artificielles susceptibles de reconnecter le corps humain à ces mêmes environnements qui devient centrale. Cette simple inflexion marque un tournant dont les théories de l'adaptation sont bien en mal de pouvoir répondre. Toutes les résistances ne sont pas la manifestation de positions rétrogrades, passéistes voire réactionnaires, encore moins d'une « peur du changement » (Jarrige, 2014 ; Salomon, 1984). Elles sont aussi l'expression de contradictions internes au machinisme lui-même, en particulier lorsque celui-ci simule une autonomie qui ne tient plus compte des limites des êtres humains. Derrière la figure d'un Prométhée de plus en plus « empêtré », ce moment d'hésitation nous renvoie à ce qui est sans doute l'un des plus grands défis auxquels doit aujourd'hui faire face la société technologique, celui de penser l'extension et la pérennité d'un rapport à la technique qui ne serait pas anthropomorphique.

L'humain est plus que jamais au centre du système, pour employer la terminologie en vogue dans les milieux de l'ingénierie. Mais il est simultanément de plus en plus immobile et statique, à l'image des représentations de l'espace qu'affichent nos GPS et qui donnent le sentiment que c'est l'environnement qui se déplace et bouge, alors que nous demeurons sur place, en un point fixe. La situation des pilotes sans avion symbolise en quelque sorte la mise en conformité de cette représentation avec l'expérience et cela constitue probablement une nouvelle étape dans le processus civilisationnel qui a vu la physique céleste descendre sur terre (le point de vue de Sirius) et lui imposer ses normes. Or, il est à noter que l'unification des physiques sublunaire et céleste (séparées jusqu'à la Renaissance), à l'origine de la science moderne et de ses prolongements dans les technosciences actuelles, s'est largement construite sur l'explication mathématique et la maîtrise du mouvement matériel (notamment les phénomènes d'accélération). L'immobilisation apparaît dès lors comme le symptôme, soit d'un processus arrivé à son terme, soit en passe de se retourner (Borella, 2011), le moment, en tout cas, où la conquête de la mobilité et de la vitesse prend une tournure inattendue.

Hannah Arendt estimait que si « notre capacité actuelle de conquérir l'univers [était] due à notre aptitude à manier la nature d'un point de vue extérieur à la terre [...], (et que) si nous considérons d'un tel point ce qui se passe sur terre et les diverses activités des hommes [...], ces activités ne nous apparaîtraient vraiment comme rien de plus que des comportements objectifs, que nous pourrions étudier avec les mêmes méthodes que celles utilisées pour l'étude du comportement des rats » (Arendt, 1972 : 343). Sommes-nous en passe de réaliser cette prophétie et de devenir les « rats » de notre propre puissance ? À cette prophétie, lourde de menaces, nous pourrions répondre que notre époque est aussi celle où nous apprenons que les animaux, tels les rats, sont aussi doués d'affects et d'intelligence (Despret, 2009 et 2012 ; Porcher, 2011), où nous apprenons (réapprenons) à nous penser depuis les relations que nous nouons avec notre environnement immédiat et familier. La clôture de l'univers, celle qui voit la puissance de calcul se muer en cage « intelligente », ne s'accompagne-t-elle pas de la prise de conscience de l'impasse dans laquelle nous plongent ces nouvelles formes d'enfermement ? Et les limites terrestres, à l'intérieur desquelles nous nous sentions comme pris au piège et confinés, ne préfigurent-elles pas d'autres façons de se rapporter à l'infini ? (Hache dir., 2014 ; Jouvancourt & Dubey, 2018)[20]. Ce qui se déplace est l'idée même que nous nous faisons de l'altérité. Celle-ci ne se donne plus dans un rapport exotique ou radical à l'autre, pas plus que dans une perpétuelle fuite en avant conquérante (comme la conquête spatiale), mais à l'intérieur de nous ou entre nous, dans les façons de réinvestir l'espace par l'imagination plutôt que sur un mode instrumental. Et ce depuis les expériences multiples de réévaluation des savoir-faire ou de l'intelligence pratique qui fleurissent ici et là, depuis cette idée, enfin, que ce qui nous fait tenir et exister est cette capacité, toujours intacte, d'être touchés par autrui et littéralement ravis à nous-mêmes,

---

[20] En particulier au très beau texte de l'anthropologue Eduardo Viveiro de Castro et de Déborah Danowski.

cette possibilité, malgré le verrouillage techno-organisationnel des sociétés contemporaines, d'être surpris, déroutés et détournés.

L'enfermement peut-il devenir le cadre d'autres pensées et d'autres expériences du monde ? Lorsque la puissance nous apparaît ainsi sous la forme d'une force de dé-anthropomorphisation impersonnelle et menaçante, qui transforme le monde lui-même en menace, elle cesse alors de faire rêver. Mais ce désinvestissement imaginaire, porté par une déception plutôt que par la peur, nous fait incidemment entrer dans une autre économie du désir en libérant notre attention de la fascination qui l'absorbait pour la guider vers d'autres « objets ». Ces nouveaux objets d'attention se multiplient déjà sous nos yeux, en ordre encore dispersé et sans cohérence apparente. Il nous faut apprendre à les reconnaître.

La « revanche » du sol sur le monde céleste semble ainsi offrir de nombreuses opportunités de se ressaisir du monde, puisqu'elle recèle, en creux, la possibilité de reprendre le contrôle d'une puissance sortie de ses gonds terrestres, de la réinsérer dans les bornes de l'expérience et de l'imagination humaine. La désaffection à l'égard des épopées et des grands récits héroïques est alors l'occasion d'une reconquête et d'une réévaluation des lieux et des attachements au travers desquels nous habitons le monde, nouons des liens avec lui. La machine, ou plutôt les relations que nous tissons avec elle, constituent encore l'un des lieux de cette reconnexion dès lors que s'étiole l'attraction qu'exerce la puissance. C'est à l'exploration de ces « nouveaux nouveaux mondes », comme les qualifiait Georges Balandier, qu'il convient désormais de s'atteler, de ce retournement sans bruit qu'il convient de s'intéresser (Balandier, 2001).

Références bibliographiques

ANDERS Gunther, 2002 [1956]. *L'Obsolescence de l'homme. Sur l'âme à l'époque de la deuxième révolution industrielle*, trad. de l'allemand par Ch. David, Paris, Éd. de l'Encyclopédie des nuisances – Ivrea.

ARENDT Hannah, 1972. *La Crise de la culture. Huit exercices de pensée politique*, trad. de l'ang. sous la dir. de P. Lévy, Paris, Gallimard (Idées 263).

BALANDIER Georges, 1967. *Anthropologie politique*, Paris, PUF (Le Sociologue 12).

—, 1994. *Dédale. Pour en finir avec le XXe siècle*, Paris, Fayard.

BALANDIER Georges, 2001. *Le Grand Système*, Paris, Fayard.

BORELLA Vincent, 2011. « Le corps entre mécanique et machine », *in* L. Guignard, P. Raggi & É. Thévenin (dir.), *Corps et machines à l'âge industriel*, Rennes, PUR, p. 249-259.

BOULLIER Dominique, 2016. *Sociologie du numérique*, Paris, Armand Colin.

CARR Nicholas, 2017. *Remplacer l'humain. Critique de l'automatisation de la société*, Paris, L'Échappée.

CARDON Dominique, 2015. *À quoi rêvent les algorithmes. Nos vies à l'heure des big data*, Paris, Éd. du Seuil.

CASILLI Antonio, 2010. *Les Liaisons numériques : vers une nouvelle sociabilité ?*, Paris, Éd. du Seuil.

CHAMAYOU Grégoire, 2013. *Théorie du drone*, Paris, La Fabrique.

CHATEAURAYNAUD Francis, 1997. « Vigilance et transformation. Présence corporelle et responsabilité dans la conduite des dispositifs techniques », *Réseaux*, 85, p. 101-127.

CITTON Yves, 2016. « Notre inconscient numérique. Comment les infrastructures du web transforment notre esprit », *La Revue du crieur*, 4, p. 144-158.

CLOT Yves, 2010. *Le Travail à cœur. Pour en finir avec les risques psychosociaux*, Paris, La Découverte.

CORBIN Alain, 2011. « Préface », *in* L. Guignard, P. Raggi & É. Thévenin (dir.), *Corps et machines à l'âge industriel*, Rennes, PUR, p. 9-15.

CRAWFORD Matthew B, 2016 [2015]. *Contact. Pourquoi nous avons perdu le monde, et comment le retrouver*, Paris, La Découverte.

DESPRET Vinciane, 2009. *Penser comme un rat*, Versailles, Quae.

—, 2012. *Que diraient les animaux si on leur posait les bonnes questions*, Paris, La Découverte.

DUBEY Gérard, 2014. « Autonome comme si vous l'étiez », *La Nouvelle Revue du Travail* [En ligne], 4. Mis en ligne le 26/04/2014 (consulté le 21/06/2018). URL : http://journals.openedition.org/nrt/1612 ; DOI : 10.4000/nrt.1612

DUBEY Gérard, MORICOT Caroline, 2006. *La Polyvalence du Rafale ou l'objet total*, Paris, Centre d'études en sciences sociales de la défense (Les Documents du C2SD 81).

DUBEY Gérard, MORICOT Caroline, 2008. *Trop près, trop loin. Les mutations de la perception du combat par les équipages d'avions de chasse : une perspective anthropologique*, Paris, Centre d'études en sciences sociales de la défense (Les Documents du C2SD 99).

—, 2016. *Dans la peau du pilote de chasse. Le spleen de l'homme-machine*, Paris, PUF.

FREYSSENET Michel, 1992. « Processus et formes sociales d'automatisation. Le paradigme sociologique », *Sociologie du travail*, 34 (4), p. 469-496.

GINZBURG Carlo, 2010 [éd. augmentée de 1989]. *Mythes, emblèmes, traces. Morphologie et histoire*, Lagrasse, Verdier.

GRAS Alain, 2003. *Fragilité de la puissance. Se libérer de l'emprise technologique*, Paris, Fayard.

GRAS Alain, MORICOT Caroline, SCARDIGLI Victor, POIROT-DELPECH Sophie, 1991. *Le Pilote, le contrôleur et l'automate*, Paris, Éd. de l'IRIS/CNRS.

GROS Frédéric, 2006. *États de violence. Essai sur la fin de la guerre*, Paris, Gallimard.

HACHE Émilie (dir.), 2014. *De l'univers clos au monde infini*, Bellevaux, Dehors.

HANSEN Mark B.N., 2015. *Feed-Forward. On the Future of Twenty-First-Century Media*, Chicago, University of Chicago Press.

HOCART Arthur Maurice, 2005 [1954]. *Au commencement était le rite. De l'origine des sociétés humaines*, Paris, La Découverte.

INGOLD Tim, 2010. « Retour sur "L'Outil, l'esprit et la machine" », *Techniques & Culture*, 54-55, p. 288-290.

JARRIGE François, 2014. *Technocritiques. Du refus des machines à la contestation des technosciences*, Paris, La Découverte – MAUSS.

JOUVANCOURT Pierre (DE), DUBEY Gérard, 2018. *Mauvais temps. Anthropocène et numérisation du monde*, Paris, Éd. Dehors.

LEGROUX Jérémie (2011). « L'expérience sensible du voyageur à l'épreuve du système machinique. Le passager et l'avion au début du XXe siècle », *in* L. Guignard, P. Raggi & É. Thévenin (dir.), *Corps et machines à l'âge industriel*, Rennes, PUR, p. 225-237.

MAUSS Marcel, 1935. « Les techniques du corps », *Journal de psychologie normale et pathologique*, 32 (3-4), p. 271-293. En ligne sur *Gallica* : https://gallica.bnf.fr/ark:/12148/bpt6k9656899d/f275.item.r=Mauss

MAZOYER Sébastien, LESPINOIS Jérôme (DE), GOFFI Emmanuel, BOUTHERIN Grégory, PAJON Christophe (dir.), 2013. *Les Drones aériens : passé, présent et avenir. Approche globale*, Paris, La documentation française.

MERCIER Pierre-Alain, PLASSARD François, SCARDIGLI Victor, 1984. *La Société digitale. Les nouvelles technologies au futur quotidien*, Paris, Éd. du Seuil (Science ouverte 47).

MORICOT Caroline, 2007. « L'irréductible engagement du corps. Le cas du pilotage des avions automatisés », *Communications*, 81, p. 201-213.

MOROSOV Evgeny, 2014. *Pour tout résoudre, cliquez ici. L'aberration du solutionnisme technologique*, Limoges, FYP.

PORCHER Jocelyne, 2011. *Vivre avec les animaux. Une utopie pour le XXIe siècle*, Paris, La Découverte – MAUSS.

ROCO Mihail C., BAINBRIDGE William Sims, 2003 (eds). « Converging Technologies for Improving Human Performances. Nanotechnology, Biotechnology, Information Technology and Cognitive Science », NSF/DOC-sponsored report, Dordrecht, Kluwer Academic Publishers.

SADIN Éric, 2015. *La Vie algorithmique. Critique de la raison numérique*, Paris, L'Échappée.

SALOMON Jean-Jacques, 1984. *Prométhée empêtré. La résistance au changement technique*, Paris, Anthropos.

SENNETT Richard, 2010. *Ce que sait la main : la culture de l'artisanat*, Paris, Albin Michel.

STIEGLER Bernard, 2015. *La Société automatique*, t. 1 : *L'Avenir du travail*, Paris, Fayard.

TRICLOT Mathieu, 2008. *Le Moment cybernétique. La constitution de la notion d'information*, Seyssel, Champ Vallon.

TURNER Victor Witter, 1990 [éd. originale : 1969]. *Le Phénomène rituel : structure et contre-structure. « Le rituel et le symbole : une clé pour comprendre la structure sociale et les phénomènes sociaux »*, Paris, PUF.

VIRILIO Paul, 1984. *L'Horizon négatif. Essai de dromoscopie.* Paris, Galilée.

Surveiller et guérir le corps optimal

Big Data et performance sportive

Sébastien DALGALARRONDO
IRIS[1] (UMR 8156), EHESS
Université Paris 13, CNRS
Inserm (U 997)

La manière d'être ce sera, précisément, cette espèce d'existant, d'existence quantifiée d'après la puissance, d'après le degré de puissance qui la définit. Vous êtes des quantificateurs. Vous n'êtes pas des quantités, ou alors vous êtes des quantités très spéciales. Chacun de nous c'est une quantité, mais de quel type ? C'est une vision du monde très très curieuse, très nouvelle : voir les gens comme des quantités, comme des paquets de puissance, il faut le vivre. Il faut le vivre si ça vous dit.

Gilles DELEUZE, « Spinoza », cours n° 2
(Vincennes, le 09/12/1980)

Le XIXe siècle privilégia la métaphore de la machine pour appréhender le corps au travail. Un corps « engin » dont le rendement est exprimé par les ingénieurs de l'organisation scientifique du travail sous la forme d'un rapport énergétique. La fatigue, mentale et physique, rétive à l'objectivation apparaîtra immédiatement comme un frein à cette entreprise d'optimisation scientifique du corps au travail (Rabinbach & Luxembourg, 2004). G. Canguilhem interprétera ce réductionnisme mécaniste comme une « tentative d'expulsion de la finalité de l'organisme par l'assimilation de ce dernier à une composition d'automatismes… » (Canguilhem, 2006 : 154). Une représentation finalisée du corps à laquelle il oppose la notion ouverte et optimiste de *potentialité*, lui

[1] Institut de recherche interdisciplinaire sur les enjeux sociaux ; EHESS, 54 boulevard Raspail, 75006 Paris.

permettant d'établir une distinction ontologique entre le vivant et la machine : « Un organisme a donc plus de latitude d'action qu'une machine. Il a moins de finalité et plus de potentialités. » (Canguilhem, 2006 : 151). Pour Canguilhem, la vie est variation, écart, et singularité. Cette potentialité du vivant dont il montra toute la puissance heuristique dans sa réflexion sur la maladie occupe désormais une place centrale dans la problématisation contemporaine du corps. Le corps du XXIe siècle, confronté au modèle de l'informatique, s'inscrit dans un flux informationnel continu (Selke, 2016), il devient fluide et l'évaluation de ses performances est désormais soumise à la puissance des calculs algorithmiques (Hassard, Holliday & Willmott eds, 2000). La question de l'interface homme/machine semble ainsi « irrémédiablement subvertie » (Vigarello, 2007 : 66) par l'émergence d'un corps *bio-informationnel* permettant d'explorer rationnellement cette potentialité du vivant.

Le sport professionnel et sa médicalisation intensive de la performance apparaît comme un des lieux privilégiés de façonnage des représentations du corps et des promesses biomédicales. La production d'une performance sportive nécessite la mise en jeu des limites physiologiques et psychologiques de l'athlète dans une quête de dépassement de soi. Le sport professionnel est un véritable laboratoire où, dans le cadre d'un rapport salarial, s'articulent de manière singulière des savoirs, des techniques, des valeurs et des normes, afin d'approcher la productivité maximale des corps. En proposant une analyse du sportif professionnel confronté aux usages émergents du *big data* dans son quotidien de travail, nous visons à rendre compte de l'économie politique de cette *santé libre* du travailleur sportif où l'*optimal* se substitue au *normal* par une mise en transparence des organismes et de leurs performances :

> [L]a santé comme expression du corps produit, c'est une assurance vécue au double sens d'assurance contre le risque et d'audace pour le courir. C'est le sentiment d'une capacité de dépassement des capacités initiales, capacité de faire faire au corps ce qu'il ne semblait pas promettre d'abord. Nous retrouvons l'athlète. » (Canguilhem, 2002 : 61)

Le sport professionnel apparaît ainsi comme un lieu d'observation privilégié de ce corps bio-informationnel et des enjeux politiques qu'il charrie avec lui. Le travailleur sportif en expérimentant au quotidien son désir d'amélioration (Queval, 2016) nous donne à voir un mode d'existence interpellant. Le dispositif technologique sous étude vise à redéfinir rationnellement l'espace de déploiement du corps (Shilling, 2012) de ces athlètes par l'expérimentation des limites intensives et l'identification d'optimalités différentielles. Le travailleur sportif emprunte ainsi avec passion la voie à risque de tout projet de *vie sans organe* (Deleuze & Guattari, 1972), où le corps n'est que pure force : un potentiel à exprimer.

Nous proposons dans ce texte, qui s'appuie sur une recherche ethnographique [2] (Dalgalarrondo, 2015) en cours dans le rugby à XV (championnat français), d'analyser la diffusion très récente des technologies de *data tracking* (DT) dans ce sport spectacle en pleine croissance. Les rugbymans professionnels évoluent désormais, en compétition comme à l'entraînement, avec une « E-brassière » cardiofréquencemètre dans laquelle est disposé un boîtier de moins de 50 grammes contenant de nombreux capteurs (GPS, accéléromètre, etc.) Les staffs médicotechniques sont désormais en mesure de quantifier en direct et de manière rétrospective un grand nombre d'indicateurs : la distance parcourue, la vitesse maximum, la température du corps, la fréquence cardiaque, le nombre de chocs subis et leur intensité (mesurée en *g*). L'analyse de ces technologies et de ses promesses nous permettra de montrer que l'adoption par les sportifs de ces instruments de surveillance intrusifs ne peut être interprétée sous le seul angle problématique de la domination. En effet, même si le mode d'appropriation « minimal » de ces technologies correspond à un taylorisme numérique visant à la mise en transparence de la productivité des travailleurs sportifs, nous montrerons que le travail épidémiologique rendu possible par l'existence de ce corps bio-informationnel renouvelle l'appréhension et la construction des risques ainsi que les responsabilités de chacun des acteurs impliqués dans cette économie du spectacle.

Ce texte s'inscrit dans le champ de la sociologie des expectations (Brown & Michael, 2003) ou sociologie de la promesse. Le courant de la sociologie des « expectations » (Brown & Michael, 2003) a démontré le rôle joué par les déclarations sur le futur et les anticipations stratégiques dans le lancement de nouveaux programmes scientifiques, l'introduction sur le marché de nouvelles technologies, l'institutionnalisation de nouvelles pratiques. En choisissant le

---

2 Ce texte s'appuie sur un programme de recherche initié en 2009 sur la prise en charge sanitaire des rugbymans professionnels évoluant dans le championnat français. Plus de 40 entretiens semi-directifs ont été réalisés auprès de quatre clubs évoluant dans le championnat français de rugby professionnel (entraîneurs, médecins, préparateurs physiques et kinésithérapeutes), ainsi que des acteurs de l'industrie du *data tracking* (trois entretiens). Ce travail de terrain est complété par un travail documentaire classique et une analyse exhaustive des médias sur les usages du DT dans le sport (Europress). Dans leur grande majorité, ces entretiens ont duré plus d'une heure et ma présence dans les clubs ou sur les lieux d'entraînement m'a donné l'occasion de poursuivre l'entretien de manière plus informelle. Cette recherche a fait l'objet d'une première publication visant à décrire le dispositif de prise de risques à l'œuvre dans les clubs et sur lesquels les technologies de DT viennent se greffer (Dalgalarrondo, 2015). Les traductions sont de l'auteur.

terme de « promesse » (Dalgalarrondo & Hauray, 2015) pour nommer cette actualisation stratégique du futur, nous entendons mettre en avant la dimension relationnelle, circulaire du phénomène. En effet, l'efficacité performative de la promesse n'est garantie que par sa capacité à s'appuyer sur des aspirations partagées. Cette approche de l'innovation technologique (Joly, 2010) vise à une analyse des processus de légitimation de nouvelles pratiques. L'attention est ainsi prioritairement portée, au-delà des phénomènes organisationnels, à la dimension culturelle, aux ruptures ou glissements normatifs, aux réagencements symboliques dont sont porteuses ces promesses, ainsi qu'aux investissements idéologiques dont elles font l'objet.

Afin d'éclairer les conditions d'appropriation des technologies de DT dans le monde du rugby professionnel, nous proposons, dans la première partie de ce texte, de rendre compte du débat sur *la blessure* dans le rugby professionnel mondial et de son évolution récente. La seconde partie du texte est consacrée à l'analyse de la promesse portée par ces technologies de DT. Nous identifierons au sein de ce *marketing* scientifique trois registres argumentatifs : celui de l'optimisation, celui de la prévention et enfin celui de la ludification. La conclusion portera sur la dimension politique de ces technologies. Nous envisagerons, en mobilisant notamment l'exemple du mouvement social du *Quantified Self* (QS), les modalités possibles d'appropriation critique des technologies de DT.

La monstruosité du rugbyman et ses blessures invisibles

Les technologies de DT modifient les modes de préparation des athlètes en procurant aux staffs médicotechniques des indicateurs originaux. Elles sont notamment présentées comme un nouveau moyen de pilotage objectif des dispositifs de prévention de la blessure. La professionnalisation du rugby, avec sa logique d'optimisation et ses effets sur le corps des athlètes, a de fait placé la question de la blessure et de sa gestion au centre des préoccupations de tous les staffs médicotechniques. Cette mutation du rugby a eu un impact majeur sur la vie quotidienne des joueurs et leurs mensurations. Le profil moyen du joueur contemporain correspond à un individu de 1,90 m et 105 kg. Le corps du joueur de rugby professionnel a connu, sous l'effet combiné d'un travail de sélection en amont et d'un recrutement planétaire, une véritable métamorphose depuis l'avènement du professionnalisme. Ces nouveaux morphotypes et les blessures spécifiques qu'ils occasionnent réduisent à l'obsolescence de nombreux savoirs et routines de travail élaborés à partir de « l'homme moyen » ou de sportifs évoluant dans des sports similaires. La multiplication de ces corps d'exception dans un sport de combat sans catégorie de poids où tous les joueurs sont susceptibles de s'affronter en situation d'un contre un sur le terrain a eu pour conséquence d'homogénéiser, au fil des saisons, les morphotypes des joueurs. Cette évolution des morphologies est pointée par tous les membres des staffs techniques comme une source majeure d'incertitude. Les professionnels de ce sport et ses spectateurs sont en train de découvrir les conséquences de cette transformation rapide et importante des mensurations des athlètes, ses effets sur le jeu, sur l'intensité des phases de contact/collision, et donc de l'intégrité physique des professionnels qui le pratiquent. Le travail de préparation de ces athlètes s'apparente dès lors à une véritable exploration des limites et des risques.

Le constat récent d'une véritable épidémie de commotions dans le rugby professionnel mondial est en train de modifier l'appréhension de la blessure dans ce sport (Chermann, 2010). La radicalité de la situation est parfaitement exprimée par le vocabulaire utilisé dans les médias pour décrire le danger auquel fait face ce sport professionnel : les corps produits par le rugby contemporain sont-ils monstrueux ? C'est en ces termes qu'est désormais posée, dans l'espace public, la question de la santé des joueurs de rugby professionnels. Et ces remarques ne sont pas formulées par des critiques du sport spectacle et de sa marchandisation, mais par des médecins renommés comme le Pr John Fairclough, ancien président de la British Sports Trauma Association, qui déclare dans la presse anglaise en 2013 : « le rugby est en danger de devenir un sport de monstres »[3] et appelle à une révision rapide des règles du jeu. Le journal *The Guardian* se lance à cette même période dans une véritable campagne de dénonciation de l'instance internationale de régulation du rugby (l'IRB, International Rugby Board) pour son absence de réaction devant l'« épidémie » émergente de commotions cérébrales. Le journal se fera le porte-voix de l'ancien *Chief Medical Adviser* de l'IRB, le Dr Barry O'Driscoll, qui démissionna en 2012 de son poste, après avoir dénoncé l'inaction de son institution sur le sujet des commotions[4]. Le 22 décembre 2014, le *leader* de la presse quotidienne sportive française, le journal *L'Équipe*, s'inscrit dans la même dynamique en publiant un long dossier critique sur l'évolution récente du rugby professionnel, dont le titre est explicite : « Jeu de massacre ? Engagements extrêmes, chocs plus nombreux, blessures très lourdes : en devenant toujours plus “violent”, le rugby n'est-il pas en train de détruire son essence, son image, et ses joueurs ? » Les données

---

3 *Rugby is in danger of becoming a sport for freaks*. (*Times*, 28 novembre 2013).

4 *World Rugby has lost total control of concussion*. (*Times*, 28 novembre 2013).

épidémiologiques produites en février 2015 par la fédération anglaise de rugby (la RFU, Rugby Football Union), confirment par des statistiques robustes[5] ce que ces observateurs experts anticipaient : la commotion cérébrale est devenue le risque majeur pour les pratiquants professionnels de ce sport. L'augmentation est régulière depuis dix ans et atteint près de 60 % pour les saisons 2013-2014 et 2014-2015. Le rugby se rapproche ainsi inexorablement des risques cérébraux encourus par les boxeurs professionnels chez qui le taux de commotion pour 1 000 heures de pratique est de 17,5, contre 10,5 pour le rugby en 2014 (2,5 en 2002). Pour le Dr Barry O'Driscoll, ces nouvelles données signifient que les joueurs de rugby professionnels sont l'objet d'une véritable « expérimentation »[6], une analyse partagée par le Dr Willie Stewart, neuropathologiste, membre du panel d'experts mobilisé par l'IRB sur ce sujet, qui déclare pour sa part que le risque de lésions cérébrales a atteint un niveau « inacceptable »[7]. En fonction du point de vue adopté, ce sont les règles ou les corps qui ne semblent plus être adaptés. Mais l'originalité monstrueuse de la commotion cérébrale réside dans le risque de conséquences à long terme sur la santé. Un risque devenu depuis peu très concret, notamment depuis que les joueurs de la NFL ont gagné un procès historique, du fait notamment des sommes en jeu, contre les instances de la NFL en leur reprochant d'avoir occulté ce risque professionnel. La problématique des commotions est par ailleurs nourrie, notamment sur le plan médiatique, par sa judiciarisation progressive. En 2016, pour la première fois dans le championnat français, un joueur a décidé de porter plainte contre son ancien club, considérant que celui-ci, et notamment le médecin opérant en son sein, avait mis volontairement en danger sa santé en l'invitant à reprendre le jeu alors qu'il était victime d'une commotion (Pomiès, 2016). Cette phase de judiciarisation met en tension autant les instances de ce sport que les responsables des clubs. Le risque des sportifs est devenu un risque financier, à son tour quantifiable, et qui fait dès lors l'objet d'une attention renouvelée. C'est dans ce contexte particulier de grande incertitude que se déploient les technologies de DT.

---

5 La RFU est dans le monde du rugby la fédération la plus avancée dans le suivi épidémiologique des joueurs professionnels. Elle dispose avec son *England Professional Rugby Injury Surveillance Project* d'un recul de plus de 10 ans et s'inscrit dans une logique de transparence en publiant régulièrement ses statistiques élaborées en collaboration avec l'université de Bath.

6 *These people are playing a new game, a different game and they are being experimented.* (*The Guardian*, 10 février 2015).

7 *I would say the level of brain injury in professional rugby has now become unacceptable.* (*Daily Mail*, 14 février 2015).

Les promesses du *data tracking* : surveiller et guérir

Le monde du sport a, comme tous les autres secteurs de la société, été touché par la « révolution » du *big data* et ses hyperboles (Boyd & Crawford, 2012). La publication en 2016 du premier ouvrage en langue française sur l'usage des données dans la production de la performance sportive, intitulé : « *Sport Data Revolution*. L'analyse des données au service de la performance sportive » (Hyeans, 2016) atteste de l'émergence du phénomène en France. Les organisations sportives françaises ne sont ainsi qu'au début de l'exploitation de ce potentiel de rationalisation, dans une phase d'apprentissage, d'ajustements entre une offre technologique en évolution et une demande que les promoteurs de ces technologies tentent de structurer. Nous nous concentrerons dans ce texte sur la technologie du DT, notamment parce que celle-ci est présentée par ses promoteurs et ses utilisateurs comme le support indispensable à une préparation physique décrite comme « optimale ». L'ensemble des rugbymans professionnels du Top 14 sont depuis quelques années équipés, pendant les matches et les entraînements, de dispositifs permettant de récolter un très grand nombre d'informations sur leur corps et ses mouvements. Cette technologie se présente sous l'aspect banal d'un petit boîtier, d'un poids inférieur à 50 grammes, qui est inséré dans le maillot de chaque joueur (entre les omoplates). Ces boîtiers sont dotés d'un GPS, d'un accéléromètre, d'un gyroscope et d'un magnétomètre. Un cardiofréquencemètre complète le dispositif. Ces capteurs permettent de suivre en temps réel l'ensemble des joueurs en récupérant des informations telles que : la distance parcourue, le nombre et l'intensité des accélérations, des chocs (exprimé en *g*), la fréquence cardiaque, une estimation de la dépense énergétique, etc. Ces multiples capteurs génèrent un très grand nombre de données qui, une fois stockées, peuvent donner lieu à un travail analytique spécifique : suivi longitudinal d'un athlète, travail statistique sur les conditions de blessure (état du terrain, moment du match, type de choc, etc.). Avec la possibilité nouvelle donnée aux membres du staff technique de récolter en temps réel les données physiologiques d'un joueur et ses performances tactiques, d'évaluer les risques de blessure, de planifier finement le « pic de forme » des athlètes ou de sécuriser le retour à la compétition, l'utopie d'un pilotage rationnel de la performance d'une équipe semble se concrétiser. Avant de procéder à l'analyse du *marketing* scientifique mis en œuvre par les sociétés engagées sur ce marché, nous devons évoquer un élément important permettant d'en apprécier la dynamique spécifique. Ainsi, la société Digital Simulation, qui a été choisie par la Fédération française de rugby (FFR) en 2010 pour équiper les joueurs internationaux, travaillait initialement sur des applications militaires de son produit. Les technologies de DT ne sont pas utilisées par les seuls sportifs et cet intérêt croisé favorise l'investissement, mais aussi l'innovation dans ce secteur émergent.

L'analyse du *marketing* scientifique mis en œuvre par les entreprises présentes sur ce marché (Catapult, Digital Simulation, Macloyd, STATSport) permet de repérer trois registres argumentatifs, celui de l'optimisation, de la prévention et enfin de la ludification.

Optimiser

L'analyse de l'argumentaire de présentation générale de la société MacLloyd, une start-up française créée en 2013 opérant principalement sur le marché français, nous permet d'exemplifier un phénomène plus général : la forte récurrence dans le discours de ces sociétés du concept d'*optimisation* : « *A step forward in sport data* (slogan). Le sport de haut niveau se tourne vers la technologie pour optimiser leurs performances, par l'analyse de leurs données. » Les technologies de DT sont très souvent présentées comme un moyen d'identifier le modèle d'entraînement *optimum*. Elles permettraient d'éliminer la subjectivité et d'objectiver l'art de l'entraînement :

> Vous pourrez comparer les différentes sessions d'entraînement, semaine après semaine, saison après saison, et éliminer ainsi toute subjectivité. Entraîner est un art, mais vous pouvez vous appuyer sur la science[8].

Pour pouvoir atteindre cet *optimum*, les sociétés proposent de s'appuyer sur des indicateurs. Ainsi, le travail de différentiation de ces entreprises passe par l'élaboration d'indicateurs *idoines* à chaque sport et à leur attribution de *qualités* spécifiques. L'évocation des algorithmes à l'œuvre dans l'élaboration de ces indicateurs permet aux sociétés de s'appuyer sur différents registres pour se différentier. Pour les sociétés les plus récentes, la créativité algorithmique est évoquée sous le vocable de la cuisine et du secret de ses recettes maisons :

> Ces données, qui ont subi un premier traitement dans le capteur, sont ensuite analysées par notre logiciel Sport Tracking, assorti de plus de 150 algorithmes temps réel. […] Ces algorithmes ont été concoctés par le cofondateur Pierre-Arnaud Coquelin, docteur en mathématiques appliquées. (Monflier, 2016)

---

8 *Compare your athletes' practice sessions, compare weeks, seasons and eliminate subjectivity. Coaching is an art, but back up what you do with science.* (« Catapult Sports. Sports Analytics Meets Sports Science », *Leadersinsport* [En ligne]. Mis en ligne le 18/09/2014 (consulté le 29/07/2018). URL : https://leadersinsport.com/performance/human-performance/catapult-sports/)

Dans un tout autre registre, l'entreprise australienne Catapult (créée en 2006), *leader* mondial met en valeur ses multiples partenariat universitaires pour asseoir la légitimité scientifique de sa technologie, notamment lorsqu'il est question de prévention des commotions cérébrales :

> Imaginez-vous avec un rapport complet sur chacun des athlètes à la fin de chaque entraînement […] Plutôt que de mesurer simplement les pics de (g), comme les concurrents, notre indicateur de placage opère par analyse des récurrences afin de mieux quantifier […] Notre indicateur PlayerLoad est validé régulièrement par les universités du monde entier et est le seul à pouvoir mesurer avec précision les micromouvements explosifs[9].

La mise en scène de la validation scientifique des indicateurs de « collisions » par de nombreuses publications et collaborations avec des universités de premier plan chez ce *leader* du marché, démontre que les indicateurs de commotions sont devenus un argument majeur de différentiation dans cette économie des *singularités algorithmiques* (Karpik 2008).

Prévenir la blessure

Le deuxième grand axe de valorisation des technologies de DT concerne la prévention de la blessure. Le DT pourrait ainsi contribuer à améliorer la prise en charge de cet aléa inéluctable dans la pratique sportive de haut niveau. La blessure fait en effet partie de la condition du sportif ; en poussant son corps aux limites de ses performances, le sportif se met dans une situation de risque :

> Ce boîtier, qui bénéficie d'une autonomie de 8 heures, renferme un récepteur GPS/Glonass et un accéléromètre à 9 axes. Les données du GPS et celles de l'accéléromètre sont croisées afin d'améliorer la précision de la localisation, de l'ordre de quelques dizaines de centimètres. De nombreuses autres informations sont déduites, comme la durée des appuis au sol, les déséquilibres… L'objectif est autant d'améliorer les performances que de prévenir les risques de blessure. (Monflier, 2016)

---

9 *Imagine you have immediate, customised reports post-practice on every athlete using data like PlayerLoad® that is scientifically validated by 80 universities worldwide. Rather than measuring high-G events like other systems, Catapult's tackle analytics use sophisticated pattern recognition to identify a tackle and then provide metrics around it (e.g. intensity, time, pitch location). Our PlayerLoad metric is repeatedly validated by universities worldwide and IMA is the only tool to accurately measure explosive micro-movements. So you have the right information to make the right decisions.* (2017. Site officiel de *Catapultsports.com*, consulté le 05/06/2017. URL : https://www.catapultsports.com/products/clearsky-t6)

> Dans le futur, il sera tout à fait possible de prévenir les blessures d'un joueur si l'on observe, par exemple, grâce au GPS, que ses courses ne sont pas totalement équilibrées en raison de la survenue du début d'un problème physique. (Cochennec, 2014).

Ce travail préventif prend la forme d'un repérage intelligent de *sub-optimal pattern* :

> Catapult permet la reconnaissance de micromouvements et la discrimination de modèles sous-optimaux. Votre analyse subjective devient objective. La ligne de démarcation ténue entre l'entraînement optimal et le risque de blessure est désormais repérable. [...] Les données fournissent une compréhension plus précise et détaillée du moment où un athlète est prêt à revenir au jeu[10].

La société irlandaise STATSport (créée en 2007) s'appuie elle aussi très largement sur l'argument de la prévention pour élaborer son *marketing* scientifique :

> Cette technologie est aussi utilisée dans la prévention des blessures. Courir avec plus de force sur un pied que sur l'autre peut ainsi être un signe de compensation après blessure. Nous sommes en mesure de repérer ces anomalies ou ces des pics soudains dans les données[11].

L'indicateur *step balance* vise à objectiver des asymétries musculaires annonciatrices de blessures ou de récupération incomplète après blessure :

> *Step balance* calcule l'impact maximal moyen de chaque étape, à la fois sur le pied gauche et droit. [...] si ce pourcentage varie fortement, cela peut traduire une surcompensation et des analyses complémentaires peuvent révéler un déséquilibre

---

10 *Catapult enables micro-level recognition of motion and sub-optimal pattern discrimination by coaches. Your subjective analysis becomes objective. The fine line between optimum player training and risk of injury is known [...] The data provides a more accurate and detailed understanding of when an athlete is ready to return to play.* (2017. Site officiel de *Catapultsports.com*, consulté le 16/07/2017. URL : https://www.catapultsports.com/products/insights-g5)

11 *The technology is also used to assess whether players are at risk of exacerbating a fitness issue. Running with more weight on one foot than the other, for example, can be a sign that a player is subconsciously compensating for an injury. We look out for abnormalities or sudden spikes in the data.* (Nick WRIGHT, « STATSports: The training technology used by Arsenal, Man City, Barcelona and more », *SkySports* [En ligne]. Mis en ligne le 28/07/2016 (consulté le 16/07/2018). URL : http://www.skysports.com/football/news/11095/10502787/statsports-the-training-technology-used-by-arsenal-man-city-barcelona-and-more)

structurel à corriger[12]. Cette société, très proche du milieu du rugby irlandais, a également fait de la question des collisions un axe de valorisation stratégique de son produit. La collision serait ainsi devenue le cœur de l'analyse, le critère véritablement discriminant dans le rugby moderne : « Dans le rugby, la différence principale entre les différents matchs, c'est le nombre de collisions et leur intensité. » (Kinsella, 2014)

Ainsi, l'indicateur *time to feet* de STATSport permettrait de repérer des commotions « invisibles » en mesurant pendant le match la promptitude des joueurs à retourner au jeu après être « passés par le sol ».

Ludifier le management

Comment comprendre l'absence de discours critique vis-à-vis de ces technologies très intrusives ? Il faut en premier lieu pointer la spécificité du statut du corps dans l'industrie du sport spectacle. Le sportif professionnel est habitué à voir son parcours médical, ses données physiologiques, exposés régulièrement dans les médias. Il a également l'habitude de comparer quotidiennement ses performances à celles de ses partenaires, notamment dans la salle de musculation. Les technologies du DT ne font, dans cette perspective, que systématiser ce jeu de compétition et de quantification, elles s'inscrivent dans le sillage de pratiques banalisées d'émulation de groupe. L'usage de ces dispositifs connectés semble s'être ainsi routinisé sous la forme d'un management ludique et participatif, comme le suggère ce responsable de la recherche à la FFR :

> Ne craignent-ils pas d'être trop surveillés ? (question du journaliste) Pas du tout ! Ces outils sont développés pour répondre aux attentes des entraîneurs, et des joueurs. Les données, accessibles en temps réel, leur permettent de faire le lien entre leurs sensations et leurs performances. Ils se montrent très intéressés et posent énormément de questions sur les données recueillies. Et l'accès est facilité par une application sur smartphone. (Dupin, 2010).

Ces données sont le support naturel d'une mise en compétition objectivée et potentiellement quotidienne des sportifs :

---

[12] *Step balance calculates the average peak impact of each step on both the left and right foot. It gives a strong indication of the efficiency of a player running gait […] if this percentage deviates this could give an indication to the medical staff that the player maybe overcompensating and further analysis may be needed to determine why there is an imbalance.* (Pearse O'Doherty, « Injury Prevention Using STATSports », *STATSports* [En ligne]. Mis en ligne le 23/10/2017 (consulté le 16/07/2018). URL : https://statsports.com/injury-prevention-using-statsports-viper/)

> « Les entraîneurs ont ainsi la possibilité de surveiller la condition physique des joueurs et de superviser leurs performances. Et même davantage… C'est aussi un moyen de manager et de motiver les sportifs » confie Emmanuel de La Tour (cofondateur de Mac Lloyd). (Monflier, 2016)

Les technologies de DT offrent ainsi aux managers de la performance sportive un nouveau moyen de gouverner les hommes et cette ludification du management participe par ailleurs à la neutralisation du débat critique.

Cette synthèse de la promesse portée par les technologies de DT permet de repérer deux modalités principales d'appropriation de ces technologies. Le premier mode s'apparente à une mise en transparence de la charge de travail par un suivi longitudinal. La quantification diachronique des performances physiologiques de l'athlète et son couplage aux données tactiques et médicales correspondent à un vaste processus de surveillance biomédicalisé. Le second mode, plus ambitieux, vise, par le repérage d'anomalies, de récurrences ou de *patterns* à la mise en risque du corps des athlètes afin de prévenir la blessure et de sécuriser la phase de réathlétisation. L'argument de la prévention, par son omniprésence et son usage stratégique dans le *marketing* scientifique de ces entreprises, doit être analysé – au-delà de ce qu'il traduit de l'acuité du problème de la blessure dans le sport de haut niveau – comme un moyen de familiariser la promesse. Ce processus de familiarisation vise à gommer les éléments de rupture, à euphémiser les questions politiques que posent ces pratiques de surveillance et de contrôle. L'argument préventif a pour effet principal de biomédicaliser cette technologie en l'inscrivant non plus du côté de la physiologie, mais de celui de la médecine préventive et de sa mise en risque de la santé (Armstrong, 1995 ; Lyon ed., 2003). Cette biomédicalisation du dispositif de surveillance le place sous la juridiction médicale et son éthos humaniste. Afin d'exemplifier l'économie morale (Fassin, 2009) de ce marché, nous terminerons par la présentation du « rêve éveillé » d'un préparateur physique de renom promoteur des technologies de DT[13]. Sa vision de la préparation physique idéale et à venir, et donc de la vie des athlètes, nous éclaire à la fois sur les développements à venir, mais surtout sur les enjeux politiques que posent ce déploiement technologique inédit :

> Pour Alexandre Marles, l'usage de ces instruments est primordial : « Le corps du joueur est semblable au moteur d'une Formule 1, il faut l'optimiser sur toute l'année pour qu'il soit plus performant. Plus on a d'informations, mieux

---

[13] A. Marles, préparateur physique de premier plan en France, promoteur et utilisateur des technologies de DT, il a préfacé le livre de A. Hyeans (Hyeans, 2016) évoqué plus haut.

c'est. » Et l'homme voit aujourd'hui plus loin : « Pour le moment, on ne maîtrise que le temps passé avec les joueurs sur le terrain, ce qui est peu. Avoir des *trackers* continu serait intéressant, mais pose forcément problème puisqu'on touche à la sphère privée. » Dans ses rêves, un *tracker* de sommeil : « L'alimentation et le sommeil sont prépondérants à 90 % pour la récupération. Maîtriser le cycle de sommeil des joueurs permettrait d'améliorer leurs performances. » Reste à les convaincre de l'intérêt d'une telle démarche. (Couturier, 2016)

Le *Quantified Self* comme ligne de fuite

Nous voudrions dans un premier temps proposer au lecteur de désingulariser le cas du travailleur sportif. Ces derniers ne sont en effet pas les seuls à être soumis à ces dispositifs de surveillance basés sur des capteurs et une analyse intelligente des données de masse. Les militaires, nous l'avons vu, sont eux aussi très intéressés par ce soldat connecté. Le monde du spectacle commence également à intégrer ces dispositifs afin de suivre les performances de ses danseurs/acrobates, comme le *Cirque du Soleil*, compagnie mondialement connue. Il est également possible de se rapprocher du monde du travail « classique » en évoquant l'usage des technologies de DT dans le monde du transport routier avec l'exemple des *truckers* aux États-Unis (Levy, 2015). Autre exemple, situé cette fois au cœur de notre modernité, avec l'entreprise Amazon. L'un de ses fondateurs, J. Bezos, est régulièrement sollicité par la presse pour expliciter sa passion pour la quantification et l'originalité de son « management par les données de masse » ou *data-driven management*. On notera que la figure exemplaire du sportif connecté en quête de dépassement de soi est régulièrement mobilisée par cette entreprise pour donner à voir le niveau d'engagement approprié :

> Le lieu de travail doit être imprégné de transparence et de précision quant aux performances de chacun. Chez Amazon, les employés idéaux sont souvent décrits comme des « athlètes » avec une endurance, une vitesse, des performances qui peuvent être mesurées et une capacité à défier les limites (règle n° 7: « penser grand »)[14]. (Kantor & Streitfeld, 2015)

Les sports professionnels fonctionnent bien comme un laboratoire des possibles, un lieu d'acclimatation de ces nouvelles technologies de la performance.

---

[14] Traduction de l'auteur : *The workplace should be infused with transparency and precision about who is really achieving and who is not. Within Amazon, ideal employees are often described as "athletes" with endurance, speed, performance that can be measured and an ability to defy limits (Rule No. 7: "think big").*

L'analyse de la promesse des technologies de DT que nous venons de proposer n'avait pas pour seule ambition de déconstruire les conditions sociales de diffusion de ces technologies. Nous aspirions également à repérer le cœur problématique de l'économie morale au sein de laquelle cette innovation prend forme. Nous avons noté l'absence de conflictualité ou de discours critique et tenté de l'expliquer par le travail de socialisation mis en œuvre dans le *marketing* scientifique des sociétés. L'argument de la prévention a pour double effet de biomédicaliser les technologies de DT et de dépolitiser les pratiques. L'analyse de la littérature en science sociale visant à évaluer les conséquences de ces nouvelles formes de surveillance dans le sport se distribue autour de deux axes problématiques majeurs. Le premier vise à alerter (Baerg, 2017), dans une perspective critique, sur la fracture numérique à laquelle sont confrontés les sportifs. La question clé est ici celle de l'asymétrie du dispositif, de la question de la propriété des données et de l'usage qui peut en être fait. À qui appartiennent les données produites par l'athlète ? Peuvent-elles être mobilisées par l'employeur dans le cadre d'une transaction commerciale ? D'autres auteurs pointent l'intensité des niveaux de surveillance rendue possible par ces nouvelles technologies « passives », et invitent à explorer de nouveau le concept d'*intégrité physique* (Van der Ploeg, 2003 : 71). Les sciences sociales ont un rôle à jouer dans la structuration du débat à ouvrir sur l'impact économique, social et culturel de ces nouvelles technologies. L'industrie du sport spectacle constitue un formidable laboratoire des extrêmes et offre au regard analytique et critique une configuration particulièrement heuristique.

Le rugbyman optimal, à rebours de ce que le discours *marketing* laisse entendre, n'est pas le simple produit d'un calcul rationnel. Il est aussi et surtout la conséquence d'un choix politique, celui de mener une vie à risques, où l'intensité prime sur la longévité, où le présent exaltant absorbe souvent l'avenir et ses incertitudes. Mais pour que ce choix puisse être interprété comme la revendication « en acte » d'un mode d'existence, l'athlète doit être en mesure d'évaluer les risques qu'il prend. La situation de très grande incertitude qui caractérise le rugby professionnel actuel, la hausse alarmante des blessures et notamment l'épidémie de commotions cérébrales rendent impossible cette évaluation collective et individuelle des risques professionnels. Les technologies de DT représentent, avec d'autres technologies à venir, une véritable opportunité d'amélioration de la prise en charge de la santé des travailleurs sportifs. Il est toutefois nécessaire, pour que ces technologies donnent leur pleine mesure, de dépasser la logique du « secret industriel » dans lequel les clubs sont engagés et d'organiser la circulation « éthique » de ces données précieuses pour la connaissance. Les institutions responsables de la gouvernance de ce sport ont un rôle primordial à jouer dans la construction et le pilotage de ce type de dispositif de surveillance des risques.

Le mouvement social critique des technologies de DT, connu sous l'acronyme QS pour *Quantified Self* partage avec les sportifs cette passion de l'optimisation (Ruckenstein, 2014 : 70), du dépassement et du perfectionnisme. Les pratiquants du QS, tout en revendiquant leur pleine adhésion à la logique d'optimisation, inscrivent leurs pratiques dans une perspective critique. Pour ces usagers, l'optimisation ne doit pas être subie, mais au service de leur idiosyncrasie. Ce mouvement esquisse donc les moyens d'une appropriation politique des technologies de DT, un moyen de transformer des *data* en *capta*. La quête poursuivie par ces pratiquants de la quantification à l'instar de S. Meißner (2016) vise à produire un processus d'amélioration réflexif. La santé, la performance, le bien-être n'ont pas pour eux le statut d'objets immédiatement objectivables, ce sont des activités, des comportements, des allures, une esthétique de soi dont la normativité est en premier lieu appréhendée dans le cadre d'une expérience individuelle. Ainsi, cette volonté d'optimisation traduit moins la conformation à un discours normatif de type néolibéral (Rose, 2009) que la proposition d'un style de vie (Macé, 2016), d'une optimalité dérivée. Cette inscription volontaire dans un processus de quantification correspond au *cheminement d'un flux* (Deleuze, 1980), à l'identification d'une ligne de fuite originale. Une appropriation politique et experte des technologies de DT qualifiée par D. Nafus & J. Sherman (2014) de *soft resistance*, qui offre aux travailleurs sportifs une modalité d'engagement pratique et critique.

Références bibliographiques

ARMSTRONG David, 1995. « The rise of surveillance medicine », *Sociology of health & illness*, 17 (3), p. 393-404.

BAERG Andrew, 2017. « Big Data, Sport, and the Digital Divide: Theorizing How Athletes Might Respond to Big Data Monitoring », *Journal of Sport and Social Issues*, 41 (1), p. 3-20.

BOYD Danah, CRAWFORD Kate, 2012. « Critical questions for big data: Provocations for a cultural, technological, and scholarly phenomenon », *Information, communication & society*, 15 (5), p. 662-679.

BROWN Nik, MICHAEL Mike, 2003. « A Sociology of Expectations: Retrospecting Prospects and Prospecting Retrospects », *Technology Analysis & Strategic Management*, 15 (1), p. 3-18.

CANGUILHEM Georges, 2002. *Écrits sur la médecine*, Paris, Éd. du Seuil.

—, 2006 [2e éd. revue et corrigée ; éd. originale : 1952]. *La Connaissance de la vie*, Paris, Vrin.

CHERMANN Jean-François, 2010. *KO, le dossier qui dérange*, Paris, Stock.

COCHENNEC Yannick, 2014. « Comment le GPS et le big data changent le rugby ». *Slate.fr* [En ligne]. Mis en ligne le 02/01/2014 (consulté le 22/02/2017). URL : http://www.slate.fr/story/82935/comment-gps-big-data-changent-rugby.

COUTURIER Marine, 2016. « Le Racing 92 invite la technologie sur le pré. Top 14 Rugby », *Francetvsport.fr* [En ligne]. Mis en ligne le 09/06/2016 (consulté 24/02/2017). URL : http://www.francetvsport.fr/rugby/top-14/le-racing-92-invite-la-technologie-sur-le-pre-339273.

DALGALARRONDO Sébastien, 2015. « Les dispositifs de prise de risques dans le rugby professionnel », *Sociologie du travail*, 57 (4), p. 516-535.

DALGALARRONDO Sébastien, HAURAY Boris, 2015. « Les économies de la promesse anti-âge. Le cas de la DHEA », *Sciences sociales et santé*, 33 (2), p. 5-30.

DELEUZE Gilles, 1980. *Capitalisme et schizophrénie*, vol. 2 : *Mille plateaux*, Paris, Éd. de Minuit.

DELEUZE Gilles, GUATTARI Félix, 1972. *L'Anti-Œdipe. Capitalisme et schizophrénie*, Paris, Éd. de Minuit.

DUPIN Ludovic, 2010. « Le XV de France est entré dans l'ère du big data », *usine-digitale.fr* [En ligne]. Mis en ligne 02/05/2010 (consulté le 01/03/2017). URL : http://www.usine-digitale.fr/article/le-xv-de-france-est-entre-dans-l-ere-du-big-data-previent-le-responsable-r-d-de-la-federation-francaise-de-rugby.

FASSIN Didier, 2009. « Les économies morales revisitées », *Annales. Histoire, sciences sociales*, 64, p. 1237-1266.

HASSARD John, HOLLIDAY Ruth, WILLMOTT Hugh (eds), 2000. *Body and Organization*, London, SAGE.

HYEANS Andy, 2016. *Sport Data Revolution. L'analyse des données au service de la performance sportive*, Paris, Dunod.

JOLY Pierre-Benoît, 2010. « On the economics of techno-scientific promises », *in* M. Akrich, Y. Barthe, F. Muniesa & P. Mustar (dir.) *Débordements. Mélanges offerts à Michel Callon*, Paris, Presse des Mines, p. 203-222.

KANTOR Jodi, STREITFELD David, 2015. « Inside Amazon: Wrestling Big Ideas in a Bruising Workplace », *nytimes.com* [En ligne]. Mis en ligne le 15/08/2015 (consulté le 01/03/2017). URL : https://www.nytimes.com/2015/08/16/technology/inside-amazon-wrestling-big-ideas-in-a-bruising-workplace.html.

KARPIK Lucien, 2008. « De l'existence et de la portée de l'économie des singularités », *Revue française de sociologie*, 49 (2), p. 407-421.

KINSELLA Murray, 2014. « Collision and scrum analysis takes Ireland's GPS system to the next level », *The42.ie* [En ligne]. Mis en ligne le 04/05/2014 (consulté le 23/02/2017). URL : http://www.the42.ie/collision-analysis-scrum-statsports-1447691-May2014/.

LEVY Karen E. C, 2015. « The Contexts of Control: Information, Power, and Truck-Driving Work », *The Information Society*, 31 (2), p. 160-174.

LYON David (ed.), 2003. *Surveillance as social sorting: Privacy, risk, and digital discrimination*, London, Routledge.

MACÉ Marielle, 2016. *Styles. Critique de nos formes de vie*, Paris, Gallimard.

MEIßNER Stefan, 2016. « Effects of Quantified Self Beyond Self-Optimization », *in* S. Selke (ed.), *Lifelogging: Digital self-tracking and Lifelogging - between disruptive technology and cultural transformation*, Wiesbaden, Springer Fachmedien Wiesbaden, p. 235-248.

MONFLIER Frédéric, 2016. « Les capteurs de Mac Lloyd scrutent les performances des sportifs », *techniques-ingenieur.fr* [En ligne] Mis en ligne le 04/05/2016 (consulté le 23/02/2017). URL : http://www.techniques-ingenieur.fr/actualite/articles/capteurs-mac-lloyd-performances-sportifs-35586/.

NAFUS Dawn, SHERMAN Jamie, 2014. « Big Data, Big Questions| This One Does Not Go Up To 11: The Quantified Self Movement as an Alternative Big Data Practice », *International Journal of Communication*, 8, p. 1784-1794.

POMIÈS Fabien, 2016. « Commotions cérébrales - Jamie Cudmore et sa femme pourraient poursuivre Clermont en justice », *Rugbyrama.fr* [En ligne]. Mis en ligne le 25/09/2016 (consulté le 23/02/2017). URL : http://www.rugbyrama.fr/rugby/top-14/2016-2017/commotions-cerebrales-jamie-cudmore-et-sa-femme-vont-poursuivre-clermont-en-justice_sto5873950/story.shtml.

QUEVAL Isabelle, 2016. *Du souci de soi au sport augmenté. Essais sur le corps entraîné, dopé, appareillé*, Paris, Presses de l'École des mines.

RABINBACH Anson, LUXEMBOURG Michel, 2004. *Le Moteur humain. L'énergie, la fatigue et les origines de la modernité*, Paris, La Fabrique.

ROSE Nikolas, 2009. *The Politics of Life Itself: Biomedicine, Power, and Subjectivity in the Twenty-First Century*, Princeton, Princeton University Press.

RUCKENSTEIN Minna, 2014. « Visualized and Interacted Life: Personal Analytics and Engagements with Data Doubles », *Societies*, 4 (1), p. 68-84.

SELKE Stefan, 2016. *Lifelogging: Digital self-tracking and Lifelogging - between disruptive technology and cultural transformation*, New York, Springer.

SHILLING Chris, 2012. *The body and social theory*, Nottingham, Sage.

VAN DER PLOEG Irma, 2003. « Biometrics and the body as information », *in* D. Lyon (ed.), *Surveillance as social sorting: Privacy, risk and digital discrimination*, London, Routledge, p. 57-73.

VIGARELLO Georges, 2007. « Science du travail et imaginaire du corps », *Communications*, 81 (1), p. 61-70.

Corps et âme

Le transhumanisme, nouvel horizon biopolitique du capitalisme ?

Nicolas LE DÉVÉDEC
MÉOS[1], Université de Montréal

> La révolution véritablement révolutionnaire se réalisera non pas dans la société, mais dans l'âme et la chair des êtres humains.
>
> Aldous HUXLEY

> L'*homo œconomicus* n'est pas derrière nous, il est devant nous [...]. L'homme a été très longtemps autre chose ; et il n'y a pas bien longtemps qu'il est une machine, compliquée d'une machine à calculer.
>
> Marcel MAUSS

Le mouvement transhumaniste connaît depuis plusieurs années une popularité grandissante au sein des sociétés occidentales. Rassemblant des ingénieurs, des scientifiques, des philosophes, des bioéthiciens, mais aussi des entrepreneurs et des politiciens, le mouvement regroupe une nébuleuse d'acteurs, pour lesquels, ainsi que le précise la déclaration transhumaniste, « il est possible et désirable d'améliorer fondamentalement la condition humaine par l'usage de la raison, en particulier en développant et diffusant largement les techniques visant à éliminer le vieillissement et à améliorer de manière significative les capacités intellectuelles, physiques et psychologiques de l'être humain » (Bostrom, 2003). Loin d'être marginaux, les idéaux transhumanistes d'un humain augmenté par les avancées technoscientifiques et biomédicales – *human enhancement* selon l'expression aujourd'hui consacrée – sont portés par de grandes entreprises, en particulier Google à travers des firmes comme

[1] Le Médicament comme objet social ; Faculté de pharmacie, Université de Montréal, SECTEUR : socio-économie du médicament, 2940 chemin de Polytechnique, Pavillon Jean-Coutu, local 2249, Montréal (Québec) H3T 1J4.

23andMe, qui propose un séquençage personnalisé de l'ADN, ou Calico, qui s'emploie à lutter contre les effets du vieillissement. Mais le transhumanisme recouvre encore plus largement l'émergence d'une culture de l'amélioration et de la performance (Le Dévédec, 2015) qui tend à éroder les frontières médicales classiques :

> La dilution des frontières entre médecine thérapeutique classique et médecine d'amélioration constitue une des caractéristiques principales de la biomédecine du XXIe siècle. Dans la biomédecine contemporaine, des nouveaux médicaments et technologies thérapeutiques peuvent être utilisés non seulement pour soigner le malade mais aussi pour améliorer ou augmenter certaines capacités humaines. (Hottois, Missa & Perbal dir., 2015 : 7)

Cette « médecine d'amélioration » s'illustre aujourd'hui à travers une variété de pratiques telles que le dopage sportif, l'utilisation de *smart drugs* dans les milieux étudiants et professionnels, le recours à la chirurgie esthétique ou encore le développement d'une médecine anti-âge.

Les perspectives transhumanistes d'un humain augmenté par les innovations technoscientifiques et biomédicales suscitent depuis plus d'une dizaine d'années un grand nombre de débats, particulièrement dans les domaines de la bioéthique et de la philosophie (Parens, 2000 ; Mehlman, 2009 ; Bostrom & Savulescu, 2009 ; Clarke *et al.* eds, 2016). S'inscrivant dans une perspective utilitariste et gestionnaire – minimiser les risques, maximiser les bénéfices – ces débats tendent toutefois à négliger considérablement le contexte social et politique dans lequel s'inscrit le transhumanisme. Peu d'études abordent en particulier de manière critique les liens entre l'idéologie transhumaniste et le capitalisme, comme système social et politique. De manière concomitante, ce sont les répercussions sociales et notamment les nouvelles formes d'exploitation que les technologies d'augmentation ont et peuvent avoir dans le monde du travail qui tendent à être occultées. « À terme, un être humain qui refuserait d'être hybridé avec des circuits électroniques ne serait guère compétitif sur le marché du travail », faisait ainsi récemment remarquer le chirurgien et entrepreneur partisan du transhumanisme Laurent Alexandre (Alexandre & Besnier, 2016 : 104). Au-delà de la prospective, force est de constater que les avancées dans les domaines de la biomédecine et des biotechnologies ouvrent en effet à des transformations sociales majeures dans le monde du travail.

Qu'il soit question de l'utilisation de psychotropes pour améliorer la concentration, l'attention ou la mémoire, de l'implantation de puces électroniques ou de l'extension de la longévité, l'utilisation des technologies d'augmentation dans les milieux du travail fait entrevoir des formes d'exploitation renouvelées des corps et des subjectivités qui soulèvent des enjeux sociaux fondamentaux. Publié en 2012 à l'initiative de l'Académie royale des sciences, le rapport britannique intitulé « L'augmentation humaine et l'avenir du travail » le souligne :

> *Enhancement technologies could change how people work. Advances in a range of areas in science and engineering such as neuroscience, regenerative medicine and bionics are already enhancing, or could in the next decade enhance, the physical and cognitive capacity of individuals in the workplace, to take them beyond the general "norm".* (AMS *et al.*, 2012).

Derrière le masque *high tech* d'un humain augmenté plus beau, plus intelligent, plus fort et plus heureux, n'est-ce ainsi pas la vieille figure productiviste de l'Homme-machine qui se fait en définitive une nouvelle fois jour ?

À la lumière des travaux de Michel Foucault (2004) et à sa suite de Pierre Dardot et Christian Laval (2009) autour de la gouvernementalité néolibérale, cet article vise à éclairer dans une perspective théorique critique les liens entre le transhumanisme et le capitalisme ainsi que ses retombées potentielles dans le monde du travail. Nous montrerons tout d'abord que le transhumanisme et l'aspiration grandissante à améliorer techniquement l'être humain et ses performances ne peuvent être pleinement compris qu'une fois resitués dans le contexte idéologique du *nouvel esprit du capitalisme* (Boltanski & Chiapello, 1999), qui enjoint chaque individu à devenir l'entrepreneur de lui-même. Prenant appui sur plusieurs écrits de ses représentants majeurs, nous verrons ensuite que non seulement le transhumanisme est soluble dans cet esprit néolibéral du capitalisme, mais qu'il contribue plus encore à en étendre les principes, en appliquant aux corps, aux subjectivités et finalement à la vie en soi la logique entrepreneuriale. Le transhumanisme recouvre à cet égard un type de biopouvoir nouveau qui s'exerce sur les corps et la vie d'une façon individualisée et technoscientifique (voir Rose, 2007). Cet article questionnera finalement les retombées de cette biopolitique de l'humain augmenté dans le monde du travail. L'augmentation technoscientifique des performances ouvre, comme nous le verrons, à la normalisation de conditions extrêmes de travail, ainsi qu'à une internalisation plus forte chez les employés des normes de performance. L'humain augmenté se profile ainsi comme un nouveau modèle de productivité qui interroge en bout de ligne l'orientation sociale et politique capitaliste des sociétés occidentales.

Entrepreneur de soi-même : retour sur l'esprit néolibéral du capitalisme

Il est essentiel d'évoquer les transformations contemporaines du capitalisme pour comprendre avec le recul critique suffisant la prégnance des idéaux portés par le transhumanisme. L'un des traits majeurs caractérisant depuis de nombreuses années le modèle social et politique du capitalisme tient à l'extension des frontières de l'entreprise à la subjectivité des individus, par le recours aux techniques du management. Cette extension du domaine du management à la sphère la plus intime des individus est constitutive du nouvel esprit du capitalisme et de la rationalité néolibérale qui le sous-tend depuis les années 1980 et 1990. Luc Boltanski et Ève Chiapello (1999) ont été parmi les premiers à montrer, en effet, combien le capitalisme, face aux critiques qui dénonçaient notamment son caractère bureaucratique, vertical et centralisé brimant l'autonomie des travailleurs, a habilement récupéré à son profit les valeurs de responsabilité, d'autonomie, d'initiative, de créativité, de flexibilité pour mieux enrôler les individus et les impliquer dans la logique de l'entreprise et du profit. Sous couvert d'une révolution humaniste faisant la part belle à l'émancipation, l'autonomie et l'implication des individus, ce sont de nouvelles formes d'assujettissement des individus qui ont vu le jour. Avec le néomanagement capitaliste, il ne s'agit plus tant de contraindre les individus que de les inciter en les enrôlant *corps et âme*. C'est là un changement majeur au regard du modèle disciplinaire taylorien classique, lequel tend non pas tant à disparaître (voir Le Bon, 2015) qu'à se transformer pour donner naissance à des formes de contrôle et d'assujettissement de l'individu plus insidieuses, impliquant l'entièreté de sa personne :

> Nous n'avons plus affaire aux anciennes disciplines vouées, par la contrainte, à dresser les corps et à plier les esprits pour les rendre plus dociles, méthodologie institutionnelle depuis longtemps en crise, soulignent Pierre Dardot et Christian Laval. Il s'agit de gouverner un être dont toute la subjectivité doit être impliquée dans l'activité qu'il est requis d'accomplir. (Dardot & Laval, 2009 : 408)

Nous sommes ainsi progressivement entrés dans l'ère de ce que la sociologue Danièle Linhart (2015) appelle avec à propos la *surhumanisation* managériale[2], pour désigner cette extension du modèle de l'entreprise à la subjectivité des individus, sommés de s'impliquer, d'innover, de se

---

2 Cette expression prend d'autant plus son sens à l'ère des technologies d'augmentation et des idéaux transhumanistes contemporains, lesquels, nous allons y revenir, s'emploient à promouvoir la figure d'un humain augmenté, c'est-à-dire une forme de *surhomme* revu et corrigé par la technique.

démarquer, de performer. Cette surhumanisation managériale contraste, souligne-t-elle, avec le modèle du taylorisme qui reposait au contraire sur la déshumanisation des travailleurs : « Dans les ateliers et sur les chaînes de montage taylorien, c'était la déshumanisation qui prévalait. » (Linhart, 2015 : 12). Ici, en effet, nulle place pour l'individu et sa subjectivité :

> Dans le cadre tayloro-fordien, la production industrielle rejette la vie spirituelle et affective de l'ouvrier hors des murs de l'usine, *remarque Thomas Le Bon.* La réification se résout dans la réduction de l'être humain à un simple objet fonctionnel dont les mouvements physiques de production sont la seule expression. (Le Bon, 2015 : 93)

À la déshumanisation d'hier, soutient Linhart, se substitue ainsi la surhumanisation contemporaine qui « sur-implique » au contraire les individus : « Sollicités de manière intégrale, les employés sont invités à s'engager sans réserve, dans toutes les dimensions de leur humanité [...] Un tel engagement implique leur chair, leur cœur et leur vie. » (Baudoin, cité dans Linhart, 2015 : 50). Outre le corps, ce sont les subjectivités individuelles qui sont désormais mises à contribution en une extension radicale du domaine de l'aliénation : « La mobilisation des qualités psychiques des travailleurs a finalement entraîné un élargissement de la sphère concernée par l'instrumentalisation. Ce n'est plus seulement le corps du travailleur qui est mis en demeure de servir l'effort productif. Désormais, ce sont aussi les qualités affectives et intellectuelles du travailleur qui constituent un outil de production. » (Le Bon, 2015 : 98).

Le temps est venu pour ce que Linhart appelle l'ère des *anthropreneurs* (Linhart, 2015 : 15). L'expression est particulièrement bien choisie, puisqu'elle renvoie au cœur idéologique du dispositif néolibéral caractérisant le capitalisme contemporain : pousser chaque individu à devenir l'entrepreneur de lui-même, à se comprendre soi-même et sa vie comme une entreprise. Prenant appui sur les travaux décisifs de Michel Foucault (2004) autour de la gouvernementalité néolibérale, Pierre Dardot et Christian Laval ont ainsi très bien montré combien le régime capitaliste néolibéral s'emploie en effet à façonner un type d'humain, un type de subjectivité, sur le modèle de l'*entreprise*, comme concept et vision du monde : « "Entreprise" est le nom que l'on doit donner au gouvernement de soi à l'âge néolibéral. » (Dardot & Laval, 2009 : 409). La caractéristique du régime capitaliste néolibéral est de fait précisément d'étendre le modèle de l'entreprise à toutes les sphères de la société, y compris les plus intimes. Tout un chacun est mis en demeure de se penser et d'agir sur le modèle de l'entreprise : « C'est cette démultiplication de la forme "entreprise" à l'intérieur du corps social qui constitue, je crois, l'enjeu de la politique néolibérale. » (Foucault, 2004 : 154). Autrement dit, avec le régime néolibéral, l'entreprise sort de l'entreprise *stricto sensu*. Elle en dépasse les frontières pour s'étendre à l'ensemble de la vie sociale et devenir ainsi un *projet de vie*[3]. L'individu est appelé à devenir l'entrepreneur de lui-même et de sa vie, à considérer son corps, son esprit, sa santé, sa famille comme des types de capital qu'il s'agit de faire fructifier pour être toujours plus efficace et performant :

> C'est l'individu performant et compétitif qui cherche à maximiser son capital humain dans tous les domaines, [...] qui cherche surtout à *travailler sur lui-même* afin de se transformer en permanence, de s'améliorer, de se rendre toujours plus efficace. (Dardot & Laval, 2009 : 414)

Ce modèle entrepreneurial place chaque individu dans une perspective de dépassement de soi, de quête de performance et d'innovation qui motive le recours généralisé à des dispositifs techniques d'amélioration et d'optimisation de soi. La gouvernementalité néolibérale est, de fait, indissociable de tout un appareillage technique à travers lequel l'individu est conduit à mesurer et quantifier ses performances pour repousser perpétuellement ses limites et sa productivité : « Le discours managérial ne va pas sans de multiples techniques qui proposent un travail sur soi visant à favoriser l'"éclosion de l'homme-acteur de sa vie". » (Dardot & Laval, 2009 : 419). Ces multiples techniques concernent aussi bien le *coaching* que le développement personnel et les approches psychothérapeutiques telles que la programmation neurolinguistique ou l'analyse transactionnelle (voir Brunel, 2008 ; Marquis, 2014 ; Cederström & Spicer, 2016). Mais ce sont aussi les nouveaux outils de la quantification de soi (*quantified self*) et du *big data* qui concourent aujourd'hui à faire émerger un individu pleinement entrepreneur de lui-même et de ses performances (Moore & Robinson, 2015). Dans leur ouvrage *Le Syndrome du bien-être*, les chercheurs Carl Cederström et André Spicer évoquent notamment cet entrepreneur américain qui utilise les données biométriques enregistrant quotidiennement son activité (*lifelogging*) afin de se gérer lui-même comme une entreprise :

---

[3] Bob Aubrey, l'une des figures emblématiques du néomanagement des années 1990 et auteur du best-seller *L'Entreprise de soi*, en a très bien résumé le principe : « Parler d'entreprise de soi, écrit-il, c'est traduire l'idée que chacun peut avoir prise sur sa vie : la conduire, la gérer, la maîtriser en fonction de ses désirs et de ses besoins en élaborant des stratégies adéquates. » (Aubrey, 2000 : 13)

> J'ai toujours un œil sur les chiffres pour savoir comment se porte mon entreprise. [...] En croisant différentes données, j'obtiens des informations très utiles qui m'aident ensuite à prendre les décisions qui s'imposent. À partir de ce constat, j'ai commencé à faire la même chose avec moi-même. » (Cederström et Spicer, 2016 : 117)

Avec les outils de la biomédecine, l'idéologie transhumaniste d'un humain augmenté, ainsi que nous allons maintenant le voir, s'inscrit pleinement dans ce modèle néolibéral centré sur le contrôle technoscientifique de soi. Elle permet d'inscrire encore plus profondément dans les corps et les subjectivités le modèle de l'*homo œconomicus*.

Le transhumanisme et les reconfigurations contemporaines du biopouvoir

Avec pour ambition de repousser techniquement les limites biologiques humaines, physiques, intellectuelles aussi bien qu'émotionnelles, le transhumanisme et les technologies d'augmentation connaissent ces dernières années une notoriété croissante. Héritière d'une conception scientiste de la perfectibilité humaine qui prend ses racines dans la modernité occidentale (Le Dévédec, 2015 ; 2018), l'idéologie transhumaniste de l'humain augmenté est plus particulièrement le fruit de la révolution cybernétique et de la vision informationnelle de l'être humain et du monde propagée par Norbert Wiener et ses collègues au lendemain de la Seconde Guerre mondiale (Lafontaine, 2004). Nourris du pessimisme politique d'après-guerre, les penseurs de la cybernétique ont en effet considérablement remis en cause la conception humaniste du sujet autonome issu de la modernité politique, au profit du contrôle technoscientifique et d'une conception machinique de l'être humain. Cette assimilation réductionniste de l'humain à la machine – le cyborg – constitue la matrice de l'imaginaire du posthumain :

> Dans le posthumain, il n'y a pas de différences essentielles ou de démarcations absolues entre l'existence corporelle et la simulation informatique, la machine cybernétique et l'organisme biologique, la finalité du robot et les aspirations humaines. (Hayles, 1999 : 2)

La pensée cybernétique a ainsi ouvert la voie à un changement de paradigme sans lequel le transhumanisme n'aurait pas été pensable. À l'idée de changer politiquement le monde s'est substituée l'idée d'adapter technoscientifiquement l'être humain. L'être humain et la vie en soi apparaissent comme une somme d'informations et de codes que l'on peut et doit déchiffrer pour les reprogrammer et les améliorer. Qu'il s'agisse de maîtriser les émotions avec la pharmacologie, d'améliorer les performances physiques avec la robotique, de contrôler techniquement la procréation, d'optimiser les performances intellectuelles et cognitives ou de combattre les effets du vieillissement avec la médecine régénératrice, le transhumanisme promeut une conception dépolitisée de la perfectibilité humaine qui se réduit au *human engineering* (Le Dévédec, 2015 et 2018).

Cette dépolitisation de la perfectibilité humaine constitutive de l'idéologie transhumaniste rejoint entièrement le *nouvel esprit du capitalisme* centré sur l'individu et son adaptabilité. Car s'il hérite de la pensée cybernétique, le transhumanisme est aussi politiquement indissociable du nouvel esprit du capitalisme, avec lequel il a historiquement partie liée. Issue de la contre-culture américaine, l'idéologie transhumaniste est en effet née durant les années 1980 en Californie, au sein de la Silicon Valley, qui en constitue le creuset idéologique. Ce n'est d'ailleurs pas un hasard si les géants économiques comme Google ou PayPal constituent aujourd'hui les fers de lance de l'humain augmenté. Pur produit du nouvel esprit du capitalisme, le transhumanisme contribue aujourd'hui à en étendre considérablement le principe, en faisant des corps et de la *vie en soi*, à un niveau moléculaire et individualisé, les nouveaux territoires de la gouvernementalité néolibérale (voir Bàrd, 2012 : 117-138). À maints égards, le transhumanisme constitue la superstructure idéologique du biocapitalisme contemporain. Il prolonge l'esprit néolibéral du capitalisme en promouvant une conception de la subjectivité et de la corporéité entièrement flexibles, plastiques et autoconstruites grâce aux technosciences. L'appel à faire de la « transformation biomédicale de soi » un droit fondamental que l'on retrouve aujourd'hui au cœur de nombre de revendications transhumanistes est à ce titre emblématique.

Le penseur transhumaniste Anders Sandberg (2013) défend, en effet, avec insistance ce qu'il appelle un *droit à la liberté morphologique* :

> Qu'est-ce que la liberté morphologique ? Je la conçois comme une extension du droit de chacun sur son corps, pas seulement en termes de propriété de soi, mais aussi comme le droit de se modifier en fonction de ses désirs. (Sandberg, 2013 : 56)

Ainsi que le précise encore Sandberg, ce droit « dépasse l'idée de simplement maintenir passivement le corps tel qu'il est et d'en exploiter le potentiel. Cela signifie que nous pouvons étendre ou modifier notre potentiel par divers moyens. Ce droit est fortement lié aux idées de propriété de soi et d'auto-réalisation. » (Sandberg, 2013 : 57). Loin d'être marginale dans les discours transhumanistes, cette revendication d'un droit à la liberté morphologique est partagée aussi bien par le philosophe Nick Bostrom[4] que par les représentants du mouvement postgenre[5]. Symptomatique, ce droit entre en congruence avec le nouvel esprit du capitalisme en faisant du corps un pur produit du choix des individus :

> Le corps est désormais le produit d'un choix, d'un style, d'un modelage. Chacun est comptable de son corps, qu'il réinvente et transforme à sa guise. C'est le nouveau discours de la jouissance et de la performance qui oblige à se donner un corps tel qu'il puisse aller toujours au-delà de ses capacités actuelles de production et de plaisir. (Dardot & Laval, 2009 : 438)

Cette vision utilitariste d'un *corps-projet* (Queval, 2008) élargit considérablement le champ idéologique néolibéral du sujet entrepreneur de lui-même. Elle invite en effet à appréhender le corps, la subjectivité et la vie en soi comme des formes de capitaux sur lesquels l'individu peut agir pour optimiser techniquement ses performances. Autrement dit, le transhumanisme légitime et contribue à faire pleinement entrer *la vie en soi* dans la conception entrepreneuriale du capitalisme. Le philosophe transhumaniste Andy Miah a conceptualisé dans toute sa cohérence cette idéologie *bioentrepreneuriale* en forgeant la notion de *capital bioculturel* (Miah, 2013). Inscrivant non sans audace sa réflexion dans la continuité des travaux du sociologue Pierre Bourdieu sur la lutte pour le capital culturel, le philosophe estime que les biotechnologies, au même titre que la culture, constituent pour les individus de nouveaux outils pour se réaliser et maximiser leurs chances de réussites :

> *I argue that the pursuit of human enhancements may be seen as an extension of our pursuit of cultural capital, which is a precondition of developed societies. More specifically, I describe human enhancements as forms of biocultural capital, which are becoming integral to how people aspire to improve their lives.* (Miah, 2013, 295).

---

4 Nick Bostrom souligne ainsi en ce sens : « Transhumanists promote the view that human enhancement technologies should be made widely available, and that individuals should have broad discretion over which of these technologies to apply to themselves (morphological freedom), and that parents should normally get to decide which reproductive technologies to use when having children (reproductive freedom). » (Bostrom, 2005 : 203).

5 Le mouvement dit du postgenrisme perçoit le genre comme un obstacle à l'émancipation humaine et milite ainsi en faveur d'une abolition technoscientifique de tout différence genrée au sein de l'espèce humaine : « Postgenderists argue that gender is an arbitrary and unnecessary limitation on human potential, and foresee the elimination of involuntary biological and psychological gendering in the human species through the application of neurotechnology, biotechnology and reproductive technologies. » (Dvorsky & Hughes, 2008).

On retrouve en réalité ici le raisonnement de l'économiste néolibéral Gary Becker, inventeur de la notion de *capital humain*, centrale dans l'idéologie néolibérale entrepreneuriale. Avec la notion de « capital bioculturel », Andy Miah adapte ce raisonnement aux réalités biotechnologiques contemporaines : « [...] biocultural capital refers to the various ways in which biotechnologies and the body/mind modification sciences are providing tools through which people can alter themselves to more adequately pursue their life goals. » (Miah, 2013 : 296).

Appréhendant les corps et les esprits en eux-mêmes comme des formes de capitaux et encourageant ainsi chaque *individu-entreprise* à maximiser son capital bioculturel, le transhumanisme ouvre le champ à une exploitation capitaliste et biologique accrue des individus. Que les corps et les éléments vitaux fassent l'objet d'une mobilisation et d'une captation par le capitalisme n'est certes pas nouveau. À travers la notion de biopouvoir, le philosophe Michel Foucault a bien montré combien la prise en charge et le contrôle des paramètres biologiques des êtres humains a constitué un élément central dans l'avènement du capitalisme industriel et l'enrôlement des ouvriers à la machine productiviste [6] (Foucault, 1976). C'est par le dressage et la discipline des corps que le capitalisme industriel a pu assujettir pleinement les ouvriers aux impératifs productifs modernes [7]. Toutefois, là où le biopouvoir « classique » appréhendait les corps et les subjectivités comme des contraintes qu'il s'agissait de discipliner, le biopouvoir sous sa forme transhumaniste actuelle tend plutôt à les concevoir comme des opportunités qu'il s'agit d'optimiser pour mieux les exploiter. C'est désormais la vie en soi à un niveau individuel et moléculaire qui est concernée par les dispositifs de contrôle. Cette « politique de la vie en soi », ainsi que la qualifie le sociologue Nikolas Rose (2007), entend non pas ramener à la norme, mais agir directement sur les normativités biologiques à un niveau moléculaire : « It is now at the molecular level that human life is understood, at the molecular level that its processes can be anatomized, and at the molecular level that life can be engineered. » (Rose, 2007 : 4). Les pratiques liées au

---

6 Ainsi que le précise Foucault : « Ce bio-pouvoir a été, à n'en pas douter, un élément indispensable au développement du capitalisme ; celui-ci n'a pu être assuré qu'au prix de l'insertion contrôlée des corps dans l'appareil de production et moyennant un ajustement des phénomènes de populations aux processus économiques. » (Foucault, 1976 : 185).

7 On sait à cet égard combien la discipline corporelle constituera une dimension centrale de l'organisation scientifique du travail (OST) élaborée par Frederick Taylor à la fin du XIXe siècle (Bahnisch, 2000 : 51-68).

human enhancement sont l'archétype de cette nouvelle forme de biopouvoir, qui ouvre à des formes renouvelées de l'exploitation capitaliste des corps et de la vie, en particulier dans le monde du travail.

L'humain augmenté, nouveau modèle de productivité ?

Très peu des débats autour du transhumanisme et de l'augmentation humaine ont à ce jour porté sur les répercussions et les implications de l'humain augmenté dans le monde du travail[8]. Qu'elles concernent la pharmacologie, les neurosciences, les biotechnologies ou la bionique, les innovations techniques et biomédicales affectent pourtant déjà et risquent d'affecter plus encore dans les années à venir les manières de travailler des individus et leurs manières de percevoir et de se percevoir au travail. Qu'il soit question d'améliorer les performances intellectuelles, notamment à travers l'usage détourné de médicaments ou le recours à des techniques plus invasives telles que la stimulation cérébrale profonde, ou qu'il soit question d'augmenter les performances physiques par la robotique, l'implantation de puces électroniques, la chirurgie esthétique ou encore la médecine régénératrice et l'ingénierie tissulaire, le rapport de l'Académie médicale des sciences intitulé « L'augmentation humaine et l'avenir du travail » évoque plusieurs innovations techniques dont l'impact sur les milieux du travail pourrait être particulièrement important. Ce sont autant les capacités individuelles à apprendre et à réaliser des tâches au travail que l'employabilité des individus ou encore leur capacité à travailler dans des conditions plus extrêmes ou à un âge plus avancé qui sont évoquées. Même les questions liées aux « problèmes » de motivation au travail sont abordées : « the use of cognitive enhancers or brain stimulation might be of interest to employees who find aspects of their work less stimulating. » (AMS *et al.*, 2012 : 22). Si plusieurs exemples du rapport sont spéculatifs et réfèrent à des innovations technoscientifiques encore au stade expérimental, d'autres renvoient à des pratiques d'ores et déjà existantes, comme l'utilisation de médicaments tels que les psychotropes à des fins d'amélioration des performances.

L'emploi de ces technologies d'augmentation au travail préfigure de nouvelles formes de contraintes et de pressions exercées sur les travailleurs, non

8 Comme le précise le rapport de l'Académie des Sciences Médicales : « Human enhancement has been widely debated and discussions usually focus on the desire to improve performance. Althought the context of work is clearly a primary application of these technologies, debate around human enhancement has not specifically considered the context of work. » (AMS *et al.*, 2012 : 5).

plus tant *via* l'organisation du travail (comme dans le taylorisme et ses évolutions), mais *via* une injonction à l'augmentation. Ainsi que le montrent les chercheurs Brian Bloomfield et Karen Dale (2015), le risque est celui de *normaliser des formes d'hyper-travail*, en incitant les travailleurs à repousser continuellement leurs limites aussi bien physiques que psychiques au-delà de ce qui est considéré comme « normal ». L'usage de technologies d'augmentation risque autrement dit de favoriser une adaptabilité accrue des individus à des normes de travail toujours plus exigeantes et contraignantes, au détriment d'une remise en question du contexte social et des conditions de travail elles-mêmes :

> *Enhancement technologies in the specific context of work can be understood as a matter of modifying the body so as to enable a correspondence between its capabilities and the demands of the task at hand. In other words, through enhancement technologies, workers can be fitted to more extreme jobs.* (Bloomfield & Dale, 2015 : 560)

Les milieux militaires et du sport professionnel en sont des exemples emblématiques. Le recours à la pharmacologie et notamment aux amphétamines pour doper les performances des soldats, notamment pour inhiber la peur ou lutter contre les effets du sommeil, est aujourd'hui courant (voir Rasmussen, 2008 ; Nouvel, 2009). De la même manière, dans les milieux du sport professionnel régulièrement secoués par les affaires de dopage, la panoplie des techniques visant à repousser les limites biologiques humaines, de l'EPO aux transfusions sanguines jusqu'aux perspectives d'un dopage génétique, n'a de cesse de se développer (Thompson, 2012). Les milieux militaires et sportifs ne sont toutefois pas les seuls concernés par cette intensification du travail et cette injonction au dépassement de soi.

Outre l'utilisation d'alcool et de diverses drogues pour tenir au travail, un certain nombre de milieux sont désormais concernés par le phénomène des *smart drugs*, expression qui « désigne spécifiquement les médicaments psychotropes qui ont pour effet la stimulation de l'attention, de la mémoire, de la concentration et, plus globalement, des performances cognitives » (Collin & Otero, 2015-2016 : 162). Ainsi que le soulignent les sociologues Johanne Collin et Marcelo Otero, l'utilisation détournée de ces médicaments – initialement destinés à traiter divers troubles de l'attention et de la concentration – s'observe aujourd'hui chez un nombre croissant d'étudiants sur les campus universitaires ainsi que dans plusieurs catégories socioprofessionnelles afin de tenir la cadence :

> Des étudiants y ont recours avant leurs examens ou pour terminer un travail de session dans des délais serrés, des camionneurs en consomment pour rester éveillés sur la route [...] des opérateurs financiers pour prendre de décisions éclairées en vitesse, des pilotes d'avion pour mieux gérer l'économie entre travail et repos, les musiciens des orchestres symphoniques pour exécuter plus précisément leurs partitions, les pharmaciens pour tenir bon de longues journées de travail, etc. (Collin & Otero, 2015-2016 : 163).

Comme le montre également le rapport britannique sur l'avenir du travail, il est à craindre que dans les emplois impliquant d'importantes responsabilités humaines, comme dans les domaines de la médecine et de la chirurgie, l'augmentation humaine finisse par se présenter comme une obligation morale pour contrer notamment les effets de la fatigue et faire face à l'intensification des conditions de travail (AMS *et al.*, 2012 : 38).

L'extension de manières extrêmes de travailler par les technologies d'augmentation concerne aussi la question d'une reconfiguration de la démarcation entre vie privée et vie professionnelle. De nouvelles pratiques telles que le contrôle biotechnologique de la procréation, proposées par certaines entreprises afin de permettre aux femmes salariées de se consacrer corps et âme à leur carrière contribuent à éroder toujours un peu plus cette frontière entre l'entreprise et l'individu. Les entreprises Facebook, Google et Apple proposent ainsi depuis quelques années à leurs employées une assurance-santé qui couvre les frais liés à la congélation des ovocytes, afin qu'elles puissent mettre en suspens provisoirement leur maternité et ne pas interrompre leur carrière productive (voir Lesnes, 2014). « Congelez vos œufs, libérez votre carrière » titrait ainsi le magazine *Business Week*, saluant ces nouvelles initiatives. Sous couvert d'émancipation des femmes, ces nouvelles pratiques normalisent plus que jamais l'hyper-travail sous une forme biomédicale, instillant de nouvelles pressions à la productivité et à la performance[9]. C'est aussi la porosité toujours plus avancée des frontières entre l'entreprise et le corps humain dont il est question, comme on le voit par exemple avec les implantations de micropuces de type RIFD (*Identification par radiofréquence*) que proposent certaines entreprises afin d'intégrer davantage leurs salariés à leur infrastructure technique. À la suite de l'entreprise suédoise Epicenter en 2014, l'entreprise belge New Fusion a ainsi

---

9 Selon Anne Weisberg, « dans les entreprises où le " tout-travail-tout-le-temps " est déjà la norme, les gens vont lire ce genre de politique non pas comme un encouragement à offrir plus de choix aux femmes mais comme : "voici ce que nous attendons de vous". » (citée dans Lesnes, 2014).

récemment proposé à ses employés de remplacer leur badge d'accès par l'implantation d'une puce sous-cutanée, leur permettant d'accéder au bâtiment (mais aussi à la photocopieuse...) par un simple geste de la main (voir David, 2017). Des employés techno-intégrés à la mégamachine capitaliste, voilà qui donne une résonnance plus actuelle et inquiétante que jamais aux thèses de Jacques Ellul sur le *système technicien* (Ellul, 1977).

Les répercussions de l'utilisation des avancées biomédicales à des fins d'amélioration des performances ne sont pas uniquement à redouter du point de vue des pressions que pourraient exercer les employeurs sur leurs employés. Le risque est aussi celui d'une internalisation et donc une acceptabilité plus grande des normes de performances par les employés eux-mêmes. Comme le soulignent en effet Dale et Bloomfield :

> *The more we define ourselves through the conceptual categories offered by the new enhancement technologies — for example, the self, its capacities and limits conceived in terms of brain chemistry — the more we open ourselves to new modalities of inspection and intervention while concomitantly being invited to discipline ourselves through the new technology so as to become aligned with the preferred subjectivities of the workplace and society beyond.* (Bloomfield & Dale, 2015 : 554).

Dans un modèle de gestion axé sur la performance et l'adaptabilité des employés, les avancées biomédicales et pharmaceutiques se présentent en effet comme de nouvelles ressources et opportunités pour les individus afin de se dépasser et de s'accomplir de manière profitable :

> *Employees themselves may elect to use HETs in order to gain employment or maximise their advantages within their career. Employees may view the use of HETs as an opportunity to close the gap between the demands of a job and their individual capabilities, or as a chance to compete better against others.* (Bloomfield & Dale, 2015 : 561)

On est au cœur du processus d'ultrasubjectivation néolibérale très bien décrit par Pierre Dardot et Christian Laval d'un individu qui cherche « à *travailler sur lui-même* afin de se transformer en permanence, de s'améliorer, de se rendre toujours plus efficace. » (Dardot & Laval, 2009 : 409).

L'utilisation de médicaments psychostimulants à des fins d'amélioration des performances s'avère ici encore instructive. Qualifiées en 2008 de « drogues de choix de l'entrepreneur » par le site *TechCrunch*, les *smart drugs*, rapporte le *Financial Times*, sont devenues populaires parmi les avocats du milieu de la finance, les banquiers et autres professionnels dans le but de gagner un avantage concurrentiel par rapport à leurs collègues (Cederström, 2016). Utilisées à des fins compétitives, elles s'inscrivent dans ces domaines dans une quête de performance individuelle parfaitement intériorisée. En référence à la célèbre analyse du sociologue Howard Becker sur les fumeurs de marijuana développée dans son ouvrage *Outsiders*, les chercheurs Johanne Collin et Marcelo Otero ont à cet égard forgé la notion éclairante d'*insiders* afin de décrypter sociologiquement le phénomène des *smart drugs*. Alors que les outsiders pouvaient recourir aux drogues pour fuir le travail, les *insiders* les utilisent pour au contraire mieux s'intégrer et s'adapter aux normes dans lesquelles ils se reconnaissent ou qu'ils considèrent du moins comme légitimes : « De toute évidence, les *insiders* ne cherchent point à s'évader fuyant leurs "responsabilités sociétales", ni encore moins à se rebeller en proposant de nouvelles formes d'organisation sociale alternatives. » (Collin & Otero, 2015-2016 : 172). Il ne s'agit plus ici de « se droguer » pour s'évader et fuir le monde, il s'agit au contraire de recourir à des substances psychotropes pour travailler plus et s'adapter toujours davantage aux normes en vigueur. Cederström le souligne également : « They use these drugs not to escape work and avoid responsibility but to be able to work more and better. » (Cederström, 2016). Le médicament devient dans cette perspective l'opérateur d'un travail du sujet sur lui-même, qui l'incite à *se transformer pour se conformer, se changer pour performer*. Là est le ressort psychopolitique de cette nouvelle *déviance conformiste*. Incitant à un rigoureux travail sur soi pour se dépasser toujours davantage, les technologies d'augmentation humaine encouragent en définitive l'expansion de phénomènes tels que le *workaholism*, qui désigne ces formes d'addiction au travail connaissant aujourd'hui une importante croissance (voir Griffiths, 2011 ; Fleming, 2016), au même titre que le *burn-out* et autres symptômes criant de la souffrance contemporaine au travail.

Conclusion

> Sans les normes techniques, l'économie planifiée est impossible. Par conséquent, les normes techniques nous sont nécessaires, mais des normes plus élevées. Hommes nouveaux, temps nouveaux, normes techniques nouvelles. (Staline)

À l'image hier du stakhanovisme – du nom du mineur soviétique Alekseï Stakhanov, érigé par la propagande stalinienne en modèle de travail et de productivité (Siegelbaum, 1988) –, le transhumanisme et l'idéologie de l'humain augmenté qu'il promeut ne représenteraient-ils pas le nouvel horizon productif des sociétés capitalistes contemporaines ? Avec pour ambition d'améliorer les performances humaines par le recours à la biomédecine, l'idéologie transhumaniste s'inscrit de fait parfaitement dans la logique productiviste du capitalisme en même temps qu'elle en radicalise considérablement la portée. Instillant de nouvelles pressions à la performance et une internalisation individuelle plus grande de ces exigences, la biopolitique de l'humain augmenté ouvre dans les milieux de travail à des formes d'exploitation inédites des corps et des subjectivités. Cette conception renouvelée de l'Homme-machine remet en définitive directement en cause une approche sociale et démocratique du travail (voir Cukier, 2018). Une telle conception de l'être humain comme individu qui doit sans cesse repousser ses limites au service d'une idéologie et d'une organisation sociale – qui, par ailleurs, se nourrit de cette volonté d'optimisation – pose en effet en bout de ligne la question de la pertinence de l'élaboration et de la mise en œuvre de politiques sociales.

Que ces dernières concernent la protection des travailleurs, leurs droits et plus largement la protection de la santé ou le traitement des inégalités, leur existence et leur légitimité se trouvent clairement interrogées par le modèle transhumaniste de l'humain augmenté. La responsabilisation individuelle et le solutionnisme technologique (Morozov, 2014 ; Huesemann & Huesemann, 2011 ; Rosner ed., 2004) s'imposent ici au détriment d'une réflexion poussée sur l'organisation et les conditions de travail. Comme le souligne à ce sujet l'agence européenne pour la sécurité et la santé au travail : « L'adaptation individuelle est le moyen employé pour répondre aux exigences du lieu de travail, au lieu de la nécessaire adaptation du travail à l'individu. » (EU-OSHA, 2015). Le développement des technologies d'augmentation et de ses effets dans le monde du travail appellent de ce point de vue une réflexion critique fondamentale qui ne saurait se résumer à l'idée aujourd'hui largement répandue d'une simple *régulation*. C'est le modèle capitaliste en lui-même et l'orientation sociale et politique plus générale des sociétés occidentales contemporaines qui sont en cause. À l'heure des biotechnologies et de l'exploitation à tous crins de la vie, l'émancipation du travail – une utopie portée par les penseurs socialistes originels qui, à l'image de Owen, Fourier, Proudhon ou Marx, rêvaient « d'un monde où l'on travaillerait non pas seulement moins, mais aussi plus librement et de façon plus satisfaisante » (Renaut, 2016 : 151) – est tout sauf une utopie obsolète.

Références bibliographiques

AMS (ACADEMY OF MEDICAL SCIENCES) – BRITISH ACADEMY – ROYAL ACADEMY OF ENGINEERING – THE ROYAL SOCIETY, 2012. *Human Enhancement and the Future of Work* [En ligne], London, The Academy of Medical Sciences. Mis en ligne en octobre 2012 (consulté le 02/07/2018). URL : https://acmedsci.ac.uk/file-download/35266-135228646747.pdf

ALEXANDRE Laurent, BESNIER Jean-Michel, 2016. *Les Robots font-ils l'amour ? Le transhumanisme en 12 questions*, Malakoff, Dunod.

AUBREY Bob, 2000. *L'Entreprise de soi*, Paris, Flammarion.

BAHNISCH Mark, 2000. « Embodied Work, Divided Labour: Subjectivity and the Scientific Management of the Body in Frederick W. Taylor's 1907 "Lecture on Management" », *Body & Society*, 2000, 6 (1), p. 51-68.

BÀRD Imre, 2012. « Pre-empting the threat of human deficiencies », *in* L. Pellizzoni & M. Ylönen, *Neoliberalism and Technoscience. Critical Assessments*, Farnham, Ashgate, p. 117-138 .

BLOOMFIELD Brian, DALE Karen, 2015. « Fit for work? Redefining "Normal" and "Extreme" through human enhancement technologies », *Organization*, 22 (4), p. 552-569.

BOLTANSKI Luc, CHIAPELLO Ève, 1999. *Le Nouvel Esprit du capitalisme*, Paris, Gallimard.

BOSTROM Nick, 2003. *The Transhumanism FAQ, A General Introduction, Version 2.1* [En ligne], [London], The World Transhumanist Association (consulté le 02/07/2018). URL : http://www.nickbostrom.com/views/transhumanist.pdf

—, 2005. « In Defense of Posthuman Dignity », *Bioethics*, 19 (3), p. 202-214.

BOSTROM Nick, SAVULESCU Julian, 2009. *Human Enhancement*, Oxford, Oxford University Press.

BRUNEL Valérie, 2008 [2004]. *Les Managers de l'âme. Le développement personnel en entreprise, nouvelle pratique de pouvoir ?*, Paris, La Découverte (Essais 288).

CEDERSTRÖM Carl, 2016. « Like It or Not, "Smart Drugs" Are Coming to the Office », *Harvard Business Review* [En ligne]. Mis en ligne le 19/05/2016 (consulté le 02/07/2018). URL : https://hbr.org/2016/05/like-it-or-not-smart-drugs-are-coming-to-the-office

CEDERSTRÖM Carl, SPICER André, 2016 [éd. originale : 2015]. *Le Syndrome du bien-être*, Paris, L'Échappée.

CLARKE Steve, SAVULESCU Julian, COADY Tony, GIUBILINI Albert, SANYAL Sagar (eds), 2016. *The Ethics of Human Enhancement. Understanding the Debate*, Oxford, Oxford University Press.

COLLIN Johanne, OTERO Marcelo, 2015-2016. « *Insiders, smart drugs* et pharmaceuticalisation : éléments pour une typologie de la nouvelle déviance conformiste », *Cahiers de recherche sociologique*, 59-60, p. 157-178.

CUKIER Alexis, 2018. *Le Travail démocratique*, Paris, PUF.

DARDOT Pierre, LAVAL Christian, 2009. *La Nouvelle Raison du monde. Essai sur la société néolibérale*, Paris, La Découverte.

DAVID Laurent, 2017. « Une puce RFID implantée à des salariés belges », *Objetconnecte.net* [En ligne]. Mis en ligne le 11/02/2017 (consulté le 02/07/2018). URL : http://www.objetconnecte.net/puce-rfid-cyborg-1102/

DVORSKY George, HUGHES James, 2008. « Postgenderism: Beyond the Gender Binary », *IEET* [En ligne], 3. Mis en ligne le 20/03/2008 (consulté le 02/07/2018). URL : http://ieet.org/archive/IEET-03-PostGender.pdf

ELLUL Jacques, 1977. *Le Système technicien*, Paris, Calmann-Lévy (Liberté de l'esprit 24).

EU-OSHA (Agence européenne pour la sécurité et la santé au travail), 2015. *Une analyse de l'avenir du travail : les médicaments qui améliorent les performances* [En ligne]. Mis en ligne le 20/11/2015 (consulté le 02/07/2018). URL : https://osha.europa.eu/fr/tools-and-publications/publications/future-work-performance-enhancing-drugs/view

FLEMING Peter, 2016. « The way to a better work-life balance? Unions, not self-help », *The Guardian* [En ligne]. Mis en ligne le 11/10/2016 (consulté le 02/07/2018). URL : https://www.theguardian.com/careers/2016/oct/11/way-to-better-work-life-balance-unions-not-self-help

FOUCAULT Michel, 1976. *Histoire de la sexualité*, vol. 1 : *La Volonté de savoir*, Paris, Gallimard.

—, 2004. *Naissance de la biopolitique. Cours au Collège de France. 1978-1979*, Paris, EHESS – Éd. du Seuil – Gallimard.

GRIFFITHS Mark, 2011. « Workaholism – a 21st-century addiction », *The Psychologist* [En ligne], 24, p. 740-744. Mis en ligne en octobre 2011 (consulté le 02/07/2018). URL : https://thepsychologist.bps.org.uk/volume-24/edition-10/workaholism-%E2%80%93-21st-century-addiction

HAYLES Katerine, 1999. *How We Became Posthuman. Virtual Bodies in Cybernetics, Literature and Informatics,* Chicago – London, The University of Chicago Press.

HOTTOIS Gilbert, MISSA Jean-Noël, PERBAL Laurence, 2015 (dir.), *Encyclopédie du trans/posthumanisme. L'humain et ses préfixes,* Paris, Vrin.

HUESEMANN Michael, HUESEMANN Joyce, 2011. *Techno-Fix. Why Technology Won't Save Us or the Environment,* Gabriola, New Society.

LAFONTAINE Céline, 2004. *L'Empire cybernétique. Des machines à penser à la pensée machine : essai,* Paris, Éd. du Seuil.

LE BON Thomas, 2015. « Le travailleur taylorien : une "figure" dépassée ? », *L'Homme & la Société,* 195-196 (1-2), p. 87-102.

LE DÉVÉDEC Nicolas, 2015. *La Société de l'amélioration. La perfectibilité humaine, des Lumières au transhumanisme,* Montréal, Liber.

—, 2018. « Unfit for the Future? The Depoliticization of Human Perfectibility, from the Enlightenment to Transhumanism », *European Journal of Social Theory* [En ligne]. Mis en ligne le 22/01/ 2018 (consulté le 03/07/2018). URL : http://journals.sagepub.com/doi/abs/10.1177/1368431017750974

LESNES Corine, 2014. « La vie privée surgelée », *Le Monde.fr* [En ligne]. Mis en ligne le 24/10/2014 (consulté le 03/07/2018). URL : https://www.lemonde.fr/m-actu/article/2014/10/24/facebook-et-apple-jettent-un-froid-sur-la-maternite_4511114_4497186.html

LINHART Danièle, 2015. *La Comédie humaine du travail. De la déshumanisation taylorienne à la sur-humanisation managériale,* Toulouse, Érès.

MARQUIS Nicolas, 2014. *Du bien-être au marché du malaise. La société du développement personnel,* Paris, PUF.

MEHLMAN Maxwell, 2009. *The Price of Perfection: Individualism and Society in the Era of Biomedical Enhancement,* Baltimore, Johns Hopkins University Press.

MIAH Andy, 2013. « Justifying Human Enhancement: The Accumulation of Biocultural Capital », *in* M. More & N. Vita-More (eds), *The Transhumanist Reader. Classical and Contemporary Essays on the Science, Technology, and Philosophy of the Human Future*, Chichester, Wiley-Blackwell, p. 291-301.

MOORE Phoebe, ROBINSON Andrew, 2015. « The Quantified Self: What Counts in the Neoliberal Workplace », *New Media & Society*, 18 (1), p. 2774-2792.

MOROZOV Evgeny, 2014. *Pour tout résoudre cliquez ici. L'aberration du solutionnisme technologique*, Limoges, FYP.

NOUVEL Pascal, 2009. *Histoire des amphétamines*, Paris, PUF.

PARENS Erik, 2000. *Enhancing Human Traits, Ethical and Social Implications*, Washington, Georgetown University Press.

QUEVAL Isabelle, 2008. *Le Corps aujourd'hui*, Paris, Gallimard (Folio. Essais 503).

RASMUSSEN Nicolas, 2008. *On Speed: The Many Lives of Amphetamine*, New York, New York University Press.

RENAULT Emmanuel, 2016. « Émanciper le travail : une utopie périmée ? », *Revue du MAUSS*, 48 (2), p. 151-164.

ROSE Nikolas, 2007. *The Politics of Life Itself. Biomedicine, Power, and Subjectivity in the Twenty-First Century*, Princeton – Oxford, Princeton University Press.

ROSNER Lisa (ed.), 2004. *The Technological Fix. How People Use technology to Create and Solve Social Problem*, New York, Routledge.

SANDBERG Anders, 2013. « Morphological Freedom – Why We Not Just Want It, but Need It », *in* M. More & N. Vita-More (eds), *The Transhumanist Reader. Classical and Contemporary Essays on the Science, Technology, and Philosophy of the Human Future*, Chichester, Wiley-Blackwell, p. 56-64.

SIEGELBAUM Lewis H., 1988. *Stakhanovism and the Politics of Productivity in the USSR, 1935-1941*, Cambridge, Cambridge University Press.

THOMPSON Helen, 2012. « Performance Enhancement: Superhuman Athletes », *Nature*, 487 (7407), p. 287-289.

Les nanotechnologies comme technologie transhumaniste

Franck DAMOUR
Ethics (EA 7446)
Université catholique de Lille

The best way to predict the future is to create it.
ROCO & BAINBRIDGE eds : 2002 : 94.

Depuis la fin de la guerre froide, une part du capitalisme américain ne pouvait plus autant s'appuyer sur le complexe militaro-industriel développé pendant la Seconde Guerre mondiale et la guerre froide. Les technologies émergentes ont pris le relais, se développant au rythme de bulles technologico-économiques qui, à coup de promesses, mobilisent capitaux fédéraux et privés : tout d'abord, la bulle informatique des années 1990, puis la bulle des biotechnologies de la fin des années 1990 et enfin la bulle des nanotechnologies au début des années 2000.

Cette dernière est d'autant plus emblématique qu'elle a mobilisé des fonds publics considérables. Le budget de la National Nanotechnology Initiative (NNI), lancée en 2000 par Bill Clinton, a sans cesse augmenté : 604 millions de dollars en 1999 pour atteindre 1,5 milliard en 2015, avec un cumul total dépassant les 20 milliards de dollars. Les investissements publics restent importants notamment parce que le capital-risque privé est demeuré plutôt hésitant devant des projets de recherche complexes, aux retombées commerciales peu évidentes ou à trop long terme. Ce secteur a été largement le fruit d'une politique scientifique. Par bien des aspects, les nanotechnologies ont d'abord été un programme politique avant de prendre forme sur le plan technique, ce qui explique la difficulté à identifier ce que le terme de « nanotechnologie » recouvre concrètement (Bensaude-Vincent, 2009 ; Joachim, 2008 ; Guchet, 2014).

Les nanotechnologies ont donné lieu à de nombreuses publications, analysant le régime technoscientifique qui s'est mis en place et diffusé à cette occasion[1]. Souvent, les liens entre les nanotechnologies et le transhumanisme ont été relevés, ce qui ne surprend guère. En effet, dans la perspective transhumaniste, les nanotechnologies doivent permettre à l'homme de dépasser sa condition tant biologique que terrestre, perspective adoptée dans *Engins de création*, le livre de Eric Drexler qui a joué un rôle fondateur dans le développement de la « bulle nano ». Francis Chateauraynaud a noté que « la diffusion [d'*Engins de création*] a servi d'appui à la production narrative d'un point de basculement – *turning point* –, qui a suscité une immense littérature menant de la philosophie des sciences à l'économie de l'innovation ou la régulation des risques » (Chateauraynaud, Doury & Trabal coord., 2012 : 19). En effet, le transhumanisme participe de toute évidence d'un imaginaire riche de promesses dont se nourrit le complexe technoscientifique et qui alimente une « économie des promesses » (Audetat dir., 2015).

Est-il possible d'aller plus loin que ces rapprochements ? Il faudra d'abord, lorsqu'on parle de « transhumanisme », préciser ce dont il s'agit au moment donné : est-ce un mouvement de pensée, une idéologie, un imaginaire plus large, nourri par la science-fiction (Michaud, 2017 ; Thacker, 2001) ? Quel rôle exact joue le transhumanisme dans ces projets industriels ? Comment et pourquoi le capitalisme américain, qu'il soit fédéral ou privé, a-t-il été mobilisé par l'imaginaire transhumaniste ? Le développement des nanotechnologies, à la fin du XXe siècle et au début du XXIe siècle, constitue un poste d'observation privilégié pour apporter quelques éclairages sur la rencontre du transhumanisme et du capitalisme aux États-Unis.

Nous nous proposons de discuter le parcours de deux figures importantes de l'histoire des nanotechnologies américaines, Eric Kim Drexler et William Sims Bainbridge, tous deux liés au mouvement transhumaniste de la fin du XXe siècle. En nous centrant sur ces figures, nous mettons l'accent sur la vision qui structure le processus technologique. En effet, l'approche sociologique de l'acteur-réseau a mis en lumière un modèle tourbillonnaire où l'innovation est le fruit de transactions et de traductions incessantes sans que l'on puisse assigner un point de départ. Mais si le processus aboutit, c'est aussi du fait d'une vision commune, d'un projet qui sert de ressource imaginaire

---

1 Isabelle Bruno a montré comment les nanotechnologies ont été le fer de lance de la diffusion de nouvelles méthodes de management actant le passage du chercheur à l'ingénieur-entrepreneur en Europe (Bruno, 2008).

avec laquelle chacun négocie[2]. Un tel projet, dans le régime contemporain des technosciences, est souvent porté par des personnes qui sont à la fois ingénieurs et entrepreneurs. Drexler et Bainbridge sont la parfaite incarnation de ceux que Patrick McCray a appelés les « visioneers » : des ingénieurs animés par une vision, soucieux de convaincre la société, de créer des réseaux autour de leur projet industriel (McGray, 2013). Ils nous serviront de guide pour cerner de quelles façons les conceptions transhumanistes ont été mobilisées dans la mise en place d'un nouveau secteur industriel aux États-Unis au début du XXIe siècle, tout en ayant bien conscience de la complexité d'un tel processus qui ne saurait être réduit à l'action de quelques individus.

Nous nous pencherons d'abord sur l'intuition initiale de Eric Drexler : il a proposé une vision des nanotechnologies qui a joué de multiples rôles au long de la structuration des nanotechnologies, vision largement enracinée dans l'imaginaire transhumaniste. William Sims Bainbridge intervient plus tard dans le déploiement du programme gouvernemental, notamment en se faisant le promoteur d'une convergence technologique.

La nanotechnologie rêvée de Eric Drexler

L'histoire des nanotechnologies ne se réduit certes pas à celle de Eric Drexler. Mais celui-ci a porté sur le devant de la scène une utopie *ingénieuriale* qui a joué un rôle de catalyseur dans la création des nanotechnologies. En resserrant la focale sur le seul Drexler, nous voulons isoler les éléments propres au transhumanisme qui n'est à cette date qu'un mouvement embryonnaire, à peine une idéologie, plus largement un imaginaire porteur d'utopies.

L'histoire a été souvent rapportée : Eric Drexler, physicien au MIT, a lancé au début des années 1980 l'idée d'un nouveau type de technologies qui introduirait une rupture radicale dans l'histoire de l'humanité. Les nanotechnologies dessinées par Drexler, dans son livre à succès *Engines of creation* (Drexler, 1986)[3], ont dans un premier temps inspiré le vice-président Al Gore en quête de réponses au défi des incertitudes environnementales et

---

[2] Comme l'ont montré Alexandre Koyré ou Karl Popper, il n'y a pas de science sans « programme métaphysique de recherche » : le scientifique et l'ingénieur ont besoin de finalités et de représentation du monde. Cette dimension est « particulièrement centrale dans le cas particulier des biotechnologies et des nanotechnologies, car à l'échelle du nanomètre, il n'y a aucun moyen de faire la différence entre l'inerte et le vivant. » (Bensaude-Vincent, Larrère & Nurock dir., 2008 : XVII).

[3] Je renvoie à l'introduction de Bernadette Bensaude-Vincent pour la traduction française de ce livre (Bensaude-Vincent, 2005).

économiques. Le rapport qui décrit les contours de la National Nanotechnology Initiative (NNI) à l'origine de l'industrie des nanotechnologies aux États-Unis écarte la vision de Drexler au profit d'une approche plus classique, dans la lignée des industries de la miniaturisation. L'ironie de l'histoire est que l'équipe mise en place par Mihaïl Roco pour élaborer ce rapport compte un autre transhumaniste dans ses rangs – William Sims Bainbridge. Les deux hommes publieront ensuite le fameux rapport NBIC sur la convergence technologique (Roco & Bainbridge eds, 2002). Si Eric Drexler semble avoir finalement échoué, son travail n'en a pas moins joué un rôle clé, car *Engins de création* a été un ouvrage performatif par bien des aspects.

Quitter la terre

Eric Kim Drexler a grandi dans une famille de scientifiques, passionnés par les voyages spatiaux et les enjeux écologiques[4]. Encore adolescent, la lecture de *Limits to Growth*, le rapport du club de Rome de 1972, constitue un choc : ce monde infini qu'il s'imaginait parcourir devenait d'un seul coup étriqué. Seule la perspective de quitter la terre lui semble relever le défi – « I probably won't die on this planet », a-t-il pu écrire (Drexler, 1977 : 104). À l'été 1973, Drexler entre au MIT, et prend rapidement contact avec le physicien Gerard O'Neill, de Princeton, qui depuis quelques années cherche un modèle viable techniquement de colonisation spatiale. Ses réflexions sont synthétisées dans un article de 1974 qui dresse un inventaire des techniques immédiatement disponibles : satellite à énergie solaire, utilisation de la gravité des astres, des ressources en minerais de la lune ou d'autres astéroïdes, identification du point de Lagrange L5 comme localisation idéale d'une station spatiale (O'Neill, 1974).

En août 1975, Carolyn et Keith Henson, un couple d'ingénieurs, fondent la société L5 pour diffuser les idées d'O'Neill : forte de plusieurs milliers de membres, elle conduit une intense activité de lobbying par ses comités locaux et sa publication mensuelle, menant avec succès une campagne contre la ratification du traité sur la lune des Nations unies en 1979-1980. Eric Drexler a été une cheville ouvrière de L5 jusqu'en 1984, organisant en 1974 le premier congrès sur la colonisation spatiale à Princeton, en lien avec la NASA et la NSF, animant le MIT Space Habitat Study Group, tout en devenant le premier assistant de Gerard O'Neill dans ses recherches (L5

4 Eric Drexler a explicité la genèse de sa vision (Drexler, 2013 : 84-89).

News, 1975 : 6), l'aidant notamment à mettre au point son best-seller *The High Frontier* (O'Neill, 1977)[5].

Dans un article de 1977, « The space colonies Idea » (Drexler, 1977), Drexler dresse un bilan de l'avancée de ce projet dans l'opinion publique. Il le décrit comme une utopie permettant à l'humanité de s'affranchir de l'étroite terre et de ses pesanteurs politiques[6]. Cette utopie est intimement liée à un rêve d'émancipation biologique, tourné vers « nos descendants transhumains » : le mot est dans l'air du temps, comme en témoignent les écrits de deux théoriciens du transhumanisme, le fondateur de la cryonie Robert Ettinger et le futurologue FM-2030 (Ettinger, 1972 ; FM-2030, 1973 ; Damour, 2018). Drexler développe un argumentaire qui annonce celui que développeront quelques années plus tard les principaux théoriciens du mouvement transhumaniste, Nick Bostrom, Max More ou Anders Sandberg. Cet article montre bien que le transhumanisme cherche à élaborer ce que Sheila Jasanoff définit comme un « imaginaire sociotechnique » : une « vision détenue collectivement, stable sur le plan institutionnel et publiquement représentée d'un futur désirable, animé d'une même manière de penser la vie sociale et l'ordre social, accessible *via*, et donc encourageant, les avancées de la science et de la technologie » (Jasanoff & Sang-Hyun, 2015 eds : 4). Drexler critique diverses attitudes en face de la crise écologique, renvoyant dos à dos ceux qui ne veulent pas la voir, ceux qui misent sur la décroissance, ceux qui attendent tout d'un changement spirituel intérieur ou encore « ceux qui sont convaincus que la race humaine doit être raffinée et améliorée (en cuisinant sur une Terre-boîte-de-sardine) avant de se déplacer vers l'espace [… Or, sur] cette planète, il existe une multitude de dangers pour la survie de sociétés attrayantes et pour la survie de la civilisation elle-même. L'espace ne peut pas nous sauver, mais il semble offrir un plus grand espoir ! » (Drexler, 1977 : 108).

Pour Drexler, la colonisation spatiale est donc la réponse aux limites de notre condition terrestre. Reste à trouver les moyens d'aller dans l'espace infini, car la solution de Gerard O'Neill est une simple étape : Drexler entend voyager loin, ce qui suppose de gagner du temps.

---

5 P. McCray a décrit *l'histoire de ce mouvement spatial californien, qui se prolonge jusqu'à Space X d'Elon Musk* (McCray, 2012).

6 Dans la lignée du contexte apocalyptique qui a accompagné la conquête spatiale à partir des années 1950, puis les recherches sur l'*Artificial Life* dans les années 1980-1990 (Noble, 1997).

Vaincre le temps

En effet, pour pouvoir coloniser l'espace, s'affranchir des distances, il faudrait que l'homme s'affranchisse aussi du temps. C'est sans doute en réfléchissant aux différentes possibilités que Eric Drexler s'est intéressé à la possibilité de la cryonie.

Dans *Engins de création*, Drexler indique ses deux sources d'inspiration : Richard Feynman et Robert Ettinger. Feynman, prix Nobel, spécialiste de physique quantique, sert de caution : Drexler a exhumé la conférence donnée par Feynman en 1959 à la réunion de l'American Physical Society, qui eut sur le moment peu d'échos, mais qui est devenue depuis une référence majeure : « There's plenty of room at the bottom »[7]. Dans un entretien avec le journaliste scientifique Ed Regis, Drexler explique qu'il ne prit connaissance de la conférence de Feynman qu'en 1979. Or, c'est dès l'hiver 1976 que, pour la première fois, Drexler évoque ces robots miniatures, à propos de la congélation des corps humains (Regis, 1990 : 3 ; 119)[8]. À cette date, Drexler a par contre déjà lu Ettinger :

> Le livre original de Robert Ettinger, par exemple, décrit la fabrication éventuelle de « machines de chirurgie énormes », capables de réparer les tissus « cellule après cellule, ou même molécule par molécule pour les endroits critiques ». (Drexler, 2005 : 168 ; Drexler, 1981)

Voici restitué le cheminement de Eric Drexler : l'accomplissement et le sauvetage de l'humanité grâce à la colonisation spatiale ; la nécessité de la cryonie pour les voyages spatiaux ; les nanotechnologies comme nouvelle technologie permettant de réaliser la cryonie. Ce cheminement a abouti à *Engins de création*, le livre qui fut le grand moment de la carrière de Drexler[9].

---

7 E. Drexler exhume la conférence de Feynman de 1959 pour donner *a posteriori* une autorité tutélaire à sa vision (Tourney, 2005). Feynman a reconnu avoir emprunté son idée à son ami Albert R. Hibbs, un ingénieur du Jet Propulsion Laboratory, qui lui-même l'avait trouvée dans une nouvelle de Robert Heinlein…

8 Il fut contacté dès cette date par les fondateurs d'Alcor pour les aider, bientôt rejoint par Chris Ashworth et par Hans Moravec.

9 *Engins de création* a connu un retentissement mondial pour ses qualités propres et aussi, car il a été publié à un moment opportun : l'année où le prix Nobel est accordé à Gerd Binnig et Heinrich Rohrer, les deux chercheurs du laboratoire IBM qui ont mis au point le microscope à effet tunnel en 1981. Ce microscope utilise un phénomène quantique, l'effet tunnel, pour observer des objets de taille nanométrique.

Les perspectives offertes par la vision drexlerienne ont rencontré un écho au sein de la mouvance transhumaniste qui se structure à partir de la fin des années 1980 avec la création du mouvement *Extropy*. Créé par Max More en 1988, il recrute au sein de trois cercles que Drexler connaissait aussi : les milieux cryonistes (les locaux de l'Alcor Life Extension Foundation servent de lieu de rassemblement), l'association L5 et tous ceux qui se reconnaissent dans la définition des transhumains donnée par FM-2030 (Damour, 2018). *Engins de création* a suscité d'autant plus l'intérêt des extropiens que nombre d'entre eux sont proches de Eric Drexler. Ainsi, les spécialistes des nanotechnologies pour *Extropy* sont deux animateurs du Foresight Institute créé par Drexler : Ralph Merkle et John Storrs Hall, ce dernier étant par ailleurs modérateur du groupe « nano » au sein du réseau Usenet (*Extropy*, 1991-1992 : 3)[10]. D'ailleurs, lorsqu'on analyse la composition des participants de la *mailing-list* d'*Extropy* à ses débuts, on dénombre plusieurs scientifiques travaillant au sein des premiers laboratoires de recherche en nanotechnologie, bien avant l'arrivée de la manne publique[11]. Le second cercle drexlerien est constitué de plusieurs membres du projet *Xanadu* développé par Ted Nelson, théoricien de l'hypertexte : sont membres de la *mailing-list* extropienne Mark Miller, Ravi Pandya et Marc Steigler, trois des huit membres exécutifs du projet *Xanadu*, mais aussi l'économiste Robin Hanson qui travaille à ce moment-là au sein de *Xanadu*. Drexler y a œuvré aussi en 1988, notamment avec Mark Miller, développant des processus algorithmiques (Drexler & Miller, 1988 : 172). *Xanadu* constitue pour Drexler un projet décisif, au point de lui consacrer l'avant-dernier chapitre de *Engins de création*.

Au total, le groupe des drexleriens est le plus important au sein de la liste extropienne à ses débuts. Eric Drexler paraît ainsi comme le second inspirateur du mouvement, aux côtés de Max More. Le transhumanisme est un terreau de la vision drexlerienne des nanotechnologies d'une part en apportant des ressources théoriques (celle de Robert Ettinger eut une influence directe), d'autre part en proposant un milieu où cultiver ses idées.

---

10 La page « Hpluspedia » du *Wikipédia* transhumaniste recense les liens où le magazine *Extropy* est encore accessible.

11 Ces *mailing-lists* ont été partiellement archivées et sont accessibles sur internet. Par exemple, http://diyhpl.us/~bryan/irc/extropians/raided-mailing-list-archives/other-docs/ (consulté le 15 avril 2018). Cf. Damour, 2018.

Un futur anticipé

Un chapitre de *Engins de création* est significativement intitulé « Limits to Growth » et un autre « Engines of Abundance » : les nanotechnologies sont présentées comme apportant une alternative aux limitations des ressources naturelles, dévoilant d'emblée leur nature utopique si l'on suit Hans Jonas pour lequel l'abondance matérielle est « la première requête de l'utopie » (Jonas, 1979 : 347). Drexler annonce une nouvelle ingénierie qui renouvellerait radicalement la façon dont les sociétés humaines se développent : alors que les techniques humaines devaient enlever de la matière pour fabriquer quelque chose, avec les nanoassembleurs la matière sera construite selon une démarche ascendante (*bottom-up*). Cette technologie nouvelle rend l'évolution obsolète : l'homme va pouvoir la prendre en main de façon efficace.

Drexler n'appuie pas cette promesse sur une technologie déjà présente, mais à venir. Comme l'a bien décrit Sacha Loeve, « il n'est pas absurde de dire que le futur des nanotechnologies a existé avant leur présent. C'est une approche que Drexler revendique et qu'il nomme “design anticipé”. » (Loeve, 2009 : 45). Drexler entend décrire le futur de la technologie pour qu'il puisse orienter le développement de la technologie actuelle. La notion de design est polymorphique, à la fois dessein, dessin et construction (Minsky, 2005 : XXXIV). La singularité de Drexler tient dans la formule « engins de design » : voilà un design sans sujet, *designer*, sans sujet, où l'objet technique est lui-même porteur de design. Cela se comprend à la lecture du chapitre où le design est décrit comme « alternative à l'évolution » : au fond, le « design anticipé » nous embarque dans un récit déterministe où la différence entre le biologique et le technologique s'est totalement évanouie. « Bio is nano » est un mantra que Drexler n'a de cesse de répéter, impliquant tout à la fois une vision de la technologie, de la matière et de l'histoire. Le « design anticipé » est une hypothèse performative, pour faire apparaître un monde qui n'est pas.

En lisant Robert Ettinger, Eric Drexler a déjà rencontré ce mode de pensée. En effet, dans *L'Homme est-il immortel ?*, Robert Ettinger met en œuvre un « design anticipé » avec l'idée de la future réparation des dommages cellulaires produits par la congélation :

> Des preuves rigoureuses, absolues, des futures possibilités de la science, ne peuvent, bien entendu, être données. [...] Nous ne pouvons pas prouver que les savants de l'avenir pourront nous réparer et nous rajeunir, mais il est néanmoins possible de nous en convaincre. (Ettinger, 1964 : 66)

Ettinger décrit l'immortalité biologique non pas comme un objectif, mais comme une réalité que nous refusons d'accepter par habitude. Le « design anticipé » que propose Ettinger a pour effet de réorganiser la société présente à partir de ce futur. Non seulement il dessine le développement à venir de la technologie, mais il réordonne *hic et nunc* la société, reconfigure les valeurs par une véritable révolution culturelle, remettant en question jusqu'à la notion d'identité personnelle[12]. Aux yeux de Ettinger, la mise en marche autour d'un tel objectif commun aura dès à présent des effets de pacification. De même Eric Drexler, comme on l'a vu, confère une dimension sociale aux technologies : dans *Engins de création,* il décrit comment les progrès technologiques vont transformer en profondeur le débat démocratique (chapitre 13), l'accès au savoir (chapitres 14 sur l'hypertexte), autant d'avancées qui anticipent l'avènement des mondes d'abondance du futur.

La National Nanotechnology Initiative (NNI) : les nanotechnologies comme idéologie

Drexler ostracisé

Eric Drexler applique pour son livre les mêmes méthodes que celles mises en œuvre pour défendre les thèses de Gerard O'Neill : en 1985, il s'installe en Californie avec son épouse Christine Peterson et fonde le Foresight Institute, afin de promouvoir le développement des nanotechnologies. Cette association a servi de tribune, d'organe de propagande et de défense des thèses de Drexler. En octobre 1989, la première conférence du Foresight Institute, à Stanford, rassemble 150 chercheurs de Du Pont, AT&T, Sun, Xerox, IBM, MIT, Yale, etc. La même année, Eric Drexler est invité au Forum de Davos et délivre à Stanford le premier cours académique en nanotechnologie. Il fonde en 1991 l'Institute for Molecular Manufacturing afin d'attirer des investisseurs pour financer la recherche sur des nanobots. Le 26 juin 1992, il présente lors d'une audition au Sénat américain son projet, obtenant le soutien du sénateur Al Gore, en quête d'un renouveau technologique qui permettrait aux États-Unis à la fois de relever le défi écologique et celui de la concurrence mondiale. Mais, finalement, l'idée d'une révolution technologique a été remplacée par un projet industriel

---

[12] Cette question est essentielle pour les penseurs transhumanistes Max More et Nick Bostrom, les conduisant notamment à étudier le philosophe Derek Parfit (1942-2017), notamment son maître-livre *Reasons and Persons* (1984) qui transforma profondément la philosophie morale en plaçant au centre de la réflexion éthique la question de l'identité personnelle ainsi que celle du bien-être des générations futures.

somme toute classique. Drexler a été doublé par un lobby dirigé par Mihail Roco, de la National Science Foundation (NSF).

Cet ancien professeur de mécanique accède en 1990 à la tête du département d'ingénierie de la NSF. Membre de divers comités de veille technologique et de gestion des risques à travers le monde, ingénieur reconnu, il est l'homme de la situation et fédère autour de lui le lobby qui élabore la NNI. Ce lobby est constitué à l'origine par des chercheurs mandatés par la NSF à partir de novembre 1996 pour réfléchir au développement des nanotechnologies. Au même moment la NASA, le DOE (Department of Energy) et le DOD (Department of Defense) conduisent eux aussi des ateliers de réflexion, publiant une série de rapports au cours de l'année 1998. Un groupe de travail commun s'est constitué la même année, le Interagency Working Group on Nanotechnology (IWGN). Cette activité a attiré l'attention d'entreprises privées, notamment issues de la chimie et de l'électronique, jusqu'à constituer en 2001 une Nanobusinesse Alliance. Très vite, l'approche de Eric Drexler a été rejetée au profit de celle qu'a développée Richard Smalley, prix Nobel de chimie, qui proposait une démarche plus en phase avec les pratiques industrielles existantes (Klein, Bontems & Grinbaum, 2008 : 67). Significativement, dans leur rapport de septembre 1999 : *Nanotechnology. Shaping the world atom by atom*, les rédacteurs de l'IWGN mentionnent 13 fois le nom de Richard Feynman et jamais celui de Drexler.

Avec la NNI, les acteurs industriels classiques de la microélectronique sont devenus les principaux acteurs de la nanotechnologie. Les microtechnologies ont capturé à leur bénéfice le nom (et les capitaux) des nouvelles technologies « anticipées » par Drexler…

Drexler mobilisé

Et pourtant Drexler reste présent dans le dispositif de la NNI. La vision de Drexler fonctionne d'abord comme force de mobilisation. S'il écarte Drexler et son rêve d'une ingénierie de rupture, le projet NNI en conserve la perspective temporelle : la *road map* des NNI fonctionne comme une fusée à plusieurs étages. Sa trajectoire est assurée, définie, combinant des scénarios à court terme et hautement prévisibles (les deux premières « générations » de technologies où seront développées des « nanostructures passives » comme des matériaux nanostructurés, puis des « nanostructures actives » comme des capteurs ou des médicaments vectorisés) à des ruptures révolutionnaires (la troisième qui correspond à des nanosystèmes en robotique par exemple et surtout la quatrième génération avec des nanosystèmes moléculaires de type

« drexlerien » même si le nom de ce dernier est soigneusement omis ; Bensaude-Vincent, 2015).

Ensuite, bien que cela semble contradictoire, la vision de Drexler sert de repoussoir. En effet, Eric Drexler a envisagé la possibilité que la nouvelle technologie soit responsable d'une catastrophe. Dès son article pionnier de 1981, il évoque ces risques avant d'en préciser le contenu dans *Engins de création* : les nanomachines pourraient s'autorépliquer de façon incontrôlée, épuisant toutes les ressources. Cette image d'une *grey goo* (glue grise) a généré une polémique, mobilisant des experts (le célèbre article de Bill Joy, en avril 2000, « Pourquoi le futur n'a pas besoin de nous », les revues académiques *Scientific American*, qui en 2001 présente Drexler comme un « futurologue », ou *Chemical and Engineering News*, qui accueille deux ans plus tard la polémique conduite par Richard Smalley), des romanciers (le roman *Proie* de Michael Crichton), des ONG (la canadienne ETC, relayée par Greenpeace), conduisant Bill Clinton à renforcer la dimension critique dans le programme de la NNI : un des effets de cette polémique est d'avoir contribué à diffuser la démarche ELSI (pour *Ethical Legal and Societal Impacts*) dans les entreprises (Thoreau, 2012)[13]. Josh Wolfe, directeur de l'entreprise de capital-risque Lux Capital spécialisée dans les technologies émergentes (et dont les études servent de base à l'évaluation de la NNI par la NSF) a souvent dénoncé la vision « hype » de Eric Drexler, nocive, selon lui, car risquant d'effrayer le public : à ses yeux, Drexler est le plus grand risque des nanotechnologies… Ce qui lui permet de présenter l'action des entreprises du secteur comme responsable (Berube, 2004 : 24). Cette communication est adoptée par d'autres entreprises du secteur comme Zyvex Corporation, IBM ou Intel[14]. Ainsi après avoir permis de mobiliser les énergies en proposant une technologie de rupture, la radicalité de la vision de Drexler mobilise par les peurs qu'elle suscite.

Le « design anticipé » de Drexler offre une double sécurisation pour les investisseurs : il permet un « verrouillage technologique », phénomène bien connu des historiens de la technique : lorsque tous les acteurs d'un système technique ont adopté des stratégies cohérentes entre elles, tissant des liens économiques, sociaux, techniques, culturels et institutionnels, ils ont tendance

---

13 Une des nouveautés des nanotechnologies réside dans leur volonté d'innovation « responsable » : la NNI consacre 10 % de son budget au programme ELSI, soit le double du budget consacré par le programme de décryptage du génome humain dix ans plus tôt. Le changement n'est pas seulement quantitatif : la démarche ELSI est intégrée à la stratégie de développement pour faciliter l'acceptation sociale.

14 Comme le rapporte la presse spécialisée de l'époque (Kary, 2002).

à n'accepter que les innovations qui concordent avec ces stratégies. Mais, dans le cas présent, ce verrouillage a lieu par anticipation, avant que la technologie n'existe, ce qui a pour effet de consolider plus fortement encore les positions. Enfin, l'annonce d'une possible catastrophe instaure un « verrouillage éthique » en réduisant le champ de l'analyse éthique, en l'intégrant en amont ce qui permet ainsi de le clore en aval. Ce double verrouillage, technologique et éthique, constitue le principal intérêt du « design anticipé »[15].

Pour décrire le rôle joué par le transhumanisme au sein du processus d'innovation, nous pouvons reprendre les idées développées par Patrice Flichy sur l'imaginaire d'Internet (Flichy, 2001)[16]. S'inscrivant dans la lignée de certains travaux américains d'histoire des techniques, tels ceux de Leo Marx ou de David Nye, Flichy entend réhabiliter le rôle de l'imaginaire dans le processus d'innovation : un imaginaire, en donnant une apparence presque tangible à des concepts ou des idéaux abstraits, permet aux acteurs de l'innovation de coordonner leurs actions. Négocié et accepté par tous, il devient implicite. Ainsi, Flichy montre que les imaginaires des communautés qui ont inventé Internet sont encodés dans l'objet technique, tout comme les compromis autour de ces imaginaires. Pascal Flichy construit un modèle d'analyse qui reprend la dialectique entre idéologie et utopie de Paul Ricoeur : l'utopie et l'idéologie constituent les deux pôles de l'imaginaire social, entre changement et stabilité. L'utopie est construction d'alternatives, exploration des possibles alors que l'idéologie est essentielle pour légitimer le pouvoir et souder l'identité d'un groupe. L'objet technologique est pris dans une dynamique : utopie-rupture, il peut donner naissance à un projet avant de devenir le support d'une idéologie de mobilisation ou idéologie-masque. Les nanotechnologies telles qu'imaginées par Drexler constituent un de ces objets technologiques autour desquels se négocie le processus technologique. Incarnant une utopie de rupture à ses débuts (dans le livre de Drexler), il a ensuite été rejeté au statut d'utopie-fantasmagorie (dans les réseaux transhumanistes) au moment où le projet industriel se mettait en place. Cependant, pour continuer à attirer les capitaux et les énergies, il est devenu une idéologie de mobilisation (dans la *road-map* de la NNI) et aussi une idéologie-masque (avec la menace d'une catastrophe). À la différence des

---

[15] Depuis le milieu des années 2010, il est à nouveau mobilisé dans le cadre des industries dites de l'Intelligence artificielle avec la dénonciation de la menace d'un « risque existentiel » que représenterait une IA globale.

[16] Je remercie Alberto Romele d'avoir attiré mon attention sur cet article.

imaginaires d'Internet, le « design anticipé » de la nanotechnologie drexlerienne n'a pas encodé les nanotechnologies, mais plutôt le dispositif qui les accompagne : le régime des promesses, la méthode ELSI, la notion de technoscience, etc. (Bensaude-Vincent, 2009).

Aussi est-il assez logique que ce soit sous la forme d'un paradigme sociotechnique – celui de la convergence – que l'imaginaire transhumaniste ait continué à jouer un rôle dans le développement des nanotechnologies. Ce paradigme de la convergence a été notamment promu par William Sims Bainbridge.

La convergence comme paradigme

La convergence pour enclore le futur

Le lobby conduit par Mihaïl Roco entreprend, pour accompagner le lancement de la NNI, une entreprise de mobilisation des esprits autour d'un programme riche de promesses technoscientifiques annoncé dans le rapport NBIC. Une abondante littérature permet de l'étudier, nous n'en reprendrons que quelques éléments pour nous intéresser aux liens avec le transhumanisme.

Cette idée de convergence apparaît dès les études préparatoires à la NNI. Le Groupe de travail interagences sur les nanosciences, l'ingénierie et la technologie (IWGN) la mobilise dans son rapport de 1999. James Canton – un futurologue, ancien élève de FM-2030 et familier des réseaux transhumanistes, qui a créé en 1990 un Institute for Global Future (Canton, 2015 : 335) – y fournit le modèle de ce qui s'appellera plus tard convergence NBIC :

> La convergence de la nanotechnologie avec les trois autres outils électriques du XXIe siècle – ordinateurs, réseaux et biotechnologies – fournira de nouveaux choix puissants jamais vus dans aucune société à aucun moment de l'histoire de l'humanité. (Canton, 1999 : 179)

Au début de l'année 2000, le sous-comité en charge des *Nanoscale Science, Engineering, and Technology* au sein du National Science and Technology Council, est sollicité par la NSF pour organiser un séminaire d'où est sorti le rapport *Societal implications of nanoscience and nanotechnology*, premier des rapports coédités par Roco et Bainbridge. Il s'ouvre avec ces mots :

> Une révolution se produit dans la science et la technologie, basée sur la capacité récemment développée de mesurer, manipuler et organiser la matière à l'échelle nanométrique – 1 à 100 milliardièmes de mètre. À l'échelle nanométrique, la physique, la chimie, la biologie, la science des matériaux et l'ingénierie convergent vers les mêmes principes et outils. (Roco & Bainbridge, 2001 : 1)

La convergence est posée comme un fait jamais démontré : elle ne décrit pas le passé ni le présent, mais se pose comme un futur édicteur de normes, fonctionnant comme le « design anticipé » de Drexler. En la naturalisant, Roco et Bainbridge contournent toute discussion sur sa finalité[17]. Le rapport NBIC, fruit d'une succession de séminaires animés par Roco et Bainbridge, prolonge ce travail. Ce rapport, s'il n'est pas doté d'un budget pour financer des projets spécifiques, est composé exactement comme un rapport officiel. Le programme NBIC sert surtout à extrapoler les potentialités de la NNI. La finalité déclarée est d'« améliorer » les performances humaines – physiques, mentales, sociales, éducatives – *via* l'intégration des technologies convergentes à l'évolution humaine :

> La convergence de diverses technologies est basée sur l'unité de la matière à l'échelle nanométrique et sur l'intégration de la technologie à partir de cette échelle. [...] À ce moment de l'évolution technique, l'amélioration de la performance humaine grâce à l'intégration des technologies devient possible. (Roco & Bainbridge eds, 2002 : p. IX)

Le ton prophétique, les prédictions sans fondement ont été l'objet de nombreuses critiques.

William Sims Bainbridge, un ingénieur social

Leurs auteurs, au premier rang desquels Jean-Pierre Dupuy, ont souvent rapproché cette dimension technoprophétique de la présence de William Sims Bainbridge comme corédacteur du texte. Le philosophe français, dans son article pionnier sur la question pour le public francophone, s'alarmait :

> On reçoit cependant un choc en découvrant que l'un des deux responsables de la publication, William Sims Bainbridge, technocrate influent de la NSF, milite dans la vie civile au sein d'une secte qui prêche le « transhumanisme », c'est-à-dire le dépassement de l'imparfaite espèce humaine par une cyberhumanité. (Dupuy, 2004 : 414)

Après avoir travaillé au sein du département de sociologie de l'Université de Washington, il entre à la NSF en 1992 au département des Sciences sociales, comportementales et économiques, puis à partir de 2001 prend la direction du département Information, systèmes cognitifs et interactions

---

[17] J. Schummer a relevé les enjeux internes : l'une de ces finalités est de briser les murs entre les disciplines, à l'image de la structure de la NNI qui est comme une « méta-agence » : la structure politique vient créer une nouvelle structuration des sciences (Schummer, 2008).

homme/machine. Le personnage a de quoi intriguer par son parcours tout à la fois brillant sur le plan académique et singulier par ses objectifs. Bainbridge est un sociologue des religions. Il a étudié notamment les mouvances religieuses parascientifiques comme la scientologie, les mécanismes d'adhésion aux sectes fascinées par l'espace comme The Heavens Gate ou Raël, mais aussi les jeux vidéo, la science-fiction. Au moment du rapport NBIC, il n'a pas d'attache institutionnelle au mouvement transhumaniste[18], mais il participe au développement de cette sous-culture, publiant des articles sur le sujet depuis une dizaine d'années, notamment sur la nécessité de créer une nouvelle religion « cosmique ».

Tout comme Drexler, Bainbridge s'est intéressé à la colonisation spatiale. Il a consacré sa thèse à la conquête spatiale, relisant son histoire non comme le fruit d'un programme politique et économique, mais comme celui d'une révolution intellectuelle, avec l'émergence d'un nouveau paradigme élaborée par des pionniers, au premier rang desquels le russe Konstantin Tsiolkovski. Cette analyse prend une forme plus personnelle dans un article de 1981 qui fait partir du corpus des textes de référence du transhumanisme[19]. Pour Bainbridge, l'objectif est que l'homme devienne une espèce interplanétaire : pour cela, les sociétés humaines ont besoin de franchir un palier technologique qui ne pourra naître que d'une mobilisation sociale conduite par une élite capable de formuler des buts transcendantaux, en bref ce qu'il appelle « une religion galactique ». Ce nouveau culte cultiverait une forme de transcendance radicalement différente basée sur la science. Dix ans plus tard, dans un ouvrage à la facture académique qui analyse les réponses à des enquêtes publiques sur les buts du programme spatial américain, Bainbridge formule des propositions pour le gouvernement : renoncer à des programmes modestes, couper les liens avec l'armée pour promouvoir de plus ambitieuses entreprises (Bainbridge, 1991). Il reprend son idée qu'un tel programme de colonisation du système solaire doit être porté par à un mouvement social révolutionnaire.

Ce projet découle de ses recherches en sociologie. En effet, William Sims Bainbridge est le cofondateur, avec Rodney Stark, de la théorie du choix rationnel appliquée aux religions : l'hypothèse Stark-Bainbridge consiste à décrire le marché religieux comme un autre, expliquant l'essor ou le déclin des mouvements religieux par le jeu de concurrence et de différenciation des

---

[18] Il deviendra en 2004 le premier directeur de recherche de l'Institute for Ethics and Emerging Technologies, premier *think tank* transhumaniste.

[19] Voir, par exemple, http://giulioprisco.blogspot.fr/2009/08/bill-bainbridges-religion-for-galactic.html (consulté le 15 avril 2018).

marchés (Stark & Bainbridge, 1996 [1987]). Pour lui, le développement de religions est indispensable pour structurer toute société, à l'inverse de l'athéisme qui affaiblit les positions morales et conduit à faire grandir le rôle de l'État, venant suppléer à cet effondrement de la conscience individuelle. Pour Bainbridge, le rôle du sociologue est d'aider à la construction de nouvelles offres religieuses adaptées aux mutations du monde, notamment de la technologie, d'endosser le rôle d'« ingénieurs religieux ». En cela, tout comme Drexler, il se pose en véritable *visioneer*.

Cette ingénierie sociale n'est pas seulement une méthode de marketing ou une stratégie pour permettre l'acceptation sociale des nouvelles technologies : c'est là que la position de Bainbridge s'écarte de celle de Roco et rejoint la vision de Drexler. Dans le rapport NBIC, Bainbridge développe dans un article l'intérêt de la mémétique que le biologiste Richard Dawkins a proposée en 1976 (Bainbridge & Strong, 2002)[20]. La théorie de Dawkins intervenait déjà largement dans le livre de Drexler. L'idée est de considérer la culture comme une technologie du symbolique. Sur le modèle des gènes, Dawkins a forgé la notion de « mème ». Le « mème » est « une unité de transmission culturelle » qui se propage de cerveau en cerveau : idées, coutumes, langages, etc., sont des mèmes ou composés de mèmes. Les mèmes sont en compétition, ils interagissent et la culture n'est que le processus de sélection naturelle des mèmes. Le schème évolutionniste est prégnant. Dans son article, Bainbridge propose une étude systématique des cultures humaines, dans la lignée du projet *Génome humain*[21], afin de développer une ingénierie sociale. En cela, Bainbridge rejoint la perspective de Drexler, qui puise chez le théoricien de la mémétique un modèle pour penser ses nanoassembleurs : de même que nous sommes des machines construites par nos gènes et nos mèmes, le réel est un ensemble de machines construites par des assembleurs (Drexler, 2005 : 27). Ainsi, l'idée d'une ingénierie sociale est fondée dans la structure même de la matière : la convergence n'est pas seulement un processus entre des technologies du physique, mais aussi du social, si cette distinction a encore un sens.

L'étape suivante a logiquement consisté à élargir la convergence à l'ensemble de la société. C'est ce que Bainbridge propose, toujours avec Mihail Roco, dans un dernier rapport, publié en 2012 en guise de bilan du

---

[20] Reprenant les thèses parues de Richard Dawkins (1976).

[21] Ce programme fédéral, lancé en 1988, a été piloté par le *National Institutes of Health*. Sa mission était d'établir le séquençage complet de l'ADN du génome humain. Son achèvement a été annoncé le 14 avril 2003.

premier rapport NBIC, qui expose un paradigme élargi de la convergence : CKTS (*Convergence Knowledge, Technology and Society* ; Roco *et al.*, 2013). On pourrait croire à première vue qu'il s'agit de l'acclimatation aux États-Unis de la réponse apportée par l'Europe au premier rapport NBIC : le rapport *Converging technologies* de 2004 avançait la notion de CKTES (« Convergent Technologies for the European Knowledge Society »), rejetant toute référence à l'idée d'augmentation ou de « performance humaine » et proposant une approche plus sociale (Nordmann éd., 2004)[22]. Mais la perspective est tout autre : Roco et Bainbridge font partir le « paradigme » de la convergence du programme NNI, qui envisageait la convergence de « disciplines scientifiques et ingénierales artificiellement séparées à l'échelle du monde physique, mais convergentes à l'échelle atomique ou nanométrique ». Les rapports NBIC et CKTS sont les étapes suivantes de l'élargissement de la convergence d'abord à d'autres sciences, puis à l'ensemble de la société, lui permettant de s'appliquer à l'échelle humaine et terrestre, en une ingénierie globale.

Conclusion

Deux transhumanistes ont joué un rôle clé dans le développement des nanotechnologies : Eric Drexler et William Sims Bainbridge. Le transhumanisme est pour eux un imaginaire sociotechnique, s'inspirant d'auteurs de référence comme Robert Ettinger ou FM-2030, mais aussi un réseau de personnes qui le cultivent et le discutent. Tous deux aspirent à quitter la terre pour coloniser l'espace. Avant le post-humain, l'imaginaire transhumaniste du début du XXIe siècle entend construire l'ère post-terrestre de l'humanité. Comment une telle utopie s'articule-t-elle avec le capitalisme américain ?

Lors du développement des nanotechnologies, le transhumanisme a alimenté le « régime de promesses technoscientifiques » décrit par Pierre-Benoît Joly (Joly, 2010). La promesse permet de stabiliser l'environnement technologique tout en laissant rêver à une innovation révolutionnaire. Elle doit rassurer en « naturalisant » le progrès technologique, entre utopie et idéologie. Le transhumanisme remplit parfaitement ce cahier des charges avec le système, théorisé par Drexler, d'un « design anticipé » qui permet un double verrouillage technologique et éthique. Il dépasse ainsi la fonction standard de la promesse technoscientifique en incluant une transformation de la société.

---

22 Pour analyse détaillée des rapports sur la convergence, on peut lire Gilbert Hottois (Hottois, 2017 : 187-222).

C'est ce qu'implique le paradigme de la convergence, formulation plus inclusive encore du « design anticipé » : elle englobe l'ensemble de la société dans un déterminisme évolutionnaire.

Ainsi, pour reprendre le schéma proposé par Patrice Flichy, si le mouvement transhumaniste a pu dans ses débuts cultiver des utopies de rupture (comme les nanotechnologies drexleriennes), il a surtout fourni des promesses fonctionnant tantôt comme des idéologies de mobilisation, tantôt comme des idéologies-masques :

> De grandes promesses peuvent conduire à des discussions interminables sur des fictions, détournant ainsi des problèmes importants et bien réels. Prenons le cas de la nanotechnologie, avec les débats suscités par l'amélioration de l'espèce humaine ou la controverse sur la *grey goo*. Ces débats ont contribué à faire connaître les nanotechnologies, mais ont attiré l'attention sur des questions qui n'avaient rien à voir avec la réalité des recherches et avec les enjeux économiques et industriels. (Joly, 2015 : 43)

Le transhumanisme a exercé une influence au moment de l'élaboration d'un programme de politique scientifique qui mobilise des fonds publics et privés. Il ne semble pas avoir, à cette date, directement inspiré des entreprises privées, sinon comme idéologie-masque. Sans doute parce que les technologies développées dans les nanoindustries ne sont pas inspirées par la vision de Drexler. Le transhumanisme participe de l'économie des promesses dans les discours et dans la représentation du futur.

C'est aussi un tournant dans l'histoire des réseaux transhumanistes qui tendent à constituer un mouvement depuis la fin des années 1980. Dans le cadre du mouvement extropien, ce sont surtout des utopies de rupture qui ont été cultivées. Le débat sur les nanotechnologies correspond à un moment où, du fait du parcours singulier de Eric Drexler, William Bainbridge, voire James Canton, certaines de ces utopies inspirent des programmes institutionnels[23]. Ce qui n'est pas le moindre des paradoxes pour un mouvement largement imprégné à cette date de libertarianisme… Mais cela se comprend très bien si l'on considère ce qu'apporte le transhumanisme : qu'il soit possible de construire la société par une ingénierie dont les finalités seraient établies à partir d'un futur défini et clos, en un mot une convergence globale.

---

[23] On pourrait aussi penser au système développé par Robin Hanson, un économiste membre d'*Extropy*, pour la DARPA : la création d'un Marché à terme d'analyse politique (*Policy Analysis Market*) qui se spécialiserait dans la prédiction d'événements économiques et politiques, comme des attentats ou des coups d'État, susceptibles d'affecter le Moyen-Orient. Devant le tollé, le Pentagone a finalement renoncé à ce projet.

Quelle est la postérité de cette vision ? L'anathème jeté par Francis Fukuyama en 2004, faisant du transhumanisme « l'idée la plus dangereuse du monde » (Fukuyama, 2004), sonne comme une consécration, la reconnaissance du transhumanisme sur la scène publique. Cette année marque, en effet, une nouvelle étape dans le développement du mouvement, avec la création d'instances académiques, comme le Future of Humanity Institute de l'Université d'Oxford, et d'une plus grande intégration dans le capitalisme privé : celui de la médecine régénératrice d'abord, avec les rapprochements entre les réseaux extropiens et des acteurs du secteur comme Michael West (fondateur de Geron), Grégory Stock (Signum bioscience) ou Esther Dyson (*angel investor* en biotechnologie), puis celui de l'intelligence artificielle avec Ray Kurzweil. Là encore, le paradigme de la convergence joue un rôle clé dans l'imaginaire sociotechnique que le transhumanisme contribue à diffuser. Une troisième génération est apparue avec les « technomilliardaires » du web, comme les dirigeants d'Amazon ou d'Alphabet, comme Elon Musk (Space X) ou Peter Thiel, qui entretiennent des liens avec le transhumanisme de plusieurs façons : le financement de *think tanks* académiques ; des entreprises dédiées à la lutte contre le vieillissement ou à la colonisation spatiale ; des fondations privées soutenant des laboratoires de recherche.

Est-ce à dire que l'imaginaire sociotechnique transhumaniste s'est diffusé au-delà des réseaux transhumanistes ? Répondre supposerait de replacer l'influence de ce mouvement dans un ensemble culturel plus large, allant des diverses représentations du futur au libertarisme, en passant par les différentes conceptions sociales utilitaristes, pour bien mesurer les forces en présence.

Références bibliographiques

AUDETAT Marc (dir.), 2015. *Sciences et technologies émergentes : pourquoi tant de promesses ?*, Paris, Hermann Éditeurs.

BAINBRIDGE William Sims, 1991. *Goals in Space: American Values and the Future of Technology*, New York, State University of New York Press.

BAINBRIDGE William Sims, STRONG Gary, 2002. « Memetics: A Potential New Science », *in* M. C. Roco & W. S. Bainbridge (eds), *Converging Technologies for Improving Human Performance, Arlington VA, NSF-DOC Report*, 2002 [En ligne], p. 318-325. (Consulté le 3 juin 2015). URL : http://www.wtec.org/ConvergingTechnologies/Report/NBIC_report.pdf

BENSAUDE-VINCENT Bernadette, 2005. « Introduction », *in* E. Drexler, *Engins de création. L'avènement des nanotechnologies*, traduit de l'anglais par M. Macé, révisée par Th. Hoquet, préface de M. Minsky, Paris, Vuibert.

—, 2009. *Les Vertiges de la technoscience*, Paris, La Découverte.

—, 2015. « Promesse et régime d'historicité en technosciences », *in* M. Audetat (éd.), *Sciences et technologies émergentes : pourquoi tant de promesses ?*, Paris, Hermann Éditeurs, 2015, p. 45-58.

BENSAUDE-VINCENT Bernadette, LARRÈRE Raphaël, NUROCK Vanessa, 2008. « Pour une philosophie de terrain », *in* B. Bensaude-Vincent, R. Larrère & V. Nurock (dir.), *Bionano-éthique. Perspectives critiques sur les bionanotechnologies*, Paris, Vuibert, p. XI-XXX.

BERUBE David, 2004. « Denialism: Drexler vs. Roco », *IEEE Technology and Society Magazine*, 23 (4), p. 22-26.

BRUNO Isabelle, 2008. *À vos marques®, prêts, cherchez ! La stratégie européenne de Lisbonne, vers un marché de la recherche*, Bellecombe-en-Bauges, Éd. du Croquant.

CANTON James, 1999. « 11.7.13 The Social Impact of Nanotechnology: A Vision to the Future », *in* M.C. Roco, S. Williams & P. Alivisatos (eds), *Nanotechnology Research Directions: IWGN Worshop Report. Vision for Nanotechnology R&D in the Next Decade* [En ligne], Washington DC., ed. NSTC/IWGN, p. 178-180. Consulté le 21/06/2017. URL : http://www.wtec.org/loyola/nano/IWGN.Research.Directions/IWGN_rd.pdf

—, 2015. *Future Smart: Managing the Game-Changing Trends That Will Transform Your World*, Cambridge, Da Capo Press.

CHATEAURAYNAUD Francis, DOURY Marianne, TRABAL Patrick (coord.), 2012. *Chimères nanobiotechnologiques et post-humanité*, vol. 1 : *Promesses et prophéties dans les controverses autour des nanosciences et des nanotechnologies*, Rapport de recherche ANR [En ligne]. Consulté le 11/11/2017. URL : http://gspr-ehess.com/documents/rapports/RAP-2012-GSPR-CHIMERES-novembre.pdf

DAMOUR Franck, 2018. « Le mouvement transhumaniste. Approches historiques d'une utopie technologique contemporaine », *Vingtième Siècle. Revue d'histoire*, 138 (2), p. 143-156.

DAWKINS Richard, 1976. *The Selfish Gene*, Oxford, Oxford University Press.

DREXLER Kim Eric, 1977. « The space colonies idea (1969-1977) », *in* S. Brand (ed.), *Space colonies. A CoEvolution Book*, San Francisco, San Francisco Waller Press, p. 104-108.

—, 1981. « Molecular engineering: An approach to the development of general capabilities for molecular manipulation », *Proceedings of the National Academy of Sciences of the United States of America*, 78 (9), p. 5275-5278.

—, 1986. *Engines of Creation. The Coming Era of Nanotechnology*, New York, Anchor Books.

—, 2005. *Engins de création. L'avènement des nanotechnologies* (trad. fr. par M. Macé, révisée par Th. Hoquet, préface de M. Minsky), Paris, Vuibert.

—, 2013. *Radical Abundance: How a Revolution in Nanotechnology Will Change Civilization*, New York, PublicsAffairs.

DREXLER Kim Eric, MILLER Mark S., 1988. « Markets and Computation: Agoric Open Systems », *in* B.A. Huberman (ed.), *Ecology of Computation*, Amsterdam – New York, North-Holland – Elsevier Science Publishers B.V. (Studies in Comuter Science and Artificial Intelligence 2), p. 172.

DUPUY Jean-Pierre, 2004. « Quand les technologies convergeront », *Revue du MAUSS*, 23 (1), p. 408-417.

ETTINGER Robert C.W., 1964. *L'Homme est-il immortel ?*, trad. fr. par Fr.-M. Watkins, Paris, Denoël.

—, 1972. *Man into Superman: The Starling Potential of Human Evolution... and How to Be Part of It*, New York, St. Martin's press.

Extropy, 1991-1992. *Extropy* [En ligne], 8. (Consulté le 22 octobre 2017). URL : https://github.com/Extropians/Extropy/blob/master/ext8.pdf

FLICHY Patrice, 2001. « La place de l'imaginaire dans l'action technique. Le cas de l'*internet* », *Réseaux*, 109 (5), p. 52 à 73.

FM-2030 (*alias* Fereindoun Esfandiary), 1973. *Up-Wingers manifesto*, New York, John Day Co.

FUKUYAMA Francis, 2004. « Transhumanism », *Foreign Policy*, 144, p. 42-43.

GUCHET Xavier, 2014. *Philosophie* des *nanotechnologies*, Paris, Hermann.

HOTTOIS Gilbert, 2017. *Philosophie et idéologies trans/posthumanistes*, Vrin, Paris.

JASANOFF Sheila, SANG-HYUN Kim (eds), 2015. *Dreamscapes of Modernity. Sociotechnical Imaginaries and the Fabrication of Power*, Chicago, University of Chicago Press.

JOACHIM Christian, 2008. *Nanosciences. La révolution invisible*, Paris, Éd. du Seuil.

JOLY Pierre-Benoît, 2010. « On the Economics of Techno-Scientific Promises », *in* M. Akrich *et al.*, (eds), *Débordements. Mélanges offerts à Michel Callon*, Paris, Presses des Mines, p. 201-221.

—, 2015. « Le régime des promesses technoscientifiques », *in* M. Audetat (éd.), *Sciences et technologies émergentes : pourquoi tant de promesses ?*, Paris, Hermann.

JONAS Hans, 1979. *Le Principe responsabilité. Une étique pour la civilisation technologique*, Paris, Flammarion (Champs 784).

KARY Tiffany, 2002. « Nanotech: More science than fiction », *ZDNet Special* [En ligne]. Mis en ligne le 11/02/2002 (consulté le 02/07/2018). URL : https://www.zdnet.com/article/nanotech-more-science-than-fiction/

KLEIN Étienne, BONTEMS Vincent, GRINBAUM Alexei, 2008. « Nanosciences : les enjeux du débat », *Le Débat*, 148 (1), p. 65-79.

L5 News, 1975. *L-5 NEWS A Newsletter from the L-5 Society* [En ligne], 4. Mis en ligne en décembre 1975 (consulté le 02/07/2018). URL : http://space.nss.org/media/L5-News-1975-12.pdf

LOEVE Sacha, 2009. *Le Concept de technologie à l'échelle des molécules-machines. Philosophie des techniques à l'usage des citoyens du nanomonde*, thèse de doctorat, sous la dir. de B. Bensaude-Vincent, Nanterre, Université Paris Ouest Nanterre La Défense.

MCCRAY Patrick W., 2012. « From L5 to X-Prize: California's Alternative Space Movement », *in* P.J. Westwick (ed.), *Blue Sky Metropolis. The Aerospace Century in Southern California*, Berkeley, University of California Press, p. 171-193

—, 2013. *The Visioneers. How a group of elite scientists pursued space colonies, nanotechnologies, and a limitless future*, Princeton, Princeton University Press.

MICHAUD Thomas, 2017. « De la science-fiction à l'innovation technoscientifique : le cas des casques de réalité virtuelle », *Innovations*, 52 (1), p. 43-61.

MINSKY Marvin, 2005. « Préface », *in* E.K. Drexler, *Engins de création. L'avènement des nanotechnologies*, trad. fr. de M. Macé, révisée par Th. Hoquet, Paris, Vuibert.

NOBLE David F., 1997. *The Religion of Technology. The Divinity of Man and the Spirit of Invention*, New York, Knopf.

NORDMANN Alfred (ed.), 2004. *Converging Technologies Shaping the Future of European Societies*, European Commission, Bruxelles. [En ligne] (Consulté le 10 juin 2014). URL : http://pure.iiasa.ac.at/id/eprint/12590/1/Converging%20Technologies.pdf

O'NEILL Gerard K., 1974. « Colonisazion of Space », *Physics today*, 27 (9), p. 32-40.

—, 1977. *The High Frontier. Human Colonies in Space*, New York, William Morrow.

PARFIT Derek, 1984. *Reasons and Persons*, Oxford, Clarendon Press.

REGIS Ed, 1990. *Great Mambo Chicken & the transhuman condition*, Reading, Addison-Wesley.

ROCO Mihail, BAINBRIDGE William Sims (eds), 2001. *Societal Implications of Nanoscience and Nanotechnology*, Dordrecht, Kluwer.

— (eds), 2002. *Converging Technologies for Improving Human Performance, Arlington VA, NSF-DOC Report* [En ligne]. (Consulté le 03/06/2015). URL : http://www.wtec.org/ConvergingTechnologies/Report/NBIC_report.pdf

ROCO Mihail, BAINBRIDGE William Sims, TONN Bruce, WHITESIDES George (eds), *Convergence of Knowledge, Technology and Society. Beyond convergence of Nano-Bio-Info-Cognitive Technologies* [En ligne], Final Report, Dordrecht – Heidelberg – New York – London, Springer. (Consulté le 10/07/2016). URL : http://www.wtec.org/NBIC2/Docs/FinalReport/Pdf-secured/NBIC2-FinalReport-WEB.pdf

SCHUMMER Joachim, 2010 « From Nano-Convergence to NBIC-Convergence: "The best way to predict the future is to create it" », *in* M. Kaiser *et al.* (eds), *Governing Future Technologies. Nanotechnology and the Rise of an Assessment Regime*, Dordrecht, Springer (Sociology of the Science Yearbook 27), p. 57-71.

STARK Rodney, BAINBRIDGE William Sims, 1996 [1987]. *A Theory of Religion*, New Brunswick, Rutgers University Press.

THACKER Eugene, 2001. « The Science Fiction of Technoscience: The Politics of Simulation and a Challenge for New Media Art », *Leonardo*, 34 (2), p. 155-158.

THOREAU François, 2012. « Nanotechnologies et innovation responsable : sur la gouvernementalité d'un concept », *in* C. Kermisch & M.-G. Pinsart (dir.), *Les Nanotechnologies : vers un changement d'éthique ?*, Bruxelles, EME éditions, p. 287-312.

TOURNEY Chris, 2005. « Apostolic succession », *Engineering and Science*, 68 (1), p. 16-23.

Métamorphoses du corps et métaphores

Penser les technologies à l'ère du transhumain

Christophe LAZARO
CPDR[1], Université catholique de Louvain

Grâce à l'élaboration de dispositifs toujours plus complexes susceptibles de s'immiscer dans les replis de la chair, de s'enchevêtrer dans les tissus sanguins et nerveux et de réguler l'organisme, corps et artéfacts semblent en passe de connaître un degré d'hybridation jamais atteint jusqu'alors. La sophistication prothétique modifie ainsi nos représentations du corps et nourrit chez certains la croyance en la possibilité d'altérer et d'améliorer les capacités humaines au-delà de ce qui est communément considéré comme une intervention médicale de nature thérapeutique. Les artéfacts prothétiques ne sont alors plus seulement conçus comme des dispositifs permettant de réparer ou de remplacer les fonctions d'un corps déficient[2], mais comme des vecteurs permettant de redessiner le corps humain « normal » conformément à certains besoins et désirs particuliers, en le modifiant ou en lui créant de nouvelles capacités d'action et de perception et, plus généralement, en augmentant ses performances. À cet égard, l'émergence des « enhancement technologies » nourrit un très vif débat portant sur les implications éthiques

---

[1] Centre de philosophie du droit ; Institut pour la recherche interdisciplinaire en sciences juridiques (JUR-I), Université catholique de Louvain, Collège Thomas More, Place Montesquieu, 2, boîte L2.07.01, B-1348 Louvain-la-Neuve (Belgique).

[2] Le terme de prothèse s'entend généralement de toute « pièce, appareil destiné à reproduire et à remplacer aussi fidèlement que possible dans sa fonction, sa forme ou son aspect extérieur un membre, un fragment de membre ou un organe partiellement ou totalement altéré ou absent. » Voir Centre national de ressources textuelles et lexicales, v° « prothèse » [En ligne]. Consulté le 19/07/2018. URL : http://www.cnrtl.fr/definition/prothèse

et juridiques de leur conception et de leur utilisation[3]. Alors que les uns célèbrent la transformation du corps en un corps posthumain, les autres y voient le dernier avatar d'un « techno-capitalisme » allant jusqu'à phagocyter le corps même de l'homme.

La présente contribution a pour objectif de proposer une analyse critique des idées d'augmentation et d'amélioration en se servant de la notion de prothèse comme engin épistémologique. Dans la littérature de ces dix dernières années – émanant tant des sciences dures que sociales –, il est frappant de constater à quel point cette notion s'est imposée comme une métaphore incontournable pour penser l'hybridation et, plus largement, les rapports entre hommes et artéfacts[4]. En particulier, nous tracerons les contours de la notion de prothèse en nous référant aux trois principales significations qui lui sont généralement associées dans le champ des *Science & Technology Studies* : l'extension, l'hybridation et l'émancipation. Nous montrerons que ces trois significations sont constitutives de trois figures théoriques – l'*anthropos*, le *cyborg*, et le *posthumain* – qu'il importe de distinguer. Une telle distinction permet de faire émerger une pluralité de représentations de l'« Homme-machine », d'en saisir les soubassements ontologiques et d'examiner les tensions normatives qui en résultent.

De la métaphore à la *praxis* : la notion de prothèse comme « engin épistémologique »

Les conceptions relatives à notre « nature » fondamentale ont toujours été affectées par des métaphores et des modèles qui émergent dans le cadre de l'invention et de l'action pratique. On sait que les métaphores ont envahi depuis bien longtemps tous les domaines de la science et que les êtres humains ont modelé leur conception du monde ou de l'homme sur la base du fonctionnement interne des objets techniques, comme en attestent depuis le XVIIIe siècle les métaphores mécanicistes de l'horloge pour penser la configuration du système solaire ou de la machine pour penser le fonctionnement de l'organisme humain (Dagognet, 2008 : 47). Pour de

---

3 La notion d'« enhancement » peut être définie de la manière suivante: « the direct use of biotechnical power to alter, by direct intervention, not disease processes but the "normal" working of the human body and psyche, to augment or improve their natives capacities or performances » (President's Council on Bioethics, 2003).

4 Comme nous le verrons, la notion de prothèse en vient alors à revêtir une acception parfois très étendue, fort éloignée de celle qui lui est conventionnellement attribuée dans le champ médical.

nombreux auteurs, ces modèles, loin d'être des ornements linguistiques, sont considérés comme centraux dans l'investigation et la réflexion scientifique (Ortony ed., 1993 [1979]). Ceux-ci reconnaissent aux métaphores et aux modèles des fonctions cognitives et épistémologiques essentielles :

> *From time to time we glimpse a possible cognitive rearrangement of our world of meanings, or one of its fields of meanings, a rearrangement that might render our view of our world more comprehensible, more comprehensive.* (Gerhart & Russel, 2004 : 15)

Pour D. Idhe et E. Selinger, les métaphores et les modèles opèrent comme de véritables « engins épistémologiques » (Idhe & Selinger, 2004). Dans leurs travaux consacrés aux relations entre humains, artéfacts et environnement, ces auteurs formulent l'idée qu'un objet technique particulier peut, dans son fonctionnement et dans son usage, être utilisé comme une métaphore relative à l'être humain ou à la connaissance elle-même. La notion d'« engin épistémologique » leur permet alors de montrer comment les idées et les concepts émergent et dérivent de la *praxis*. Loin d'être intrinsèquement antithétique à la théorie, la *praxis* peut donc inspirer la forme que les concepts sont susceptibles de revêtir dans le futur. Globalement, ils suggèrent que les engins épistémologiques ne sont pas seulement générés parce que nous comprenons le fonctionnement des dispositifs techniques mieux que de nombreux processus physiologiques ou mentaux, mais surtout parce que les êtres humains vivent dans une culture techniquement saturée et, dans ce contexte, les dispositifs techniques fonctionnent comme l'horizon de fond sur lequel, par projection, nous comprenons le monde et nous interprétons notre nature.

Dans la lignée de ces réflexions, d'autres auteurs ajoutent que les fonctions épistémologiques et cognitives de la métaphore ou du modèle tiennent à leur pouvoir de transgression. La métaphore opérerait en franchissant et subvertissant les frontières sémantiques de manière abusive et, ce faisant, créerait une signification inattendue susceptible d'ouvrir à une autre forme d'appréhension et de compréhension des choses. Plus particulièrement, en même temps qu'elle subvertit certaines catégories, elle en constitue d'autres, en fonction du contexte. Avec ces deux possibilités activées, un enchevêtrement se crée entre le sens littéral et métaphorique, de telle manière qu'aucun de ces deux aspects n'existe sans l'autre. Cette tension entre constitution et transgression est un processus graduel continu permettant précisément la formation de nouveaux territoires de sens (Hayles, 1990 : 214).

À cet égard, la notion de prothèse révèle un potentiel transgressif considérable. En effet, poser le statut des dispositifs techniques en termes de prothèse contribue à suspendre l'évidence de l'extériorité de la technique, souvent posée *a priori* lorsqu'on parle de la relation homme-artéfacts et, plus largement, à remettre en cause les oppositions problématiques héritées de la Modernité entre société/technique, sujet/objet, intérieur/extérieur, identité/altérité, etc. À ce titre, la prothèse s'impose aujourd'hui dans une vaste littérature tant scientifique que journalistique comme une notion incontournable pour penser les rapports toujours plus étroits entre homme et artéfacts (Sobchack, 2006). Cette notion est alors utilisée pour suggérer que notre contemporanéité technique « [...] ne renvoie pas à une *distance plus importante* entre la société et la technologie ni à leur aliénation, mais à une *intimité* approfondie, à un maillage plus serré entre elles. » (Latour, 2007 : 207).

Ce « resserrement » entre homme et artéfacts ne se manifeste pas uniquement dans le fait que l'environnement et le style de vie de l'être humain sont devenus de plus en plus technicisés ; il s'exprime aussi à travers un déplacement et une incursion des artéfacts et des savoirs qui les accompagnent à l'intérieur même du corps de l'homme. La prothèse s'impose alors comme un objet privilégié pour penser les conséquences d'une telle incursion et soulève la question des frontières corporelles et identitaires de l'humain. Certains auteurs développent alors cette métaphore comme un moyen de bouleverser et dénaturaliser les frontières du corps ; d'autres l'utilisent comme un outil méthodologique pour montrer comment les capacités d'action et de cognition sont distribuées et partagées entre humains et objets techniques, en constituant une « association hybride ».

La notion de prothèse, il est vrai, évoque presque directement l'hybridité par le rapprochement intime avec le corps qu'elle implique. Cette hybridité contient en elle une idée et une connotation qu'il est utile de souligner :

> L'idée est celle d'un mélange de deux corps en un, allant d'un simple collage de juxtaposition jusqu'à une fusion parfaite. La connotation, celle de l'excès ou de la démesure, véhicule l'inquiétude et le trouble, renvoyant à des arrière-plans religieux ou cosmiques épris d'ordre face au chaos. (Guïoux, Lasserre & Goffette, 2004 : 187)

Dans certains cas, la métaphore de la prothèse sert précisément à évoquer l'excès, la démesure, voire à en faire l'apologie. L'incursion prothétique dans le corps irait alors dans le sens d'une amélioration des capacités humaines. Ceux qui optent pour cette interprétation délaissent les propriétés de substitution de la prothèse, pour évoquer, voire glorifier, ses « propriétés de renforcement du pouvoir-faire et du savoir-faire » (Fontanille, 2000). La prothèse est alors mise en mots, célébrée dans l'ordre du discours sur un mode très particulier pour constituer une « prothétologie » d'un genre particulier ; celle-ci n'est pas de l'ordre d'une tératologie, d'un discours sur le corps infirme et monstrueux (Canguilhem, 2003 [1952] : 219-236). Au contraire, la prothèse devient métaphore de la transformation du corps, de son extension et de son augmentation par la technique (Jain, 1999).

Comme nous le verrons, la notion de prothèse et son pouvoir métaphorique peuvent être utilisés de différentes manières. Les métaphores et modélisations ne viennent pas à nous de manière neutre et leur nature apparemment descriptive est chargée de diverses interprétations et représentations. La notion de modèle elle-même suggère un certain type d'abstraction ; elle suggère une compréhension déjà réflexive de la métaphoricité du modèle et un contrôle sur ses fonctions discursives. Elle suggère dès lors une immunité par rapport aux implications potentiellement destructrices et concrètes du modèle. En empruntant les chemins tracés par ces nouvelles « prothétologies »[5], nous tenterons de démêler les différents usages de la notion de prothèse et d'évaluer de manière critique leurs ambitions ontologiques et normatives.

Des prothèses aux prophètes : penser la technicité humaine

*Extension : la figure de l'*anthropos

Pour le philosophe Peter Sloterdijk, si la « prothétique » a commencé comme inclusion ou adjonction de corps étrangers sur le corps humain, son aboutissement n'a lieu qu'au moment où « elle crée des corps d'extension qui non seulement réparent les vieux corps, mais en augmentent les capacités et les transfigurent ». À ce titre, il se demande de manière provocatrice : « Ne sommes-nous pas les habitants d'un dôme prothétique global dans lequel, heureux invalides, nous nous créons constamment de nouveaux compléments ? » (Sloterdijk, 2001 : 265-266). Dans la perspective « holistique » adoptée par cet auteur, tout artéfact devient prothétique – tous les objets sont prothétiques et tous les corps sont prothétisés – et ce processus de « prothétisation généralisée », empiète tant sur le corps que sur le monde (Roelens, 2002 : 14).

En conférant ainsi un sens plus étendu à la notion de prothèse que celui qu'elle a ordinairement, la notion de prothèse est utilisée pour exprimer l'idée que les objets techniques sont à ce point omniprésents que leurs fins

[5] Par « prothétologie », nous entendons tout discours consacré aux artéfacts prothétiques.

intrinsèques deviennent partie intégrante de l'humain et de la culture. À titre d'exemple, H.J. Huyke considère que :

> *[a]s prostheses, technologies become part of you, although in a good number of contemporary technologies the organ or the part did not previously exist, or existed only in the imagination. All technologies are things that become part of you, prosthesis, and this has multiple implications. The most important implication is that their own intrinsic ends also become part of you.* (Huyke, 2001 : 55)[6]

Le langage métaphorique assimilant les objets techniques à des prothèses ne renvoie plus seulement à une logique de substitution mais aussi, voire davantage, à une logique d'extension des capacités humaines. La métaphore évoque alors le caractère de « projection hors de soi et devant soi » de toute technique (*pro*-thesis) et fait écho aux conceptions anthropologiques faisant de l'outil aussi bien que du langage le prolongement du corps de l'homme[7]. En cela, cette prothétologie contemporaine rejoint certaines théories classiques d'anthropologie philosophique qui, retraçant le processus d'hominisation, ont cherché à mettre en évidence les caractéristiques propres de l'espèce humaine.

Ces théories dites « extensionnistes » ou encore « technogénétiques » font du phénomène technique la principale caractéristique de l'ontologie humaine. L'avènement de l'espèce est ainsi rendu impensable si l'on néglige de prendre en considération la relation de réciprocité qui existe entre la main et le cerveau, l'outil et le corps[8]. Plus particulièrement, la technique apparaît profondément enracinée dans la constitution biologique, laquelle dessine à l'avance un certain nombre d'impuissances et de pouvoirs de l'homme. Ainsi, en raison de l'originalité même du corps humain dans l'ordre des vivants – caractérisé, dans sa morphologie, par une non-spécialisation fonctionnelle et, dans son rythme de développement, par une néoténie structurelle[9] –, « l'homme apparaît comme ce *Zoon* que son propre corps

---

6 L'auteur ajoute : « The airplane is not, in this sense, any different, for example, from an artificial leg. It becomes imperative for executives, tourists and for academics who give conferences to fly through the skies in the same way the artificial leg becomes necessary for its owner, the cane for someone who cannot walk, and eyeglasses for someone like me. »

7 Sur l'assimilation du langage à une prothèse, voir notamment les réflexions de Derrida dans sa *Grammatologie* (1967) et celles de Wills (1997).

8 Nous n'entrerons pas ici dans le détail du processus d'hominisation et notamment de la bipédie ayant permis l'émergence conjointe du cortex et du silex, du geste et de la parole (Picq, 2005).

9 La néoténie humaine renvoie à l'idée que l'être humain présente, tout au long de sa vie, des caractères juvéniles. Selon la formule du biologiste Louis Bolk, l'homme serait donc, du point de vue corporel, « un fœtus de primate parvenu à maturité sexuelle » (Bolk, 1960

contraint à faire craquer les limites de l'existence biologique. » (Tinland, 1977 : 176 ; Gehlen, 2009). Selon cette conception, il y aurait une destination naturelle de l'homme à la technicité et à la production d'artéfacts. Plus, l'homme ferait la technique autant qu'il serait fait par elle (Bourg, 1996)[10].

Ce lien inextricable qui unit l'homme à la technique révèle toute sa dimension lorsque l'on considère les premiers outils fabriqués par les Anthropiens. Pour le célèbre paléoanthropologue André Leroi-Gourhan, les premiers outils apparaissent comme une extension de l'homme, comme « une véritable sécrétion du corps et du cerveau des Anthropiens » (Leroi-Gourhan, 1964 : 132). Dans les premiers temps de l'histoire, l'outil est à la mesure du corps humain et une relation d'harmonie s'établit entre les deux. S'il prolonge les capacités humaines, l'outil ne fait pas moins corps avec le squelette, avec l'organisme de l'homme lui-même. Cependant, pour Leroi-Gourhan, le développement des techniques et, en particulier, l'avènement de la société industrielle, va progressivement rompre cette harmonie en creusant une distance croissante entre corps humain et artéfact :

> Tout d'abord exsudés par l'organisme et simples outils, les objets techniques deviennent à l'ère industrielle des dispositifs complexes (des machines), dotés, grâce à l'extériorisation de la main et du cerveau, d'une autonomie vis-à-vis du corps[11].

Ce processus d'extériorisation atteint sans doute son paroxysme avec la révolution informatique et ces machines programmables qui rendent possible l'automatisation de toute une série d'opérations mentales. Ainsi, l'évolution des techniques, à travers une extériorisation progressive de l'outil, du geste, de la force et du programme, révèle la logique ampliative de la machine : la technicité constitutive de l'homme l'a conduit à faire réaliser un nombre toujours plus grand d'opérations par des objets techniques dont les performances dépassent de loin ses capacités organiques[12].

---

cité par Tinland, 1977 : 62). Cette forme intrinsèquement prématurée ou inachevée implique une extrême vulnérabilité des jeunes humains et un rythme particulièrement lent de maturation au cours de l'ontogenèse, avant l'acquisition d'une certaine autonomie rendue possible par un long processus d'éducation et de socialisation.

10 Pour le philosophe Dominique Bourg, « l'humanité n'adviendrait qu'hors d'elle-même, hors de la nature, sur le fond d'un édifice exosomatique, artificiel et objectif » (Bourg, 1996 : 125).

11 Pour une critique des thèses de Leroi-Gourhan, cf. l'ouvrage précité de Dominique Bourg (1996 : 184 *sq.*).

12 Pour Leroi-Gourhan, à ce processus radical d'extériorisation du corps et du cerveau correspondrait une mutation de la place des techniques au sein de la société. Selon lui,

Hybridation : la figure du cyborg

La notion de prothèse peut également faire référence à la mise en relation de deux corps étrangers et au processus d'hybridation qui en résulte. Pour certains auteurs, lorsque cette relation devient à ce point intime que les artéfacts pénètrent dans le corps pour fusionner avec lui, l'être humain devient alors cette créature à laquelle nous ont habitués les romans et les films de science-fiction : le « cyborg », organisme cybernétique fait d'un assemblage complexe de biologique et de mécanique.

Cet ultime avatar prothétique sert depuis quelques années de modèle théorique en sciences sociales pour penser les questions d'identité, de subjectivité, de corporéité et d'humanité dont les frontières semblent remises en cause par les dispositifs techniques contemporains (Hable-Gray, 1995). En particulier, les écrits de Donna Haraway, dont le fameux *Cyborg Manifesto* (Haraway, 1991), ont inspiré une vaste littérature consacrée à la figure du « cyborg » et à ce que cette auteure appelle les « monstres prometteurs » (*promising monsters*)[13]. Pour cette auteure, la figure du cyborg – à mi-chemin entre réalité et fiction, entre artéfact et discours[14] – se présente avant tout comme outil permettant de décrire les changements ontologiques propres à la postmodernité, de mettre en cause les taxinomies à partir desquelles les individus et les corps sont appréhendés, et enfin de promouvoir une politique féministe postmoderne et postcoloniale (Lynes & Symes, 2016).

L'implosion contemporaine des frontières entre nature et culture, humain et non-humain offre à Haraway l'opportunité de proposer une conception de la réalité corporelle et sociale qui est dé-essentialisée et, à ce titre, nécessairement hybride et fragmentée. Selon elle, les humains ne sont qu'une espèce parmi un large ensemble d'entités qui toutes ont été séparées de leur condition biologique originelle et qui sont aujourd'hui sujettes à des processus transgressifs brouillant les frontières. Dans ce contexte, le cyborg inclut bien

---

en effet, ce processus conduit à une autonomisation de la technique brisant définitivement l'harmonie passée entre le corps et l'outil, à tel point que la relation entre les deux s'est inversée : l'homme est désormais au service de la machine.

13 Bien que la figure du cyborg ait été mobilisée ces dernières années par un grand nombre d'auteurs, nous limitons ici notre analyse aux travaux de Donna Haraway. Ceux-ci constituent, selon nous, un exemple paradigmatique des réflexions consacrées à l'hybridation, notamment en raison de leur caractère pluridimensionnel, au carrefour de l'ontologie, de l'épistémologie et de la politique.

14 La figure du cyborg revêt une double dimension, à la fois matérielle et discursive (« material-semiotics », comme le décrit Haraway), formant « des nœuds dans lesquels les corps et les significations se construisent l'un l'autre » (Haraway, 1991 : 194).

plus que les créations mi-homme, mi-machine représentées dans les nouvelles ou les films de science-fiction :

> *cyborg figures – such as the end-of-the millenium seed, chip, gene, database, bomb, fœtus, race, brain, and eco-system – are the offspring of implosions of subjects and objects and of the natural and the artificial.* (Haraway, 1996 : 12)

Dans la perspective de Haraway, il est aujourd'hui nécessaire de procéder à un travail radical de déconstruction qui révèle la nature de ces implosions et de nous débarrasser des conceptions héritées des modernes. Se concentrer sur les cyborgs et leurs histoires est simplement prendre acte que ces entités existent déjà ou qu'elles sont sur le point d'apparaître. Plutôt que de s'effrayer devant les entités les plus dérangeantes produites par les technosciences, il faut trouver des liens de *parenté* avec ces entités synthétisées et recombinées qui surgissent de plus en plus dans notre environnement. Une des conséquences importantes de cette approche déclinée en termes de parenté est de discréditer les croyances prêtant aux choses une essence et une intégrité distinctives, une complétude d'être ou une harmonie avec leurs environnements. Pour cette auteure, ce type de croyances évoque un monde qui, s'il a jamais existé, est révolu. En particulier, l'originalité de ses réflexions réside dans le fait qu'elle utilise l'idée de transformation corporelle inscrite dans le concept de cyborg, moins dans le sens d'une augmentation des performances de l'humain, que dans le sens de l'affirmation d'une différence[15].

À ce titre, le travail de Haraway revêt une dimension éminemment politique, le cyborg étant alors censé opérer comme une métaphore libératrice. Il s'agit pour Haraway de développer des nouvelles théories de l'identité permettant la construction de connections interpersonnelles et d'alliances entre individus et groupes traditionnellement divisés par des conceptions essentialistes de l'identité ou de la subjectivité libérale-humaniste. En réfutant les définitions essentialistes, la figure du cyborg permet d'opérer un alignement politique fructueux des divers groupes d'intérêts sans mettre l'accent sur une compréhension monolithique des catégories (sexe, femme, race, handicap, etc.) et sans procéder à une réification abusive des catégories identitaires de ce type.

En vertu de sa nature hybride, le cyborg lui permet donc de suggérer une nouvelle manière de penser les corps dominés, normalisés et exploités, tout en se détachant, d'un côté, de toute référence à une nature essentielle

[15] Dans la perspective féministe de Haraway, le concept de cyborg vise notamment à « proposer une nouvelle distribution des rôles qui transcende les barrières du sexisme, du racisme et de la lutte des classes » (Grugier, 2003 : 228).

(Gardey, 2013 :172), de l'autre, d'une conception du cyber-organisme qui se réduirait à la figure virile et patriarcale d'un surhomme aux capacités démesurées[16]. Le monde cyborg au sens de cette auteure ne serait pas celui d'un homme technologisé dominateur de la planète, mais « a cyborg world might be about lived social and bodily realities in which people are not afraid of their joint kinship with animals and machines, not afraid of permanently partial identities and contradictory standpoints » (Haraway, 1991 : 154).

Émancipation : la figure du post-humain

Sous l'impulsion des développements technoscientifiques, le corps semble s'être débarrassé de son unité apparente pour devenir un hybride qui peut être techniquement fabriqué, modifié et adapté grâce à divers dispositifs comme les prothèses, les implants, les interfaces homme-machine, etc. La sophistication de ces dispositifs prothétiques modifie notre représentation du corps et autorise certains zélotes transhumanistes non plus seulement à évoquer, mais à revendiquer un corps modifié, au nom d'une autodétermination et d'un épanouissement purement individuels. La notion de prothèse ne renvoie alors plus seulement à des dispositifs permettant de réparer ou de remplacer les fonctions d'un corps déficient, mais est conçue comme instrument d'augmentation et de transformation du corps en un *corps posthumain*. En d'autres termes, les dispositifs prothétiques devraient désormais profiter simultanément aux personnes handicapées et aux personnes en bonne santé en offrant à celles-ci de nouvelles capacités d'action et de perception et, plus généralement, en augmentant leurs performances au-delà du fonctionnement normal humain :

> *Prostheses are becoming more advanced and can increasingly be more effectively integrated into the body, both physiologically and neurologically. Ultimately, when they reach the point where they can be definitively considered enhancements, we may find that they are transformed — from the ultra high-tech therapy of Pistorius' legs, to an entirely new range of choices for modifying the body and experimenting with the physiological boundaries of the species.* (McKeown, 2010)

Depuis plusieurs années, le développement des dispositifs prothétiques s'accompagne de plus en plus souvent d'un discours, voire d'une idéologie, formant le creuset d'un mouvement en pleine expansion dans la communauté scientifique, qualifié de « transhumanisme » (Bostrom, 2005 ; Dubarry &

---

[16] On pourrait dire à cet égard que Haraway opère une sorte de détournement ironique du terme « cyborg ». En effet, comme le rappelle Hacking, le terme émane originairement de la sphère de l'exploration spatiale, de la robotique et de l'arsenal militaire (Hacking, 1998).

Hornung, 2011). Né à la fin des années 1980, le transhumanisme est une approche interdisciplinaire qui tend à comprendre et à évaluer les innovations qui permettront de surmonter nos limites biologiques par les progrès technologiques. Ainsi, de nombreux théoriciens évoluant au sein même de la communauté scientifique, ou du moins à sa marge immédiate [17], se sont regroupés sous cette bannière, partageant tous une semblable fantasmatique : offrir à l'homme la possibilité de transcender ses limites biologiques grâce aux développements technoscientifiques. De manière générale, l'« homme-machine », l'« homme augmenté », pour eux, est moins une figure épistémologique qu'un véritable projet à réaliser.

Plus particulièrement, le transhumanisme a acquis ses assises en développant une façon de penser qui met au défi la prémisse suivante : la nature humaine est et devrait rester essentiellement inaltérable [18]. Au paragraphe 3 de la dernière version de la *Déclaration transhumaniste*, les représentants de ce mouvement énoncent clairement leurs objectifs :

> Les transhumanistes prônent le droit moral de ceux qui le désirent, de se servir de la technologie pour accroître leurs capacités physiques, mentales ou reproductives et d'être davantage maîtres de leur propre vie. Nous souhaitons nous *épanouir* en transcendant nos limites biologiques actuelles[19].

La nature humaine ne serait donc pas fixée une fois pour toutes. Elle changerait, et serait même appelée à muter. Le propre des humains, par opposition aux animaux, étant précisément la faculté non seulement d'utiliser mais encore de concevoir des outils techniques afin de pallier leurs énormes insuffisances naturelles et d'adapter le milieu à leurs désirs (et non pas l'inverse), il conviendrait que l'humanité prenne en charge son destin. Il faut qu'elle rompe avec le processus de sélection naturelle mis en évidence

---

[17] Des scientifiques de renom ont explicitement rejoint la cause transhumaniste : Marvin Minsky, le « père » de l'intelligence artificielle ; Eric Drexler, l'un des pionniers des nanotechnologies ; et Hans Moravec, le « pape » de la robotique, pour ne citer que ceux-ci, s'affichent ouvertement comme transhumanistes.

[18] Tels sont les propos de Nick Bostrom, professeur de philosophie à l'Université d'Oxford et membre éminent de l'association Humanity + (auparavant *World Transhumanist Association* ; Bostrom, 2000).

[19] Voir « La Déclaration transhumaniste », adoptée en mars 2002, trad. R. Gauthier, 2003. [En ligne], *IATranshumanisme.com (Transhumanisme et intelligence artificielle)* Consultée le 18/06/2018. URL : https://iatranshumanisme.com/a-propos/transhumanisme/la-declaration-transhumaniste (nous soulignons).

par Darwin et qu'elle forge son évolution sur le mode volontariste jusqu'à dépasser la condition humaine :

> *This possibility of a new phase of evolution in which Darwinian evolution, by natural selection, will be replaced by a deliberately chosen process of selection, the results of which, instead of having to wait the millions of years over which Darwinian evolutionary change has taken place, will be seen and felt almost immediately. This new process of evolutionary change will replace Natural selection with deliberate selection, Darwinian evolution with "enhancement evolution".* (Harris, 2010 : 3-4)

Dans cette perspective post-évolutionniste, les transhumanistes postulent que l'espèce humaine n'a pas atteint son état définitif et ne l'atteindra sans doute jamais car elle subit, comme toutes les autres espèces, des évolutions multiples. Ce postulat donne à l'homme la possibilité de se transformer et d'augmenter ses capacités en s'enrichissant de manière proactive de tous les apports des nouvelles technologies (Fuller & Lipinska, 2014) ; l'augmentation étant conçue comme une intervention causant soit une amélioration dans le fonctionnement de certains sous-système au-delà de l'état de santé normal d'un individu déterminé, soit l'addition d'une nouvelle capacité (Bostrom & Sandberg, 2009 : 378).

Une telle augmentation/amélioration doit conduire à transcender les limites de l'espèce en agissant potentiellement sur divers fronts [20] : la longévité, les capacités intellectuelles, les fonctionnalités corporelles, les modalités sensorielles, l'humeur, l'énergie, le contrôle de soi. Il s'agit de se façonner un corps préservé de la souffrance et de la maladie : garantir l'immortalité du corps (et de l'esprit), le transformer, le réécrire, le construire, améliorer l'humain et ses performances intellectuelles et physiques, bâtir une société nouvelle dans un âge d'or de richesse et de paix…, en d'autres termes, atteindre la condition posthumaine (Besnier, 2009) ou, comme la définit R. Kurzweil, la singularité (Kurzweil, 2006)[21].

---

20 Et grâce à diverses technologies désignées généralement par l'acronyme NBIC (pour Nanotechnologies, biotechnologies, technologies de l'information et de la cognition). À cet égard, voir le fameux rapport réalisé en 2002 par la National Science Foundation aux États-Unis (Roco & Bainbridge, 2002). Outre les NBIC, les transhumanistes évoquent aussi les recherches relatives à la réalité virtuelle et, dans une optique plus futuriste encore, à la cryonique (conservation d'un organisme en hyper-froid) et aux méthodes de téléchargement des contenus cérébraux sur des systèmes artificiels (*uploading*).

21 L'idée de « singularité » repose essentiellement sur l'hypothèse que l'homme réussira à créer une machine consciente et dotée d'une intelligence supérieure à l'intelligence humaine. Si une machine d'une telle intelligence réussit à voir le jour, l'action conjointe des réseaux d'ordinateurs et de leurs utilisateurs humains pourrait aboutir, selon

De la métaphore aux métamorphoses : regard critique sur le posthumain et ses *enhancement technologies*

Dans sa somme d'anthropologie philosophique, intitulée *La Technique et le temps*, B. Stiegler défend l'idée que la technique est constitutive de l'espèce humaine. Il déploie la métaphore de la prothèse pour dire avec force que « [l]a prothèse n'est pas un simple prolongement du corps humain, elle est sa constitution en tant qu'"humain" […] Elle n'est pas un "moyen" pour l'homme, mais sa fin, et l'on sait l'essentielle équivocité de cette expression, la "fin de l'homme" » (Stiegler, 1994 : 162). Si la prothèse, comme ce philosophe le suggère, est caractéristique de l'être humain, qu'elle en est la fin et non le moyen, il n'y a cependant qu'un pas pour en faire la métaphore annonciatrice de la disparition de l'homme, de sa redé-*finition*. L'équivocité du terme « fin » ouvre, il est vrai, une brèche vers cet abîme (Fukuyama, 1994). Stiegler, très conscient de ce double sens, se garde bien de sonner le glas de l'espèce humaine. Son souci est ailleurs ; il s'agit de penser en termes ontologiques le statut et le rôle de la technique dans l'évolution de l'espèce.

À travers l'examen des figures de l'*anthropos*, du *cyborg* et du *posthumain*, nous avons vu que les théoriciens transhumanistes font un tout autre usage de la notion de prothèse. Considérer les artéfacts en termes de prothèses mélioratives, de *enhancement technologie*[22], leur sert à appuyer leurs revendications en faveur d'un corps modifié. Plus, la notion de prothèse nourrit les stratégies rhétoriques d'un post-évolutionnisme, célébrant la disparition de l'homme au profit de l'avènement du posthumain. Parmi les différents discours recourant à la notion de prothèse, il est donc crucial de distinguer entre diverses tendances, en faisant l'examen de leurs soubassements ontologiques et de leurs ambitions normatives.

Cette tâche s'avère cependant très délicate dans la mesure où, derrière les propos parfois extravagants des prosélytes du post-humain, on peut identifier certaines conceptions qui sont aujourd'hui très en vogue dans le domaine des sciences sociales et humaines, comme l'abandon de l'idée que les humains sont des entités stables et cohérentes, le recours à l'argument de la technogenèse et à la nature prothétique de l'homme ou la remise en cause des frontières entre humains et non-humains. On voit ainsi apparaître les signes d'une rencontre

---

Kurzweil, à la création d'une « super-intelligence » susceptible également d'améliorer l'intellect naturel humain (Kurzweil, 2006).

22 Il y aurait beaucoup à dire sur la notion même de « enhancement » et ses rapports avec les idées de normalité et de santé. Dans le cadre limité de cette étude, nous renvoyons à l'article introductif de Norman Daniels (2000).

entre sciences sociales et les arguments des zélotes du mouvement transhumaniste. Les écrits de Haraway, par exemple, sont souvent cités, non seulement comme outils pour penser le monde futur des posthumains, mais aussi comme justification pour forcer la tendance dans cette direction[23]. Dans ce contexte, il importe de faire la distinction entre les fantasmes *posthumains* et les théories *posthumanistes* visant à critiquer l'héritage conceptuel de la modernité et à dépasser les apories de la pensée humaniste (Roden, 2010)[24]. Ces dernières ont toutes en commun de remettre en cause l'exceptionnalisme humain dans son rapport aux choses, aux objets et à l'environnement[25]. D'une part, cette remise en cause vise à déconstruire la figure humaniste du sujet humain autonome, libre et rationnel, dont l'identité demeure toujours intacte en dépit des expériences du corps vécu et de ses interactions avec l'environnement. D'autre part, elle entend proposer un paradigme non moderne de l'action et/ou de l'identité où les non-humains, qu'il s'agisse de dispositifs techniques ou d'autres êtres vivants, sont considérés comme des instances agissantes et des membres à part entière de la communauté (Wolfe, 2010).

Prendre au sérieux cette rencontre entre les arguments mobilisés par les chercheurs en sciences sociales et ceux des transhumanistes doit amener le chercheur à s'intéresser au potentiel de confusion que recèle la métaphore de la prothèse. Il s'agit ici d'envisager les préjudices éventuels que les « engins épistémologiques » peuvent causer à la compréhension de notre expérience quotidienne et donc d'interroger la pertinence de la métaphore prothétique ou cybernétique pour fonder une anthropologie philosophique. Le danger est ici que le posthumain et ses prothèses mélioratives deviennent un paradigme dominant pour penser à la fois le monde et la spécificité humaine. Penser

---

23 Ainsi, le manifeste de James Hughes, promouvant une modification radicale de l'espèce humaine, fait référence à Haraway comme « the principal touchpoint of post-humanism » (Hughes, 1996).

24 À cet égard, David Roden invite à faire la distinction entre « posthumanisme spéculatif » et « posthumanisme critique ».

25 Notons au passage que dans le champ des recherches en sciences sociales, la métaphore de la prothèse ou du cyborg peut servir à fonder des conceptions philosophiques, en principe, tout à fait opposées. Ainsi, pour les auteurs faisant appel au naturalisme et reconnaissant l'existence chez l'homme d'une matrice biologique fondamentale, l'usage de la métaphore sert à démontrer que l'humanité est, *ontologiquement*, une espèce « cyborg » (Clark, 2003). Au contraire, pour les constructivistes sociaux (anti-essentialistes), cette métaphore sert à contester l'existence d'un substrat ontologique stable et identifiable, et à mettre l'accent sur le caractère malléable et socialement (et technologiquement) négocié du concept d'humain, duquel est absent toute propriété ou définition invariante. Voir, par exemple, les écrits de Donna Haraway, susmentionnés.

l'humanité uniquement en termes prothétiques est selon nous hautement problématique : non seulement parce que cela revient à proposer un modèle très réducteur de l'être humain se limitant à la technicité, mais surtout parce qu'un tel modèle n'a pas qu'un caractère rhétorique. Comme tout « engin épistémologique », il a partie liée avec la *praxis*, c'est-à-dire ici avec les formidables développements que connaît l'ingénierie biomédicale et les possibilités presque illimitées d'hybridation entre le corps et la technique que ces développements concrétisent.

À ce titre, loin d'être innocemment explicatif ou ontologiquement descriptif, ce modèle peut être mis au service d'une véritable sotériologie, en vertu de laquelle il n'y aurait de salut que dans la fusion avec la machine :

> *the man who looks wholly to the machine for his salvation will see his final form as the immediate union of man and machine in one person, as the Medieval man saw his ideal and complete form in the unity of the divine and the human. And he envisions others as co-servants of technism and nature as fuel; all equally place their future in the hands of the prosthetic savior. Now this understanding of man, while efficient within its limits, is clearly a partial understanding: accepting it as the whole and sufficient view does man violence.* (Ballard, 1978 : 232, cité par Selinger & Engström, 2007 : 567)

Un tel modèle recèle en effet un potentiel de violence épistémologique et ontologique considérable, puisqu'il peut conduire à placer réellement l'avenir de l'homme dans les mains d'un « sauveur prothétique », vidant alors la notion de prothèse de sa substance métaphorique pour n'en garder que le sens littéral. Pour Frédéric Neyrat, c'est précisément ce qui est à l'œuvre dans les discours et les pratiques favorables aux dispositifs mélioratifs, car « (…) avec le posthumain, la prothèse devient un pur complément, qui œuvre à une transformation réelle, une métamorphose sans métaphore, sans transport hors de soi, sans dehors quel qu'il soit. » (Neyrat, 2015 : 128-129).

Cette dé-métaphorisation intégrale est la résultante d'un processus d'« autohominisation » (Serres, 2003 : 62-69) purement technique, en vertu duquel l'être humain devient cause opérationnelle de lui-même, c'est-à-dire *causa sui* selon la célèbre formule de Spinoza pour désigner Dieu. L'idée de devenir à soi-même sa propre cause s'accompagne alors d'un mouvement de clôture de l'humanité sur elle-même (Neyrat, 2015 : 113-117)[26]. Comme le

---

26 Michel Serres parle d'une « boucle d'hominescence », pour décrire la phase contemporaine du processus d'hominisation, laquelle se caractérise par un mouvement de rétroaction des technologies sur les êtres humains, des outils sur le corps de l'homme.

dit Neyrat, il n'y a alors plus de « dehors », il n'y a plus d'altérité, que celle-ci soit transcendante ou interne au monde[27]. Triomphe alors l'idée d'une autonomie totale sur le plan tant métaphysique que social, c'est-à-dire le projet d'être son propre créateur, sans besoin d'aucune force d'engendrement extérieure à soi (Dieu, la Nature, la Société, etc.). Plus encore, avec la conquête technique du corps comme dernier stade de l'évolution, se produit alors une « [...] *globalisation réelle* de l'hominisation, par laquelle les êtres humains deviennent capables de transformer non seulement le monde entier, de façon macrologique, mais aussi l'intérieur même des corps, de façon micrologique » (Neyrat, 2015 : 118).

Évacuant toutes les autres dimensions de l'existence, cette globalisation débridée met en demeure le réel de se montrer comme un ensemble calculable et prévisible de forces ou comme un simple réservoir de ressources, un stock disponible pour paraphraser Heidegger (Heidegger, 1958). Et cette idée est poussée à son comble puisqu'elle s'étend au corps même de l'homme et justifie toutes les expérimentations et améliorations possibles. Cette rationalité instrumentale s'accompagne en outre d'une forme exacerbée d'individualisme où le progrès n'est plus du tout envisagé en termes collectifs. À l'heure de la globalisation et de l'anthropocène (Bonneuil & Fressoz, 2013), le salut s'obtient sur terre à travers la transformation de soi par soi, une actualisation strictement technique qui ne s'embarrasse pas des dynamiques socioéconomiques et des questions éthiques et politiques (Le Dévédec, 2015). Comme le souligne Joel Dinerstein, « the *agency* of progress has shifted – from society (social planning, good government, virtuous leadership) to the individual (quality-of-life, obtainable through constant consumption). [...] As self-actualization now seems possible through technological advance, the body has become the locus of consumer desire and the (literal) base for layers of technological prosthetics. As Vivian Sobchack notes, the "desire for transformation through technology has...detached itself from visions of rationality and [social] progress and attached itself (with some anxiety) to more subjective states of technological being." In other words, social relations will not improve through moral elevation

27 Dans le même ordre d'idées, voir les propos de Evan Selinger et Timothy Engström au sujet de la notion de cyborg : « The salvation at issue is the elimination of otherness by virtue of the *totalizing presence* that cyborg cognition and cyborg action will ultimately yield. As *homo faber*, the cyborg will re-make the world in its own image until all of nature becomes an extension of its mind, until the quest for monism is completed and everything is transformed into a cognitive tool. » (Selinger & Engström, 2007: 568).

or a more equitable distribution of resources, but through self-mastery available over the counter » (Dinerstein, 2006 : 573-574)[28].

La maîtrise hyperindividualiste et la liberté de se transformer auxquelles aspire le posthumain font de lui une sorte de figure dégénérée du héros romantique, pauvre créateur autonome de son pseudo-sens existentiel. Ainsi, l'homme augmenté ne se consume plus, comme le héros ou le poète, dans l'exploration prométhéenne de nouvelles sensations et des nouvelles ressources de sens pour ses congénères (Campbell, 1987), mais il consomme des objets techniques pour, en dernière instance, se consommer lui-même (Quessada, 1999). À travers la promesse technologique, il est à la recherche constante d'une plus pleine réalisation de soi ; il vise un état sans cesse fuyant de plus parfaite complétude[29]. Ce qui compte pour cette réalisation, ce n'est pas tant la possession et l'accumulation de dispositifs prothétiques ou de « capital bioculturel »[30] que le processus même d'acquisition, et surtout le désir qui le précède. Prisonnier de son désir d'autocréation, le posthumain dérive de façon imaginaire par rapport à son être corporel, à ses besoins. Il rêve de « réaliser techniquement l'imaginaire par lequel les humains rêvent de devenir autre. Ne plus rêver en images, mais s'imaginer ne plus rêver » (Neyrat, 2015 : 123).

Conclusion

Le développement sans précédent de dispositifs techniques susceptibles d'être intégrés dans l'organisme bouleverse nos représentations du corps humain, si ce n'est notre nature anthropologique elle-même. En effet, en vertu à la fois de leur sophistication et de leur miniaturisation, ceux-ci permettent une intrusion de plus en plus facile dans les arcanes du corps humain et conduisent à une hybridation de plus en plus aboutie entre l'artificiel et l'organique. À ce titre, leur développement s'accompagne d'une croyance en la possibilité de redessiner le corps conformément à certains besoins et désirs particuliers. Pour penser ces dispositifs et leur potentiel de transformation, la notion de prothèse est fréquemment mobilisée

---

28 L'auteur cite un article de Vivan Sobchak consacré à l'« imagination technologique » (Sobchak, 2004).

29 Avec les technologies mélioratives, la restauration ne peut jamais être complète puisqu'il existe toujours la possibilité d'un ajout susceptible de rendre meilleur… (Karpin & Mykitiuk, 2008 : 414).

30 Le concept de capital bioculturel « […] explains human enhancements as acts of consumption, whereby individuals locate some source of meaning that they seek to acquire via the modification » (Miah, 2013).

dans la littérature scientifique et journalistique. Cependant, comme nous avons essayé de le montrer, le pouvoir métaphorique de cette notion peut être utilisé de différentes manières et pour différents objectifs.

Les uns utilisent la notion de prothèse pour fonder une anthropologie philosophique : l'*anthropos* serait ainsi un être ontologiquement prothétique, puisque depuis ses origines, il recourt aux objets techniques pour transformer et étendre ses capacités (extension). La prothèse est donc à son porteur ce que les outils et les objets techniques sont à l'espèce humaine : rapport de microcosme à macrocosme. Dans cette perspective « holistique » où tout devient prothèse, le langage métaphorique provoque la confusion entre le tout et ses parties ou introduit de manière déconcertante une synecdoque dans la réflexion. Les autres utilisent le modèle de la prothèse pour mettre radicalement en cause les taxinomies héritées de la modernité et les rapports de pouvoir qui en résultent. Plus particulièrement, à travers la figure du *cyborg*, être prothétique par excellence, leur projet est de penser les affinités, les parentés, les mélanges entre les êtres et les choses, la culture et la nature, l'homme et l'artéfact (hybridation), au-delà des assignations à un genre, une nature, une catégorie ontologisée. Au sein de ce projet à la fois épistémologique et politique, l'usage de la notion de prothèse et le statut accordé à la technologie peuvent parfois être ambigus. On ne sait plus très bien si l'hybridité recherchée s'intègre dans le cadre d'une réflexion post-humaniste de nature critique ou si elle est entendue de manière plus littérale. Enfin, la notion de prothèse est utilisée par certains pour nourrir un objectif prométhéen : celui de transformer le corps en l'augmentant ou en lui créant de nouvelles caractéristiques. La notion de prothèse perd ici totalement de son pouvoir métaphorique, car elle renvoie à l'idée d'une création purement technique d'un *posthumain* qui transcenderait les limites biologiques propre à l'espèce (émancipation).

Il y a presque un siècle, dans son célèbre ouvrage *Le Malaise dans la culture*, Freud notait que, grâce à la technique, l'homme était devenu semblable à ses dieux. Il ajoutait, cependant, que cette ressemblance pouvait s'avérer problématique. L'homme, disait-il, « est pour ainsi dire devenu une sorte de dieu prothétique, vraiment grandiose quand il revêt tous ses organes adjuvants ; mais ceux-ci ne font pas encore corps avec lui et ils lui donnent à l'occasion encore beaucoup de mal. » (Freud, 1995 : 34-35). À l'heure des prothèses intelligentes, des puces électroniques, des implants immunocompatibles, il faudrait également admettre que parfois nos modèles théoriques, nos « engins épistémologiques » ne font sans doute pas assez corps avec notre pensée et qu'à l'occasion, pour filer la métaphore technologique, ils nous donnent encore du fil à retordre.

Références bibliographiques

BALLARD Edward Goodwin, 1978. *Man and technology: Toward the measurement of a culture*, Pittsburgh, Duquesne University Press.

BESNIER Jean-Michel, 2009. *Demain les posthumains. Le futur a-t-il encore besoin de nous ?*, Hachette Littératures.

BOLK Louis, 1960. « La genèse de l'homme », *Arguments*, 18, p. 3-13.

BONNEUIL Christophe, FRESSOZ Jean-Baptiste, 2013. *L'Événement anthropocène. La Terre, l'histoire et nous*, Paris, Éd. du Seuil.

BOSTROM Nick, 2000. « Qu'est-ce que le transhumanisme ? Version 3.2 », *IATranshumanisme.com (Transhumanisme et intelligence artificielle)* [En ligne]. Consulté le 18/06/2018. URL : https://iatranshumanisme.com/a-propos/transhumanisme/la-declaration-transhumaniste/quest-ce-que-le-transhumanisme-version-3-2/

—, 2005. « A History of Transhumanist Thought », *Journal of Evolution and Technology* [En ligne], 14 (1). Consulté le 18/06/2018. URL : http://jetpress.org/volume14/bostrom.pdf.

BOSTROM Nick, SANDBERG Anders, 2009. « The Wisdom of Nature: An Evolutionary Heuristic for Human Enhancement », *in* J. Savulescu & N. Bostrom (eds), *Human Enhancement*, Oxford, Oxford University Press, p. 375-416.

BOURG Dominique, 1996. *L'Homme artifice. Le sens de la technique*, Paris, Gallimard.

CAMPBELL Colin, 1987. *The Romantic Ethic and the Spirit of Modern Consumerism*, Oxford – New York, Blackwell.

CANGUILHEM Georges, 2003 [2e éd. revue et augmentée ; 1re éd. : 1952]. *La Connaissance de la vie*, Paris, Librairie philosophique J. Vrin.

CLARK Andy, 2003. *Natural-Born Cyborgs: Minds, Technologies, and the Future of Human Intelligence*, Oxford, Oxford University Press.

DAGOGNET François, 2008. *Le Corps*, Paris, PUF.

DANIELS Norman, 2000. « Normal Functioning and the Treatment-Enhancement Distinction », *Cambridge Quarterly of Healthcare Ethics*, 9 (3), p. 309-322.

DERRIDA Jacques, 1967. *De la grammatologie*, Les Éditions de Minuit.

DINERSTEIN Joel, 2006. « Technology and Its Discontents: On the Verge of the Posthuman », *American Quarterly*, 58 (3), p. 569-595.

DUBARRY Thibaut, HORNUNG Jérémy, 2011. « Qui sont les transhumanistes ? », *Sens Public* [En ligne]. Mis en ligne le 17/06/2011 (consulté le 18/06/2018). URL : http://sens-public.org/article527.html.

FONTANILLE Jacques, 2000. « Enveloppes, prothèses et empreintes : le corps postmoderne (À propos et à partir de l'étude d'Herman Parret) », *Protée* [En ligne], 28 (3), p. 101-111. Mis en ligne le 12/04/2005 (consulté le 18/06/2018). URL : https://www.erudit.org/en/journals/pr/2000-v28-n3-pr2784/030609ar.pdf ; DOI : 10.7202/030609ar

FREUD Sigmund, 1995 [1re éd. originale : 1930]. *Le Malaise dans la culture*, Paris, PUF (Quadrige 197).

FUKUYAMA Francis, 2004. *La Fin de l'homme. Les conséquences de la révolution biotechnique*, Paris, Gallimard (Folio. Actuel 109).

FULLER Steve, LIPINSKA Veronika, 2014. *The Proactionary Imperative: A Foundation for Transhumanism*, Basingstoke, Palgrave Macmillan.

GARDEY Delphine, 2013. « Donna Haraway : poétique et politique du vivant », *Cahiers du Genre*, 55 (2), p. 171-194.

GEHLEN Arnold, 2009. *Essais d'anthropologie philosophique*, Paris, Maison des Sciences de l'Homme.

GERHART Mary, RUSSEL Allan Melvin, 2004. « Metaphor and thinking in science and religion », *Zygon*, 39 (1), p. 13-38.

GRUGIER Maxence, 2003. « L'utopie cyborg. Réinvention de l'humain dans un futur sur-technologique », *Quasimodo* [En ligne], 7, p. 223-238. Consulté le 18/06/2018. URL : http://www.revue-quasimodo.org/PDFs/7%20-%20Cyborg%20Utopie%20Technologie.pdf

GUÏOUX Axel, LASSERRE Évelyne, Jérôme GOFFETTE, 2004. « Cyborg : approche anthropologique de l'hybridité corporelle bio-mécanique. Note de recherche », *Anthropologie et Sociétés* [En ligne], 28 (3), p. 187-204. Mis en ligne le 12/09/2005 (consulté le 18/06/2018). URL : https://www.erudit.org/en/journals/as/2004-v28-n3-as961/011289ar ; DOI : http://dx.doi.org/10.7202/011289ar

HABLE GRAY Chris (ed., with the assistance of Heidi J. Figueroa-Sarriera & Steven Mentor), 1995. *The Cyborg Handbook*, New York, Routledge.

HACKING Ian, 1998. « Canguilhem amid the cyborgs », *Economy and Society*, 27 (2), p. 202-216.

HARAWAY Donna J., 1991. *Simians, Cyborgs, and Women: the Reinvention of Nature*, New York, Routledge.

—, 1996. *Modest_Witness@Second_Millennium. FemaleMan©_Meets_OncoMouse™: Feminism and Technoscience*, New York, Routledge.

HARRIS John, 2010. *Enhancing Evolution: The Ethical Case for Making Better People*, Princeton, Princeton University Press.

HAYLES Katherine N., 1990. « Designs of the Body: Norbert Wiener, Cybernetics, and the Play of Metaphot », *History of the Human Sciences*, 3 (2), p. 211-228.

HEIDEGGER Martin, 1958. *Essais et Conférences*, Paris, Gallimard (Tel 52).

HUGHES James, 1996. « Embracing Change with All Four Arms: A Post-Humanist Defense of Genetic Engineering », *Eubios. Journal of Asian and International Bioethics*, 6 (4), p. 94-101.

HUYKE Héctor J., 2001. « Toward an Ethics of Technologies as Prostheses », *International Journal of Technology and Design Education*, 11 (1), p. 53-65.

IDHE Don, SELINGER EVAN, 2004. « Merleau-Ponty and Epistemology Engines », *Human Studies*, 27 (4), p. 361-376.

JAIN Sarah. S., 1999. « The Prosthetic Imagination: Enabling and Disabling the Prosthesis Trope », *Science, Technology & Human Values*, 24 (1), p. 31-54.

KARPIN Isabel, MYKITIUK Roxanne, 2008. « Going Out on a Limb: Prosthetics, Normalcy and Disputing the Therapy/Enhancement Distinction », *Medical Law Revue*, 16 (3), p. 413-436.

KURZWEIL Ray, 2006. *The Singularity Is Near: When Humans Transcend Biology*, New York, Penguin Books.

LATOUR Bruno, 2007. *L'Espoir de Pandore. Pour une version réaliste de l'activité scientifique*, Paris, La Découverte (Poche. Sciences humaines et sociales 255).

LE DÉVÉDEC Nicolas, 2015. « Retour vers le futur transhumaniste », *Esprit*, 11, p. 89-100.

LEROI-GOURHAN André, 1964. *Le Geste et la Parole*, vol. 1 : *Technique et langage*, Paris, Albin Michel.

LYNES Krista G., SYMES Katerian, 2016. « Cyborgs and virtual bodies », *in* L. Disch & M. Hawkesworth (eds), *The Oxford Handbook of Feminist Theory*, Oxford, Oxford University Press, p. 123-124.

MCKEOWN Alex, 2010 « Prosthetics: from functionality to self-modification », *Humanity+ Magazine* [En ligne]. Mis en ligne le 07/11/2010 (consulté le 18/06/2018). URL : http://hplusmagazine.com/2010/11/07/prosthetics-functionality-self-modification

MIAH Andy, 2013. « Justifying Human Enhancement: The Accumulation of Biocultural Capital », *in* M. More & N. Vita-More (eds), *The Transhumanist Reader: Classical and Contemporary Essays on the Science, Technology, and Philosophy of the Human Future*, Chichester, Wiley-Blackwell, p. 291-301.

NEYRAT Frédéric, 2015. *Homo Labyrinthus. Humanisme, antihumanisme, posthumanisme*, Éd. Dehors.

ORTONY Andrew (ed.), 1993 [1979]. *Metaphor and Thought*, Cambridge, Cambridge University Press.

PICQ Pascal, 2005. *Les Origines de l'homme. L'odyssée de l'espèce*, Paris, Éd. du Seuil (Points. Sciences 166).

PRESIDENT'S COUNCIL ON BIOETHICS, 2003. *Beyond Therapy: Biotechnology and the Pursuit of Happiness* [En ligne], Report, Washington D.C. Consulté le 18/06/2018. URL : http://biotech.law.lsu.edu/research/pbc/reports/beyondtherapy

QUESSADA Dominique, 1999. *La Société de consommation de soi*, Verticales.

ROCO Mihail C., BAINBRIDGE William S. (eds), 2002. *Converging Technologies for Improving Human Performance: Nanotechnology, Biotechnology, Information Technology and Cognitive Science* [En ligne], NSF/DOC-sponsored report, National Science Foundation. Consulté le 18/06/2018. URL : http://www.wtec.org/ConvergingTechnologies/1/NBIC_report.pdf

RODEN David, 2010. « Deconstruction and Excision in Philosophical Posthumanism », *Journal of Evolution & Technology* [En ligne], 21 (1), p. 27-36. Mis en ligne en juin 2010 (consulté le 18/06/2018). URL : http://jetpress.org/v21/roden.pdf.

ROELENS Nathalie (avec la collab. de STRAUVEN Wanda), 2002. « Introduction. Du prothétique à l'orthopédique », *in* N. Roelens & W. Strauven (dir.), *Homo Orthopedicus. Le corps et ses prothèses à l'époque (post)moderniste*, Paris, L'Harmattan, p. 7-20.

SELINGER Evan, ENGSTRÖM Timothy, 2007. « On Naturally Embodied Cyborgs: Identities, Metaphors, and Models », *Janus Head*, 9 (2), p. 553-584.

SERRES Michel, 2003. *Hominescence*, Paris, Librairie générale française (Le Livre de Poche 15559).

SLOTERDIJK Peter, 2001. *L'Heure du crime et le temps de l'œuvre d'art*, Paris, Hachette Littératures (Pluriel 1016).

SOBCHACK Vivian, 2004. « Science Fiction Film and the Technological Imagination », *in* M. Sturken, D. Thomas & S. Ball-Rokeach (eds), *Technological Visions: The Hopes and Fears that Shape New Technologies*, Philadelphia, Temple University Press, p. 145-158.

—, 2006. « A Leg to Stand On: Prosthetics, Metaphor, and Materiality », *in* M. Smith & J. Morra (eds), *The Prosthetic Impulse. From a Posthuman Present to a Biocultural Future*, Cambridge, The MIT Press, p. 17-41.

STIEGLER Bernard, 1994. *La Technique et le temps*, t. 1 : *La Faute d'Épiméthée*, Paris, Galilée – La Cité des Sciences et de l'Industrie.

TINLAND Frank, 1977. *La Différence anthropologique. Essai sur les rapports de la nature et de l'artifice*, Paris, Aubier Montaigne (Analyse et Raisons 9).

WILLS David, 1997. *Prothèse*, vol. 1 : *Hamilton, 1970 – Berchtesgraden, 1929*, Paris, Galilée.

WOLFE Cary, 2010. *What Is Posthumanism?*, Minneapolis, University of Minnesota Press (Posthumanities series 8).

Hors-dossier

Les ressorts de l'engagement dans une pratique de consommation collaborative

Le cas des conducteurs d'une plate-forme de covoiturage

Josette DEBROUX
CMW[1] (UMR 5283) - MEPS
Univ. Lumière Lyon 2, ENS de Lyon,
Univ. Jean Monnet (St-Étienne)

« Utopie » *ou* « big business » (Borel, Massé & Demailly, 2015 : 9), résistance à l'individualisme grandissant ou économie de la « précarité », réinvention des fondamentaux de l'économie ou nouveau visage du capitalisme (s.n., 2015), les analyses concernant le développement des « pratiques collaboratives » qui, dans leur définition la plus large, vont du partage d'un espace commun de travail à l'achat d'une voiture d'occasion sur *Leboncoin*, en passant par le financement participatif ou le « manger local », divergent fortement. Elles opposent en cela souvent promoteurs et idéologues de ces pratiques les plus entendus et observateurs issus du monde académique qui s'attachent à confronter discours et pratiques effectives. L'invention de « l'économie collaborative » ou la « consommation collaborative » est récente. Elle remonte au début des années 2010, suite à la publication de l'ouvrage *What's mine is yours: The rise of collaborative consumption* par la consultante Rachel Botsman, dont le discours, approprié par « le milieu de l'entrepreneuriat

---

1 Centre Marx Weber – Modes, espaces et processus de socialisation ; Site Lyon 2 – Campus Porte des Alpes, Université Lumière Lyon 2, 5 avenue Pierre Mendès-France, Bât. H, F-69696 Bron Cedex.

numérique », va permettre de promouvoir de nouvelles technologie, et en particulier le réseau internet (Jacquet, 2015 : 99).

Parmi les pratiques « collaboratives », certaines sont plus emblématiques de ce « mouvement », parce qu'elles mobilisent les principaux schèmes de la « rhétorique collaborative » : c'est le cas notamment du site de covoiturage *BlaBlaCar*. La plateforme met en avant l'économie, le partage, la convivialité et plus accessoirement le respect de l'environnement. Les pratiques de covoiturage, les caractéristiques des covoitureurs ont donné lieu à différents travaux. La recherche des déterminants de la pratique du covoiturage a conduit à évaluer le rôle des variables « contextuelles » (lieu d'habitation, offre de transport, « accessibilité », temps et coût de transport… ; Biotteau, 2014 ; ADEME-6t-bureau de recherche, 2015 ; Castex, 2015), des variables caractérisant le trajet (finalité du déplacement, fréquence, distance parcourue, point de départ et d'arrivée, horaire… ; Barthes, 2009), des caractéristiques sociales (sexe, âge, profession, niveau de revenu… ; MAIF, 2009 ; Barthes, 2009 ; ADEME-6t-bureau de recherche, 2015), des représentations sociales de la pratique. Les résultats de ces travaux sont difficilement comparables puisqu'ils portent sur des définitions différentes du covoiturage, sur des populations différentes, des trajets différents. La prise en compte des motivations a permis de montrer que les « motivations économiques » sont présentes chez les usagers de tout type de covoiturage. Et ce bien qu'elles soient toujours tempérées par des motivations plus « nobles », comme la convivialité ou encore « la sensibilité environnementale » quand on s'élève dans la hiérarchie sociale (Barthes, 2009 ; ADEME-6t-bureau de recherche, 2015), les raisons écologiques apparaissant souvent comme des rationalisations *a posteriori* (Vincent-Geslin, 2008). La surreprésentation sensible des catégories moyennes et supérieures parmi les conducteurs inscrits sur une plate-forme (MAIF, 2009 ; ADEME-6t-bureau de recherche, 2015) interroge. Certes, ces catégories sociales sont les plus susceptibles de recourir au covoiturage puisqu'elles sont plus mobiles : la distance parcourue sur les routes évaluée à partir du kilométrage annuel augmente à mesure que l'on s'élève dans l'espace social (Comby & Grossetête, 2012). Elles sont, par ailleurs, plus familières de l'Internet puisque le dépôt des offres de covoiturage s'effectue en ligne (Donna, 2009), et sont plus souvent connectées à l'Internet mobile (Gombault, 2013).

La part modale du covoiturage (qu'il soit organisé ou informel), bien que difficile à évaluer précisément, reste, selon les estimations, assez faible.

Concernant les déplacements domicile-travail de moyenne distance (entre 20 km et 80 km)[2], le covoiturage représenterait 10 % du total des kilomètres parcourus pour ce motif. S'agissant des déplacements personnels de longue distance (hors avion ; plus de 80 km), le covoiturage représenterait entre 1 % et 2 % du total des déplacements (ADEME-INDDIGO S.A.S., 2015 : 17).

Qu'est-ce qui amène ces conducteurs que l'on peut supposer peu contraints économiquement à se soumettre aux « règles » explicites ou implicites d'une plate-forme, règles à la définition desquelles ils n'ont pas contribué et à jouer « le double-jeu de la distance marchande et de la proximité amicale » (Jacquet, 2015) ?

Les changements des pratiques modales ou leur révision s'opèrent souvent à l'occasion de déménagements (Rocci, 2007 ; Vincent-Geslin, 2008). Quelles sont, plus largement, les modifications de la vie sociale de l'individu qui favorisent un changement modal et plus spécifiquement l'engagement dans la pratique du covoiturage comme conducteur ?

L'objectif de cet article est de chercher à comprendre l'engagement d'automobilistes dans la pratique du covoiturage en reconstruisant les expériences socialisatrices, les dispositions constituées, l'effet exercé par la trajectoire sociale sur ces dispositions et le contexte présent qui va les actualiser. En effet, la pratique est toujours « ...le point de rencontre des expériences passées individuelles qui ont été incorporées sous forme de schèmes d'action (schèmes sensori-moteurs, schèmes de perception, d'évaluation, d'appréciation), d'habitudes, de manières (de voir, de sentir, de dire et de faire) et d'une situation sociale présente » (Lahire, 1998 : 81).

L'approche dispositionnaliste, contrairement à l'analyse des motivations, suppose de considérer que si « l'acteur est souvent suffisamment conscient pour nous décrire ce qu'il fait, il n'est pas conscient en revanche des déterminations internes et externes qui l'ont poussé à agir comme il a agi, à penser comme il a pensé, à sentir comme il a senti... » (Lahire, 2002 : 12). Si certaines situations de la vie sociale sont incontournables, rien, formellement, ne contraint un automobiliste à devenir conducteur sur une plate-forme de

---

[2] En 2008, selon l'enquête « Nationale, transports et déplacements » (dernières données disponibles, l'enquête n'ayant lieu que tous les 15 ans) les Français ont parcouru 818 milliards de voyageurs-km . Les déplacements de moins de 20 km représenteraient 31 % de l'ensemble, ceux entre 20 km et 80 km, 29 %, ceux de plus de 80 km, 40 %. Les déplacements de moins de 80 km sont effectués pour 84 % en voiture contre 43 % pour les déplacements supérieurs à 80 km (ADEME-INDDIGO S.A.S., 2015 : 1).

covoiturage. On peut supposer que le conducteur qui effectue régulièrement des trajets a constitué les dispositions nécessaires à faire du covoiturage telles qu'elles apparaissent dans les différentes enquêtes sous forme de motivations : l'inclination à faire des économies (partager avec d'autres ses frais de déplacement sans renoncer à l'usage de sa voiture) comme variante d'une disposition ascétique (accepter les contraintes qui vont avec l'inscription, respect des horaires…), le goût de l'Autre, de l'altérité (dans sa valence positive ; Régnier, 2004 : « Présentation », 137-138), la quête de sociabilité[3]. En effet, la relation, même éphémère, créée dans le cadre d'un trajet, relève de la sociabilité plus que de la simple interaction (Pharabod, 2017) et en particulier du goût à échanger avec un inconnu. Bien sûr, ces dispositions peuvent se conjuguer à d'autres dispositions comme « une conscience environnementale », « une bonne volonté écologique » (Comby & Grossetête, 2012 : 260) qui ne joue jamais un rôle déterminant (ADEME-6t-bureau de recherche, 2015 ; Vincent-Geslin, 2014), et d'autant moins dans notre étude où les enquêtés sont conducteurs. Ces dispositions peuvent être plus ou moins fortement constituées et leur activation dépendra des caractéristiques de la trajectoire et du contexte présent dans lequel se situe l'individu. Les profits matériels et symboliques obtenus permettent de pérenniser la pratique.

L'enquête a été réalisée auprès d'usagers de *BlaBlaCar* qui occupe une position dominante sur le marché du covoiturage, spécialisé dans les trajets occasionnels « longue-distance » c'est-à-dire supérieur à 80 km. La plate-forme applique une commission sur les tarifs payés par les passagers. La logique économique est omniprésente. L'usager conducteur doit fixer le prix des places qu'il propose (un prix indicatif est conseillé). Il est invité à suivre les conseils de marketing distillés par la plate-forme pour avoir des passagers. La « convivialité » qui permet d'euphémiser la logique marchande est aussi au service de la rentabilité économique : « être convivial » permet d'augmenter les chances d'être choisi par un passager.

Le matériau d'enquête est constitué de 23 entretiens biographiques enregistrés. L'entretien constitue « la méthode par excellence pour saisir les expériences vécues » (Demazière, 2008). Il permet de reconstruire les manières de penser et d'agir qui se sont constituées au cours la socialisation, par la « répétition d'expériences relativement similaires » (Lahire, 2002 : 20). Nous avons cherché à caractériser les différentes sphères socialisatrices

---

3 François HÉRAN considère la sociabilité comme une pratique culturelle, cf. Héran, 1988.

traversées par l'enquêté dans lesquelles ont pu se constituer des dispositions ascétiques et un goût pour l'altérité : la famille (trajectoires sociales de leurs père et mère), et aspirations sociales (attentes en manières de réussite scolaire), les habitudes familiales en matière de consommation (rapports aux dépenses...), vie sociale (réseau relationnel et composition sociale du réseau), trajectoires scolaire et professionnelle précisément décrites et perception de leur trajectoire sociale, trajectoire conjugale (caractéristiques sociales du conjoint, rapports aux dépenses...), rapports aux autres (pratiques de loisirs depuis l'enfance, réseau amical et évolution), trajectoire résidentielle et importance accordée au lieu d'habitation..., mode de vie (pratiques de consommation, loisirs, épargne, ...) et perception de l'avenir. Les entretiens portent également sur la pratique de covoiturage (description précise de l'entrée dans la pratique et des éléments déclencheurs, types de trajets réalisés, nombres, description précise des manières de faire – préparation de la voiture, acceptation ou pas de détours, engagement ou pas de l'interaction, thèmes abordés pendant les échanges, perception des passagers...).

La plupart des enquêtés ont été contactés suite à un trajet réalisé avec eux, trajet d'une centaine de kilomètres, reliant une petite ville d'une zone urbaine favorisée à une grande ville de l'est de la France, les autres par des intermédiaires. Des notes prises en situation d'observation participante (une quarantaine de trajets d'une heure environ) complètent le matériau. Le choix des enquêtés n'a pas été guidé par un souci de représentativité des usagers de la plate-forme et encore moins des usagers du covoiturage. Les enquêtés ont réalisé, en moyenne, depuis leur inscription, entre une dizaine et plus d'une centaine de trajets par an en tant que conducteur exclusivement ou majoritairement. Si l'on se réfère aux données statistiques portant sur les usagers de la plate-forme, la plupart figurent parmi les 24% d'usagers qui pratiquent le covoiturage de manière quotidienne à plusieurs fois par mois. Il s'agit surtout de trajets domicile-travail, quotidiens ou hebdomadaires, part également faiblement représentée chez les usagers de *BlaBlaCar* spécialisés dans les trajets longue distance dans le cadre de « loisirs » (91 % des trajets seraient effectués dans ce cadre ; ADEME-6t-bureau de recherche, 2015).

Âgés de 26 ans à 62 ans, ils sont tous actifs, tous diplômés de l'enseignement supérieur. La plupart relève de la PCS des cadres et professions intellectuelles supérieures, plus rarement des professions intermédiaires et indépendantes (activités de formation ou dans le domaine de l'audio-visuel).

Dans un premier temps, nous montrerons qu'en dépit des différences d'origine sociale et de trajectoires, les enquêtés sont porteurs de dispositions qui favorisent la pratique du covoiturage, une disposition ascétique « comme contrôle de soi et substitution du devoir au plaisir ou à l'envie comme guides explicites ou implicites des pratiques » (Darmon, 2010), avec comme variante une disposition à être économe et une familiarisation à l'altérité sociale, une compétence ou un goût pour les échanges avec autrui. Nous verrons ensuite que l'entrée dans la pratique correspond à un nouveau trajet qui se réalise dans un contexte d'incertitude sociale, à un nouveau regard sur un trajet habituel qui devient pesant suite à une rupture conjugale et un désinvestissement professionnel, à des trajets plus ou moins réguliers dans un moment de disponibilité biographique, autant de situations différentes qui activent prioritairement l'une ou l'autre disposition. Enfin, nous montrerons que si la pratique se pérennise, c'est parce qu'elle leur procure des profits matériels et symboliques différenciés selon les caractéristiques sociales des conducteurs.

Une socialisation primaire et secondaire favorisant la construction de dispositions à pratiquer le covoiturage

Des origines sociales diverses marquées par des déplacements sociaux

Différents travaux ont montré que si les dispositions ascétiques se retrouvent dans toutes les catégories sociales, elles sont plus fortement concentrées sur les trajectoires ascendantes ou chez les catégories intermédiaires (Bourdieu, 1979). Les familles dont sont issus les enquêtés sont socialement différenciées, avec des pères ouvriers, employés mais aussi médecin, cadres, enseignant... Malgré des positions sociales diverses si l'on s'en tient aux professions exercées par les pères, la quasi-totalité des familles d'origine compte au moins un des parents qui a connu une mobilité sociale intragénérationnelle de plus ou moins grande amplitude, souvent sans diplôme, et plus rarement intergénérationnelle. Le père de Guy (45 ans, autoentrepreneur, titulaire d'un DUT) était fils d'ouvrier, il est devenu ingénieur-conseil autodidacte ; celui de Sébastien (39 ans, ingénieur) était manœuvre, il est devenu ensuite chef de chantier, par exemple. Les dispositions ascétiques ont permis d'améliorer les conditions de vie des familles populaires, ces familles se sont notamment mobilisées pour accéder à la propriété d'un pavillon, pour offrir à leurs enfants des vacances qui sont des victoires sur le manque (Schwartz, 1990) :

On partait souvent ou dans la famille ou chez mes grands-parents qui habitaient à une soixantaine de kilomètres […] ça a toujours été des choix, je suis jamais parti à la mer avec mes parents […] ça n'a jamais été pour moi un manque, on n'avait pas les moyens, on n'avait pas les moyens, y'avait pas d'envies, y'avait pas de création de besoin, parce qu'on pouvait pas, on pouvait pas, point à la ligne. – *René, 58 ans, diplôme d'ingénieur, cadre, père ouvrier*

L'espace scolaire constitue un des lieux d'expression de la disposition ascétique. La plupart des enquêtés reconnaissant la légitimité de la méritocratie scolaire selon laquelle les mérites individuels déterminent les positions sociales de chacun (Tenret, 2011). Tous les enquêtés sont diplômés de l'enseignement supérieur avec des trajectoires plus ou moins linéaires toujours marquées, y compris pour les cas les plus proches du modèle du transfuge scolaire, par des renoncements ou des deuils. Leur expérience scolaire, telle qu'elle est présentée *a posteriori*, est placée sous le sceau du sérieux, de l'effort : « je travaillais dur à l'école » (Noria, 26 ans, cadre, mère psychologue, titulaire d'un Master 2), « je passais tous mes week-ends à travailler, mon frère lui allait au foot » (Guillaume, 28 ans, ingénieur, père contrôleur SNCF, mère cadre autodidacte). Les aspirations sociales exprimées parfois de manière explicite par un des parents légitiment l'investissement scolaire, sans bien sûr l'expliquer : « mon père me disait de travailler si je ne voulais pas finir comme lui sur les chantiers » (Sébastien, 39 ans, ingénieur, père ouvrier puis chef de chantier). Le plus souvent, la socialisation a été silencieuse (Lahire, 2001 : 22), ses effets apparaissant dans le discours produit *a posteriori*, sous la forme d'un rejet de la position d'origine :

J'avais une volonté d'acier, franchement, j'avais une forte volonté de réussir […] je voulais pas me retrouver dans la position de mon père […] pour sortir de ma condition. […] J'en ai bavé à l'école, j'ai bossé pour avoir des bonnes notes, j'en ai bavé pour comprendre les maths, la physique, tout ça. – *Jean-Louis, 58 ans, cadre au chômage, diplôme d'ingénieur, père ouvrier*

Stéphanie a beaucoup redoublé tout au long de sa scolarité et n'a obtenu son master de psychologue qu'à 30 ans :

C'était dur […]. Oui oui, c'était pas grave, là les différences c'était… eh, je m'accrochais, j'avais la motivation, c'était pas grave, je travaillais, je faisais ce qu'il fallait, c'était pour moi vraiment, oui, une ouverture, quoi, un désir d'évoluer, quoi. – *Psychologue, 42 ans, mère ouvrière, père employé SNCF puis chef de gare*

Les échecs ou la faible acculturation à la culture scolaire caractérisant certaines trajectoires sont présentés comme temporaires, la trajectoire scolaire interrompue se poursuit par la suite : « …j'avais plus envie d'aller à l'école […] j'ai commencé à bosser avec un BEP et j'ai vu que c'était des jobs de… eh eh !... comme je dis souvent "de grouillots moyens" […] j'ai repris les études » (Thierry, 49 ans, directeur d'établissement de santé, père économe).

Le point de vue négatif sur les études, plus rare, n'a pas empêché l'accumulation de diplômes. Estelle résume ainsi ses souvenirs de l'école : « Je me suis fait chier à l'école globalement, je m'emmerdais royalement, j'apprenais la veille pour le lendemain, ce qui fait que, j'sais pas, j'ai fait 10 années d'études après le bac, j'ai presque rien retenu, tu vois ». Après une maîtrise en management avec une spécialisation en ressources humaines, elle a repris des études en sciences de la famille, puis en « coopération et développement […] ». Elle a ensuite obtenu une certification en approches neurocognitives et comportementales ». (Estelle, 42 ans, autoentrepreneur, père commissaire aux comptes).

Une socialisation économique différenciée mais la construction commune d'une disposition à être économe

Concernant la socialisation économique qui constitue en tant que telle un champ de recherches (Henchoz & Séraphin, 2017), nous avons privilégié le point de vue des socialisés eux-mêmes, notamment l'observation de ce que leurs parents ont pu laisser entrevoir de leur rapport à l'argent (consommation, niveau de vie…), occupant une place centrale dans le processus de socialisation économique. Nous n'avons pas procédé à une analyse précise du processus d'acquisition des compétences et des représentations liées à l'argent, qui supposerait de reconstruire les différents contextes de socialisation successivement et concomitamment traversés et les contextes précis d'utilisation (Duvoux, Haber & Laval, 2015). Notre matériau ne permet pas d'accéder à la diversité des expériences vécues par l'individu au sein et à l'extérieur de la famille, mais rend compte de la mise en cohérence du rapport à l'argent au moment de l'enquête avec les expériences passées. « [L]e passé n'est jamais échu et révolu dans la biographie, il est réintroduit dans la trajectoire, remanié, revisité par le point focal du présent » (Negroni, 2005).

Les enquêtés d'origine favorisée n'ont pas de souvenirs de privation au cours de leur enfance et de leur adolescence, autrement dit de désirs de consommation non satisfaits. Si le rôle central et différencié des pères et des mères dans la socialisation économique est bien connu (Henchoz, Poglia

Mileti & Plomb, 2014), dans ces familles apparaît, cependant, une opposition nette entre priorité accordée à la thésaurisation du côté du parent en ascension sociale (souvent le père) et circulation de l'argent pour l'autre. La générosité d'un des parents suscite, *a posteriori*, de la réprobation ou de la culpabilité, ce qui témoigne de l'existence d'une disposition à être économe : « même moi, petite, j'avais tout ce que je voulais, c'était trop, vraiment » (Noria, 26 ans, cadre, mère psychologue, beau-père psychologue) ; « même moi, petite, je trouvais ça débile d'avoir tant de cadeaux, je trouvais ça ridicule » (Estelle, autoentrepreneur, père commissaire aux comptes). L'argent a pourtant été source de conflits au sein de leur famille, producteur de sentiments et de ressentiments. Clara parle longuement des tensions entre ses parents suite à leur divorce autour de la fixation du montant de la pension alimentaire, de sa culpabilité liée à sa décision de quitter le rattachement au foyer fiscal de sa mère : « [Ça] a toujours été très problématique, l'argent, entre mes parents [...], puis mon père faisait la pression depuis plusieurs années pour qu'on passe sous sa dépendance ». Selon Clara, sa mère l'a très mal pris au début, « en disant que c'était un peu une trahison vis-à-vis d'elle ». Elle condamne également la largesse de son père à l'égard de sa sœur cadette :

> [M]a sœur, elle ressemble à mère [...] et elle est très dépensière depuis tout le temps, alors que moi, quand j'étais étudiante, j'avais pas le train de vie que j'ai aujourd'hui, alors qu'elle, elle est étudiante et elle a le train de vie qui correspond au mien. [...] il lui donne énormément, il lui donne un smic par mois, je lui dis il faut qu'il arrête de lui donner autant... – *Clara, 27 ans, professeur de lettres, Capes, père médecin, mère professeur des écoles*

La socialisation économique dans les familles populaires ou ayant connu une mobilité professionnelle sans recourir à l'école passe aussi par l'observation. La manière de gérer l'argent ou plus exactement la façon dont elle est présentée *a posteriori* relève de la rationalité administrative telle qu'elle est mise en œuvre par les services sociaux (Perrin-Heredia, 2014) :

> Mon père, je me souviens, ça m'a toujours marqué, [...] il tenait un cahier où tous les jours le moindre centime était noté [...], il disait : « franchement ben là on n'a pas les moyens [...] », j'ai toujours été là-dessus. – *René, 58 ans, cadre, diplômé d'une école d'ingénieur, père ouvrier, mère au foyer*

Le souvenir de recommandations sur les manières de dépenser est vivace, elles visent à inculquer la différence entre l'utile et le superflu selon les catégories de perception du père ou de la mère. Les « besoins » qui se construisent au contact d'autres enfants notamment sont évalués à partir des besoins essentiels de subsistance qui avaient été les leurs au cours de leur enfance. L'hystérésis de la disposition à être économe est légion dans les familles d'origine. Malgré une mobilité ascendante, le père de Christine, issu d'une famille nombreuse et pauvre qui « a crevé de faim », a conservé le mode de vie de son milieu d'origine (« mon père n'avait pas de besoin »), de sorte que Christine a souvent entendu clôturer ses demandes d'activités culturelles par « … mais t'as besoin de ça ? » (Christine, 62 ans, cadre, père et mère employés). Ne pas convoiter ce qui, de toute façon, sera refusé, témoigne de la construction progressive d'une disposition à résister aux sirènes de la consommation. Si Sébastien dit avoir souvent entendu, « c'est trop cher », il considère qu'il a eu ce qu'il voulait : « …bon j'étais pas non plus un gamin hyper exigeant, je demandais pas des marques » (Sébastien, 39 ans, ingénieur, père conducteur de travaux).

Selon la position dans le cycle de vie, la configuration dans laquelle se situe l'enquêté, la disposition ascétique peut être plus ou moins active. Si, de manière générale, la socialisation monétaire familiale circule entre les deux formes d'*ethos* décrites par Élias (dans *La Société de cour*) – « l'*ethos* de la bourgeoise professionnelle organisé autour d'une stratégie à long terme visant à épargner pour obtenir des gains futurs » au principe des incitations à l'épargne et l'*ethos* aristocratique, plus précisément « l'*ethos* de la consommation en fonction du statut social », qui accorde les dépenses non aux recettes, mais au rang (Blic & Lazarus, 2007) –, les jeunes enquêtés sont plus proches du contrôle des dépenses, de leur planification, de l'épargne, se conformant au « bon *homo œconomicus* » (Poglia Mileti, Plomb & Henchooz, 2014). Nombre de leurs pratiques en témoignent. Les pratiques de consommation sont guidées par la recherche de prix avantageux, voyages hors saisons, courses réalisées dans différents magasins pour bénéficier du prix le plus bas pour le même produit, autoconstruction, achat d'occasion sur *Leboncoin*... Ils privilégient l'épargne à la consommation. Clara a hérité d'une « peur de manquer » qui semble se transmettre depuis trois générations et, à l'instar des « millionnaires de la chance » (Pinçon & Pinçon-Charlot, 2010), épargne pour se « mettre à l'abri » d'une éventuelle nécessité à laquelle elle n'a, cependant, jamais elle-même été confrontée :

> Ben en fait, ben je dirais que je suis attentive, je suis toujours dans la peur de manquer, je sais pas d'où ça vient, j'ai jamais manqué de rien, je fais toujours attention à ça, mes économies, donc j'aime bien mettre de côté pour laisser voir venir les choses. – *Clara, 27 ans, professeur de lettres, Capes, père médecin, mère professeur des écoles*

Alors que 13 % des acquéreurs récents de leur logement ont moins de 30 ans (Le Bayon, Levasseur & Madec, 2013 : 458), les enquêtés de cet âge sont accédants à la propriété ou en passe de l'être.

Cependant, la disposition à être économe ne s'active pas dans toutes les pratiques. Noria (26 ans, cadre, mère psychologue, beau-père psychologue), qui se décrit comme ayant toujours été économe, disposition renforcée par sa socialisation professionnelle, est acheteuse quant à elle, mais achète « toujours le moins cher possible ». Elle nuance rapidement cette présentation de soi (« enfin moins cher quand ça vaut le coup, pour le chien j'achète des croquettes super chères parce que je trouve qu'il le mérite … »), rappelant, par là-même que les catégories cognitives et normatives : « ça vaut le coup/ça ne vaut pas le coup », utile/inutile, besoin/superflu… ont des frontières poreuses (Poglia Mileti, Plomb & Henchoz, 2014).

Pour les enquêtés plus âgés, ayant bénéficié d'un contexte socioéconomique plus favorable, l'entrée dans la vie active a été rapide, la plupart ont connu une progression de carrière. Leur mobilité sociale, souvent renforcée par l'hypergamie, leur donne une grande confiance dans l'avenir. Avec l'ajustement des pratiques de consommation au nouveau milieu d'arrivée, l'autocontrainte manifestée au cours de leur enfance semble se relâcher. Pour Robert qui, comme d'autres enquêtés, a connu une carrière internationale, la question de l'attention portée aux dépenses ne se posait pas : « je n'avais plus cette problématique » (René, 58 ans, cadre, père ouvrier). Jean-Louis (57 ans, cadre au chômage, père ouvrier), complètement concentré sur son travail, soucieux de tenir sa place, avait délégué ces questions de gestion à son épouse. Corinne, qui a très vite obtenu des postes à responsabilités avec un salaire qu'elle estime « très confortable », n'avait pas de problèmes d'argent (« j'avais plein d'autres problématiques mais l'argent n'en n'était pas une » – Corinne, 46 ans, cadre en reconversion, père agent de maîtrise). Elle évoque ses voyages en classes affaires, les grands restaurants, les week-ends à l'autre bout du monde pour faire de la plongée avec son ami.

Entre compétence à échanger avec autrui et goût pour la sociabilité

La pratique du covoiturage par le biais d'une plate-forme grand public rend difficile la sélection sociale des passagers : ne sont accessibles, systématiquement, que l'âge, le prénom et les avis laissés par les covoitureurs. Ouvrir son véhicule à un inconnu suppose d'être familiarisé à l'altérité sociale, de posséder les codes pour établir une relation avec autrui. Les relations sociales plus ou moins denses du milieu d'origine, les relations avec les pairs au cours de l'enfance et l'adolescence constituent des pratiques susceptibles de favoriser la construction d'un goût pour les échanges, et les sociabilités développées dans les différentes sphères fréquentées témoignent de la disposition constituée.

L'hétérogénéité des milieux d'origine, les déplacements dans l'espace social au cours de la trajectoire sociale de leurs parents et de la leur ont familiarisé les enquêtés à l'altérité sociale. Le réseau relationnel des enquêtés d'origine favorisée, plus ou moins dense, est toujours socialement hétérogène – hétérogénéité liée notamment aux trajectoires sociales différenciées de leurs parents. Ils ont fréquenté très tôt des membres de leur famille élargie relevant formellement de catégories sociales diverses, mais qui se situaient aux limites de ces catégories, la distance sociale étant réduite. La mobilité ascendante de la mère de Guillaume, ingénieur de 29 ans, devenue cadre par promotion (son père est contrôleur SNCF), ne s'est pas traduite par un changement dans le réseau relationnel par exemple, dominé par les membres de la famille appartenant aux strates supérieures des catégories populaires. Clara, 26 ans, enseignante certifiée, a fréquenté ses grands-parents garagistes et artisans « qui ont très très bien réussi, un peu parvenus », des amis de sa mère institutrice qu'elle décrit comme « baba-cool », « artistes bohêmes », et a été en contact avec les amis de son père médecin, « des gens qui avaient beaucoup d'argent ». Noria, avec un père avocat et ensuite un beau-père psychologue, a fréquenté régulièrement sa grand-mère, femme de mineur, mais aussi des enfants pauvres boursiers dans son école privée (Noria, 26 ans, cadre).

L'expérience de l'altérité sociale ne se cantonne pas à la sphère familiale. Les enquêtés d'origine populaire ont été aussi confrontés à l'altérité sociale. Stéphanie garde un mauvais souvenir du collège privé dans lequel sa mère l'a scolarisée « parce que c'était mieux » :

> Je me sentais différente [...] les filles de patrons décolleteurs, elles étaient bien habillées [...] elles parlent bien [...] moi, je me sentais un peu à part, pas souillon mais bon j'avais des jeans, enfin c'était un peu, j'avais ma sœur aînée qui était passée avant dans ce collège, du coup j'avais les jeans de ma sœur [...]
> *– Stéphanie, 42 ans, psychologue, père chef de gare, mère ouvrière*

Cette familiarisation peut passer par les relations nouées pendant les vacances dans l'enfance (Octobre, Détrez & Mercklé, 2010 : « Chapitre III. "Dis-moi ce que tu fais, je te dirai à qui tu ressembles." Pluralité des transmissions : parents, fratrie, copains, école », 153-247) :

> Chez mes grands-parents, y'avait des gens qui avaient des maisons de campagne, c'étaient des parisiens, des notaires des riches, qui avaient des enfants. Eh ! on a joué avec tout le monde, on jouait avec le fils du fermier et on jouait avec les Parisiens. – *Christine, 62 ans, cadre, parents employés*

Les déplacements dans l'espace social qu'ils ont connus leur ont permis de construire un patrimoine de dispositions hétérogènes relevant de divers milieux sociaux traversés, leur donnant l'impression d'être multiples : « j'ai pas eu le sentiment de devoir m'adapter à des gens différents parce que, c'est naturel, enfin, naturellement j'ai l'impression que je suis un peu caméléon en fait […] mais j'ai rencontré, oui, des gens bien différents. » (Estelle, 42 ans, autoentrepreneur, père commissaire aux comptes).

Les degrés différenciés d'ouverture/fermeture du couple parental sur l'extérieur ne correspondent pas strictement aux positions sociales mises en évidence dans les travaux (Kellerhals & Lévy, 2008 : 42-43). Les enquêtés d'origine favorisée, souvent jeunes, ont été socialisés exclusivement au sein de leur famille, plus ou moins ouverte sur l'extérieur, avec un réseau de relations plus ou moins étendu jusqu'à l'âge de 18 ans, ne connaissant au cours de leur enfance aucun collectif autre que celui des élèves de l'école. Vivant isolés, réalisant les trajets en voiture, ils ont eu une socialisation par le groupe de pairs limitée (Devaux & Oppenchaim, 2012) : « […] chez ma mère, on habitait une maison très très isolée, mon lycée collège où j'allais était à 20 km […] je jouais beaucoup avec ma sœur mais sinon j'ai jamais eu trop de contacts avec les autres, surtout petite » (Clara, 27 ans, professeur de lettres, père médecin), « c'est vrai que c'est un peu la même chose qu'ici, quand t'habites loin, du genre à 45 mn de l'école, c'est vrai que tu peux pas, genre aller voir ta copine comme ça » (Noria, 26 ans, cadre, mère psychologue, père avocat). Si, au cours des études supérieures, leur univers relationnel a pu parfois s'élargir, ils ne se sont pas engagés dans des activités collectives. Au moment de l'enquête, qui correspond à la formation du couple ou au début de la vie familiale, et souvent à une instabilité professionnelle, périodes peu propices à la création de nouvelles relations (Bidart & Pellissier, 2002), ils évoluent au sein d'un cercle restreint. Noria évoque « des amis qui datent du collège, même de l'école primaire, [elle est] restée toujours en contact », mais « pour la plupart, ça fait des années [qu'elle] les [a] pas vus ». Elle conclut que « finalement, [elle n'a] pas d'amis, c'est triste, enfin c'est pas triste » mais qu'elle a tout de même la famille et les amis de son conjoint. Pour autant, ils ne sont pas à la recherche de nouveaux liens, la stabilisation de leur vie conjugale ou professionnelle s'impose comme une priorité.

Les enquêtés d'origine populaire ou moyenne suite à une ascension intragénérationnelle du père ont vécu dans des familles entretenant des relations avec la famille élargie, mais aussi avec les amis ou le voisinage. L'investissement d'un parent dans une association n'est pas exceptionnel. Quand les parents sont décrits comme refermés sur eux-mêmes, un autrui significatif les a « ouverts » au monde. René décrit son père magasinier comme un « un sauvage, c'était pas un bavard » et sa mère comme « très réservée ». Il considère son parrain, architecte, de 17 ans son aîné, fils d'un ami ouvrier de sa famille et voisin, comme son « mentor pour plein de choses » :

> Mon parrain était très dans les milieux associatifs, c'était quelqu'un de très syndicalisé […], c'est avec lui que j'ai découvert la Fête de l'Huma' […], il m'a fait rencontrer des gens différents et même si j'avais pas forcément toujours les mêmes idées, on échangeait, on a toujours échanger même quand on n'était pas d'accord…

Corinne, dont le père avait fait fuir toutes les relations[4], considère les parents de sa meilleure amie, « chez qui y'avait toujours plein de mondes », comme ses parents de « substitution » (Corinne, 46 ans, cadre en reconversion, père agent de maîtrise).

La socialisation primaire ne se cantonne pas qu'à la sphère familiale et aux relations se déployant au sein de l'école. Ils bénéficient d'une socialisation amicale souvent intense favorisée par la proximité géographique de leurs copains. Ils ont souvent participé à des activités hors de l'école, clubs de sport, activités artistiques (cours de théâtre), camps ou colonies de vacances…

La socialisation professionnelle vient souvent renforcer les dispositions à échanger avec les autres :

> Je suis déjà habituée de par mon travail, je rencontre plein de gens, des fois c'est des passagers réguliers, des fois non, des fois je sais que je suis avec eux pour une heure, deux heures, voire deux heures et demie, ça me pose pas de problème.
> – *Aline, 55 ans, hôtesse de l'air, père mécanicien naviguant*

Leur réseau de relations a connu des variations dans sa composition et son étendue au cours de leur trajectoire, l'avancée en âge se traduisant, pour tous, par une sociabilité de plus en plus centrée sur le foyer (Forsé, 1999).

---

4 « Mon père était un, eh ! je pense qu'humainement, j'me dis que c'était un type dépressif et du coup il se fâchait vraiment avec tout le monde. »

Entrée dans la pratique et contexte biographique : des dispositions inégalement mobilisées

Limiter le coût d'un nouveau trajet dans un contexte d'incertitude

Pour une partie des enquêtés (ils ont moins de 30 ans), l'entrée dans le covoiturage correspond à un nouveau trajet lié à l'obtention d'un premier emploi suite à une période de chômage, au déménagement de l'entreprise, à une mise en couple. Thomas, 30 ans, est titulaire d'un diplôme d'ingénieur. Il fait partie des diplômés du troisième cycle pour lesquels la fin des études introduit une phase de « turbulences » (Eckert & Mora, 2008) augurant que leur installation dans un emploi pérenne leur demandera du temps. Après un premier contrat de travail de six mois, Thomas connaît six mois de chômage. Vivant difficilement cette situation, il part voyager en Afrique du Sud. Une amie l'informe que son entreprise localisée en Suisse cherche un ingénieur. Il est recruté puis licencié, « la boîte a coulé ». Il trouve un emploi à plus de 100 km de son domicile, mais préfère faire des déplacements pour permettre à son épouse de conserver le sien, ce qui lui paraît plus sûr, car elle est aussi ingénieur (Thomas, 30 ans, ingénieur, parents professeurs de gymnastique). Pour ces enquêtés, l'idée d'un déménagement n'est pas envisagée : face à la précarité de l'emploi ou de la nouvelle relation et à la confiance dans l'avenir (Galland, 2010) en partie liée à leur trajectoire, le recours à la pendularité de longue distance (Kaufmann, 2008) ou le célibat géographique permettent de conserver une dimension importante de l'existence qui sécurise (la vie conjugale ou familiale, et l'enracinement géographique ou la vie professionnelle). Avant de recourir au covoiturage, d'autres modes de déplacement sont expérimentés : le train est jugé rapidement trop chronophage, peu sûr et trop cher, la voiture individuelle trop coûteuse. Se décrivant comme timides, peu enclins à parler d'eux-mêmes, ils rechignent à se lancer dans la pratique du covoiturage en tant que conducteur, encouragés cependant par un membre de leur entourage proche, le conjoint ou un membre de la fratrie qui met en avant son intérêt économique et joue le rôle de « passeur » (Negroni, 2005). La recherche du moindre coût pour ce déplacement en particulier est certes liée à son coût monétaire en valeur absolue, connu précisément par les enquêtés, mais aussi au motif du trajet, à leur trajectoire, à leur situation professionnelle, familiale à ce moment-là. Clara, « qui a toujours peur de manquer d'argent », entame une nouvelle relation avec une enseignante qui vit à plus de 100 km de son domicile au moment où elle a réduit son temps de travail de 20 % pour préparer son agrégation (Clara, 27 ans, professeur de lettres).

L'exemple de Guillaume permet de montrer comment dispositions, trajectoire et contexte se conjuguent pour déclencher la pratique. Guillaume, 29 ans – dont les deux parents sont issus de milieux populaires mais dont la mère est devenue cadre par promotion (son père est contrôleur SNCF) –, après un bac technique, deux années de classes préparatoires et une « petite école » d'ingénieur, a été directement embauché après son stage de dernière année dans une entreprise de la région parisienne, à 500 km de sa région d'origine. Il occupe un poste « intéressant » avec des perspectives d'évolution rapide. Sa conjointe, infirmière, l'a suivi avec leur jeune enfant. Il est cependant licencié après dix-huit mois, quitte la région parisienne pour un emploi à une centaine de kilomètres de sa région d'origine et de celle de sa conjointe, s'installant dans la maison de sa grand-mère qu'il y avait achetée « pour pas qu'elle sorte de la famille ». Dans un premier temps, il se rend à son travail en train. Le déménagement de son entreprise en périphérie de la ville augmentant de manière considérable son temps de trajet déjà important, le conduit à emprunter sa voiture. Il s'inscrit comme conducteur sur *BlaBlaCar*. Ses frais de déplacements ne sont pas pris en charge par l'entreprise mais en contrepartie, il peut quitter son travail plus tôt. Surqualifié pour cet emploi – « c'est pas la peine d'être ingénieur pour faire ce que je fais » –, se sentant peu valorisé – « on nous considère comme de la merde » –, il se dit cependant satisfait de son travail – « je reste parce que j'aime bien mon travail » –, même si les relations avec ses collègues sont « un peu tendues », car « [il] n'arrive pas à se concentrer plus d'une heure sinon [il a] des migraines terribles ». Son employeur accepte sa « marginalité ». Persuadé qu'il ne sera jamais intégré, il se dit partager entre investir vraiment dans sa carrière ou « tenir » encore une dizaine d'années, le temps de « payer la maison » et que ses enfants grandissent, avant de se reconvertir en artisan boulanger. Le recours au covoiturage lui permet de pérenniser le non-choix entre privilégier son travail et privilégier son lieu de résidence.

L'expérience du covoiturage peut commencer avec la reprise d'étude vers la quarantaine pour conserver un emploi ou pour en changer. La seule diminution des ressources ne suffit pas à comprendre le choix modal. Il faut aussi prendre en compte le rapport à la formation et les caractéristiques du contexte présent. Jeanne, par exemple, professeur des écoles de 40 ans, en disponibilité, fille d'un enseignant de philosophie et d'une secrétaire, commence le covoiturage lorsqu'elle reprend des études pour devenir psychologue :

> J'avais repris mes études en licence et dans ma promo y'avait une fille qui habitait pas très loin de chez moi, et du coup direct, je lui ai sauté dessus et je lui ai dit, on pourrait covoiturer ensemble. Moi, j'y voyais un intérêt à la fois amical, de partager ce temps, et puis financier…

L'année suivante, sur les conseils de sa sœur, elle s'inscrit sur *BlaBlaCar* en tant que passagère parce qu'elle n'aimait pas conduire et ne voulait pas « abîmer la planète », puis devient conductrice, après avoir « galéré sur deux ou trois retours ». Si la reprise d'études ne correspond pas à une rupture professionnelle (Denave, 2016), elle questionne le positionnement de soi vis-à-vis de ses proches (Chamahian, 2011). Le projet de Jeanne bouleverse l'économie domestique :« c'est quand même un sacrifice, je suis pas là trois jours par semaine avec trois enfants de 7 à 15 ans, c'est mon mari qui assure tout et il a son boulot aussi ». Jeanne a peu confiance en elle-même, hantée par l'échec. Le coût psychologique de son projet se confond avec le coût économique des déplacements : « j'ai pas de revenus et en plus si je rate ! ». Jeanne a développé une disposition à faire des économies au cours de son enfance, habitant en Afrique jusqu'à 14 ans, avec des parents qui « vivaient très simplement parce que localement c'était difficile », un père qui « n'est pas du tout dans la consommation » et une mère « qui l'aurait peut-être plus été mais elle était aussi d'un milieu assez simple, on faisait attention ». Cette disposition a été mise en veille au début de sa vie de couple[5], avec un conjoint qui « gagnait vraiment bien sa vie » (il est orthophoniste et travaille en Suisse). L'acquisition d'une nouvelle maison dans une commune nettement plus bourgeoise, projet dont elle dit être à l'origine, a réactivé une disposition à être économe avec un budget plus contraint[6]. Dans ce contexte, Jeanne « culpabilise de ne pas avoir de salaire et que ça coûte ».

Ce trait de caractère se conjugue avec le goût de partager les activités avec d'autres, d'échanger. Jeanne a vécu dans une famille de militants catholiques, avec un père qui « aimait vraiment parler, il a toujours aimé parler, réfléchir », des parents très impliqués dans la vie associative. Jeanne aime les échanges informels[7] et redoute la solitude ; elle a des difficultés à agir seule, l'autre est un activateur pour passer à l'acte.

---

5 « Je suis plus dans la dépense… »

6 « Le problème, c'est que ça passe tout dans la maison. »

7 « Là, hier, on a fait une rando et sur le trajet y'avait du monde, moi tout de suite, je vais aller discuter, essayer de passer cinq minutes avec les gens quoi. »

On retrouve chez ces enquêtés la mise en avant du « partage », du plaisir d'échanger comme une dimension importante de leur choix modal. Si nombre de pratiques qu'ils développent au même moment attestent d'une disposition à partager des activités (Stéphanie, 42 ans, psychologue, père chef de gare, mère ouvrière) s'est inscrite sur le site *OnVaSortir*, Thierry (49 ans, chef d'établissement sanitaire, père économe) est présent sur différents sites d'échange, comme *Trocmaison*…), d'autres pratiques montrent aussi une disposition à être économe bien présente. Jeanne achète le plus possible d'occasion (vêtements, meubles…). Thierry est à l'affût des « bonnes affaires » : « J'adore compulser les sites internet de voyages, l'année dernière je suis tombé sur les Canaries à un prix défiant toute concurrence. Paf ! du jour au lendemain quasiment, je suis parti aux Canaries avec ma femme… ».

Quelques enquêtés qui sont âgés d'une quarantaine d'années présentent une trajectoire professionnelle très chaotique (périodes d'activité avec changements de domaine d'activité, de statuts et périodes d'inactivité se succèdent). Leur vie conjugale est également mouvementée, les mobilités géographiques sont nombreuses. La recherche de « soi », de l'ajustement de leur position à leurs dispositions leur permet de donner une cohérence aux multiples déplacements et ruptures qui caractérisent leur trajectoire, les maintenant dans une sorte d'indétermination sociale. Tous ont pratiqué l'auto-stop dans le passé, le pratiquent encore parfois, ont eu recours à des plates-formes de covoiturage avant la création de *BlaBlaCar* en tant que passager pour des déplacements occasionnels, souvent de longue distance. Ils ont appris à être économes, dans leur milieu d'origine mais aussi au cours de leur vie adulte, confrontés de manière récurrente à des périodes de précarité : « Je sais vivre avec 700 euros, y'a pas de problèmes. » (Estelle, 43 ans, formatrice en « relations humaines », autoentrepreneur et salariée, , père commissaire aux comptes). Une nouvelle activité qui s'accompagne de déplacements est l'occasion d'utiliser la plate-forme. Ainsi, Estelle, dont la trajectoire professionnelle est ponctuée de longues périodes sans emploi, pratique le covoiturage en tant que passagère depuis qu'elle a repris une activité. Pour animer une formation qu'elle juge mal payée à plus de 100 km de son domicile, elle est passagère. Elle considère que le forfait-journée dont elle bénéficie est peu élevé et cherche à diminuer ses frais de déplacements. Elle devient conductrice pour intervenir dans une autre formation avec des frais de déplacement voiture remboursés : « Du coup, là, je vais gagner un peu, vu que ça m'est remboursé ! ». Estelle, cependant, ne propose un trajet que lorsqu'elle se sent d'humeur à échanger avec les passagers. Pour Guy, c'est l'achat d'un van qui le conduit à proposer des trajets quel qu'en soit le motif :

> J'ai un van, eh !, aménagé avec plus de confort, du coup je me suis dit, je vais en faire profiter, eh ! Et pis dans la logique, c'était poussé un peu le raisonnement, c'est de dire : ben voilà, quand j'ai besoin je fais appel à un véhicule maintenant que j'ai un véhicule, je rends la monnaie de la pièce.

Guy (45 ans, autoentrepreneur, père consultant autodidacte), militant écologique, reconnaît un intérêt économique : « Ben la motivation initiale, je crois que c'est pour beaucoup pareil, c'est-à-dire que c'était plus économique, plus convivial ».

Un changement de regard sur un trajet habituel suite à une rupture conjugale

Pour une autre partie des enquêtés, l'entrée dans la pratique du covoiturage est présentée comme fortuite, ne correspondant à aucun nouveau déplacement. Un autrui de la configuration relationnelle joue là aussi, un rôle important dans l'engagement dans la pratique, il l'a fait connaître et la soutient. Depuis plusieurs années, ils effectuent un trajet longue distance régulier pour se rendre à leur travail, une à plusieurs fois par semaine, trajet qui devient « pesant ». Avant l'engagement dans la pratique, tous connaissent une rupture conjugale et donc la perte des relations notamment familiales du conjoint, qui est aussi l'interlocuteur privilégié, celui qui contribue « à faire naître, par un regard "total", le sentiment de l'unité de la personne » (Singly, 1996). Malgré leur goût pour les échanges, leur réseau de relations est peu fourni. Déménagements fréquents, distance entre lieu de travail et lieu de résidence, célibat géographique rendent difficiles le partage d'activités dans lesquelles se construisent les relations (Bidart, 1988). Moins impliqués dans leur activité professionnelle, ils ont pris de la distance avec leurs collègues. Christine s'est mise en retrait : « Donc y'a des choses, faut pas me demander, bon au début, je me disais, on vient de se restructurer, c'est un peu le foutoir, et puis le poste va un peu évoluer, alors, eh ! moi, j'en ai pris mon parti […] j'attends la retraite » (Christine, 62 ans, cadre). Sébastien (39 ans, ingénieur) a mis sa carrière entre parenthèses : pour conserver la garde alternée de son fils, il ne peut déménager.

La séparation, en modifiant les forces qui s'exercent sur les individus, ouvre le champ des possibles. Ils sont en quête de relations, d'échange, de sociabilité :

> … on est pris dans cette vie-là, on a la famille, les amis le sport, enfin bref et en encore quand on fait du sport on commence déjà à ouvrir son cercle de connaissance mais pour peu qu'on soit depuis longtemps dans le même club, c'est mon cas, en fait on rencontre peu de personnes qui sortent de ce cadre-là…
> – *Sébastien, 39 ans, ingénieur*

La dimension économique de la pratique, souvent minimisée, n'est pas négligeable, la séparation se traduisant par une perte de niveau de vie (Bonnet, Garbinti & Solaz, 2015). Dans ce contexte d'inquiétude se réactive l'autocontrôle. Suite à sa séparation, Aline (55 ans, hôtesse de l'air et chefe de cabine), qui a vécu pendant une quinzaine d'années dans l'aisance financière avec un pilote qui gagnait « extrêmement bien sa vie », s'éloigne de son travail pour pouvoir accéder à la propriété. Au même moment, elle connaît un gel des salaires. Elle se décrit comme « … pas dépensière » : « Mais je me prive pas non plus […] des fois je tique sur des choses qui me paraissent un peu chères, sinon je fais pas trop attention, mais j'ai pas de gros besoin non plus ».

Une sociabilité libératrice dans un moment d'apesanteur sociale

Suite à une rupture biographique, perte d'emploi et séparation qui entraînent une crise identitaire avec la difficulté à se situer dans l'espace social, la sociabilité, dans le cadre du covoiturage où les barrières sociales (âge, catégories sociales) semblent gommées, a un caractère libérateur. Jean-Louis, 58 ans, cadre dirigeant au chômage, d'origine ouvrière, connaît des ruptures dans la sphère conjugale (sa conjointe le quitte), familiale (toutes ses filles ont quitté le domicile) et professionnelle, il est licencié et peine à trouver du travail. Au moment de l'enquête, il s'est lancé dans le projet de rachat d'une société, projet à l'issue incertaine, qui le conduit à faire plusieurs déplacements par mois d'une centaine de kilomètres. Il découvre le covoiturage par le biais de sa fille :

> C'est ma fille qui m'a amené au covoiturage parce que je lui avais rendu visite à Toulon et pour rentrer chez moi, elle m'a dit : « Ben papa, y'a un covoiturage, tu devrais le prendre, tu verras, c'est sympa. » Bon, je dis : « Ok. » Donc ça a été ma première expérience, je suis remonté […] avec un type tout à fait sympathique qui m'a pris dans sa voiture, il est arrivé à l'heure, on a fait un parcours extrêmement agréable avec beaucoup d'échanges […], cette expérience m'a donné sans doute envie de continuer, et voilà […], mais en tant que conducteur.

Avec la perte de son emploi et le départ de son épouse, Jean-Louis a perdu toutes ses relations :

> Alors j'ai pas un réseau amical très dense, pas du tout [...], mais en plus j'ai perdu mon épouse, j'ai perdu mes relations professionnelles, donc j'ai perdu beaucoup de choses, donc quelque part, c'est vrai que, pour moi, le covoiturage, ça répondait à un besoin, un besoin social ou un besoin de rencontrer d'autres gens. La nouveauté, eh ! ce qui est super je trouve [...], c'est le fait qu'on rencontre une personne, eh ! plusieurs personnes [...], on engage un dialogue, un échange avec cette personne et on a un regard sur une autre vie et, eh ! en fait, le covoiturage permet d'aller assez loin dans l'échange parce que je pense qu'on va toujours plus loin dans l'échange avec une personne qui est complètement inconnue, dont on sait qu'on va plus la voir, on la verra plus sans doute.

La forte mobilité sociale de Jean-Louis (cadre dirigeant de sociétés à l'étranger) qui s'est accompagnée d'un travail sur soi (Memmi, 1996) et d'un travail de soi intense et continu pour se conformer à l'image du cadre, celle du noyau dur de la catégorie (Boltanski, 1982) ne l'avait pas préparé à l'épreuve du chômage qu'il vit comme une faillite personnelle, une honte. Alors qu'il possède tous les attributs du cadre (il est diplômé des Arts et métiers, il possède « une grande maison dans un quartier résidentiel d'une petite ville touristique », une « grosse voiture », etc., mais son identité sociale se dilue :

> ... pour être clair, je suis au chômage [...] la recherche d'un job, c'est très compliqué, c'est la jungle [...], on sait pas trop à quoi s'accrocher, quelle stratégie utilisée [...], on est un peu seul dans une immensité, dans une jungle, on sait pas du tout ce qui va en sortir.

Les efforts consentis pour soutenir son identité de cadre lui paraissent inutiles. Il abandonne ses pratiques les plus distinctives (musique, tennis, golf) et s'inscrit au Club alpin français, donne des cours de physique gratuitement à des jeunes de milieux défavorisés et a renoué avec son père. Ouvrir sa voiture aux autres, proposer l'appartement des amis attenant à sa maison sur *Airbnb* lui permettent d'être économe[8], mais aussi de pouvoir continuer à utiliser sa « grosse voiture » associée à un statut qu'il n'a plus, sans « trop culpabiliser ».

---

8 « Je suis attentif aux dépenses, en fait, eh ! c'est surtout une motivation pour utiliser ces sites de partage. »

Les rétributions matérielles et symboliques de la pratique

Les rétributions économiques

Comme nous l'avons vu, les rétributions économiques occupent une place plus ou moins importante dans le choix modal selon les caractéristiques des enquêtés, leur position dans le cycle de vie, le type de trajets réalisés. Les usagers réguliers et intensifs de la plate-forme qui se sont engagés dans le covoiturage à l'occasion d'un nouveau trajet savent ce que la pratique leur a « rapporté » : « tout ça m'avait rapporté, eh ! je crois que je suis à 735 euros » (Clara, 27 ans, professeur de lettres), « j'en suis à 2 500 euros et en plus la moitié qui me paie directement » (Noria, 26 ans, cadre). Le recours au lexique de l'économie (« rentabilité »), de rationalité, du commerce (« clientèle ») émaille les propos des enquêtés y compris ceux qui sont en quête d'échanges. Thierry mobilise la rhétorique de l'économie collaborative :

> Je le fais essentiellement pour le plaisir d'avoir quelqu'un, eh ! à côté et discuter [...], on a tous tellement tendance à s'isoler que pour une fois que cette communauté peut amener à du partage mais aussi à de l'échange, à une forme, ben ça recrée une communauté, je pense, quelque part. – *Thierry, 49 ans, directeur d'établissement de santé, père économe*

Cependant, Thierry dit savoir, lui aussi, précisément ce que lui « rapporte » le covoiturage :

> Ça, je sais parce que j'ai interrogé le site, samedi, pour inscrire le code de la personne que j'avais emmené avec moi et j'ai vu que j'avais 300 euros de crédité depuis – *BlaBlaCar*, je me suis inscrit depuis l'année dernière en mai –, en un an.

À cette somme, Thierry précise qu'il faut ajouter tout ce qui ne passe pas ou plus par la plate-forme. Il dit prendre du plaisir à « gratter » un peu d'argent, pratiquant le covoiturage y compris dans ses déplacements de loisirs. Le week-end précédent l'entretien, Thierry a rendu vite à un ami résidant à environ 250 km de son domicile et a proposé le trajet sur la plate-forme : « Quand je suis revenu d'A. et qu'il y avait personne, ça m'a un peu fait chier, j'aurais bien pris 15 euros. »

Quand la logique économique domine, les relations avec les passagers sont présentées comme cordiales et polies, les passagers appréhendés de manière indifférenciée. La relation avec l'autre est concédée, les efforts relationnels de « personnalisation » pour produire la « convivialité » font partie de la pratique. Guillaume transporte parfois des colis, considérant que

« c'est plus rentable que les passagers et plus reposant » (Guillaume, 29 ans, ingénieur, père contrôleur SNCF, mère cadre autodidacte).

Des profits symboliques

À l'instar de l'investissement militant, l'engagement dans la pratique du covoiturage produit des « satisfactions », des rétributions individuelles (Gaxie, 1977) qui ne relèvent pas du calcul préalable coût/bénéfice, mais qui apparaissent en cours de la pratique et permettent de comprendre sa pérennisation. À rebours de la représentation d'une relation conviviale et spontanée, le covoiturage est une relation sociale structurée par des positions différenciées entre conducteurs et passagers. Dans cette relation éphémère, le conducteur occupe, structurellement, une position dominante. Le conducteur définit, de manière unilatérale, les conditions du trajet (il fixe l'heure, le lieu de rendez-vous, la durée du trajet...). Il peut sélectionner le profil de ses passagers (fumeurs...) et présenter ses exigences (passagers qui aiment parler, écouter de la musique...). Il a la possibilité de sélectionner les passagers selon leur profil, sans avoir à justifier ses choix. Si le passager peut lui aussi choisir son conducteur, il reste « l'hôte » du conducteur qui, formellement, donne le ton à la relation. Le conducteur peut annuler son trajet sans avoir, là non plus, à le justifier, auprès du passager, ni subir des conséquences financières de son annulation, contrairement au passager. Par ailleurs, les conducteurs, moins nombreux que les passagers, sont particulièrement choyés par l'entreprise (bon d'essence, conseils divers pour augmenter leur « clientèle »). Le message que reçoit le passager après une réservation (« Félicitation... X a accepté votre demande de réservation » témoigne de l'inégalité structurelle de la relation.

Alors que, dans leur vie professionnelle ou conjugale, les conducteurs de covoiturage connaissent des revers, sont confrontés aux doutes de leur propre valeur, le covoiturage offre en revanche un espace dans lequel ils peuvent faire valoir leurs compétences en matière de relations sociales, mobiliser leurs différentes espèces de capital accumulés sur ce marché de « biens linguistiques et symboliques » (Bourdieu, 1982), produire une image de soi positive, se « réparer » :

> J'essaie de montrer le meilleur de moi-même pour mettre à l'aise les gens et puis pour qu'ils passent un bon trajet, quoi, mais c'est vrai que c'est peut-être pas toujours super naturel, mais eh ! mais en même temps face à des inconnus, on se montre peut-être bien un petit peu sous son bon jour quand même. – *Jeanne, 40 ans, institutrice en reprise d'études, père enseignant*

René, qui, suite à un déclassement professionnel, n'a plus que lui « à manager », prend un réel plaisir à faire dialoguer les passagers, à « créer » une ambiance conviviale :

> Moi, je suis manager [...], je dois savoir créer le contact, je suis quelqu'un de contacts, je suis quelqu'un qui aime passionnément échanger [...]. J'aime bien savoir pourquoi les gens font ça [...], ce qu'ils aiment, les voyages, la littérature, sur plein de sujets [...]. J'aime bien échanger. – *René, 58 ans, cadre, père ouvrier*

Au cours de leur trajectoire, ils ont développé un « coup d'œil sociologique spontané » plus ou moins affiné selon les caractéristiques de leur trajectoire (il est d'autant plus aiguisé que la distance parcourue a été importante, que l'acculturation au milieu d'arrivée a été plus marquée) et des compétences discursives (elles aussi variables selon les caractéristiques du milieu d'origine) qui leur permettent d'ajuster leur conduite en fonction des propriétés des passagers. La relation structurellement inégalitaire du covoiturage est souvent renforcée par l'engagement et la personnalisation de la relation.

Les évaluations laissées par les passagers qui s'apparentent à des gratifications symboliques et construisent leur « réputation » sur la plate-forme ne les laissent pas indifférents. Ils se réjouissent quand les appréciations sont bonnes et sont considérées comme un encouragement à poursuivre leurs efforts[9]. Ils s'offusquent, au contraire, quand le commentaire n'est pas à la hauteur des attentes. Guillaume nous dit qu'il « sait » quand le passager ne va pas lui donner « une bonne note » : « C'est des bourgeois, y faudrait, j'sais pas, leur donner des bonbons ! » (Guillaume, 29 ans, ingénieur). Thierry (49 ans, directeur d'établissement sanitaire) parle longuement d'un commentaire laissé par un passager qu'il considère comme « injuste » :

> [...] ce qui m'a vexé, comme à chaque fois, j'essaie de faire le maximum, j'essaie de mettre les gens à l'aise, je rappelle les règles si tant est qu'il y a des règles, du genre « je fais pas des détours ». Je sais pas trop, j'ai pas compris, parce que le type, bon en fait, pour être honnête, au lieu d'un « parfait », j'ai eu un « très bien », alors que j'avais estimé que le voyage s'était super bien passé, j'ai pas compris pourquoi il avait mis juste « très bien », moi j'avais parfait, je me suis dit, manifestement c'est un type qui n'en dit pas autant qu'il laisse paraître et j'ai pas compris, j'ai l'impression d'être un peu manipulé ou, eh ! mais la note en elle-

---

9 « Je suis "ambassadeur", j'ai des super commentaires, je suis reconnu, ça va, quoi ! » (Guy, 46 ans autoentrepreneur)

> même, « très bien », par rapport à « parfait », on s'en fou y'a rien de... Il a écrit « très bien très agréable », mais je m'attendais à mieux parce qu'on avait quand même vachement discuté, c'était très intéressant alors peut-être que moi, j'ai appris beaucoup de choses, que lui en a appris moins que moi ce que j'ai appris.

La pratique du covoiturage est publicisée dans l'entourage familial et amical et sert à se distinguer, à faire montre de son « ouverture aux autres », de sa générosité.

Conclusion

L'essor du numérique, les perspectives de croissance faible, la montée des préoccupations environnementales, la méfiance à l'égard des institutions, la volonté de « redonner » à l'individu une place centrale dans la société (Daudey & Hoibian, 2014), constituent autant de conditions favorables au développement des comportements collaboratifs dont la définition est, rappelons-le, un enjeu de luttes. Pour autant, les contraintes « externes » ne déterminent pas mécaniquement les pratiques. Les divers travaux portant sur les usagers du covoiturage montrent que la motivation économique se retrouve dans toutes les catégories sociales, y compris celles qui apparaissent comme les moins contraintes économiquement. L'analyse rapprochée des caractéristiques sociales des familles d'origine, des dispositions construites au cours de la socialisation primaire et secondaire, appelées par la pratique du covoiturage (dispositions ascétiques, goût pour la sociabilité...) de conducteurs occasionnels et réguliers de *BlaBlaCar* relevant des catégories moyennes et supérieures, montrent qu'ils sont très souvent issus de familles ayant connu une mobilité ascendante qu'ils ont souvent poursuivie. Au cours de leur socialisation, ils ont construit une disposition ascétique et une disposition à être économe, une compétence à échanger ou un goût pour la sociabilité. C'est à un moment d'incertitude sociale, de fragilisation du statut social, de ruptures biographiques qu'ils s'engagent dans la pratique. À l'occasion d'un nouveau trajet de longue distance, et après avoir envisagé d'autres choix modaux, des conducteurs souvent jeunes, dans une situation d'insécurité sociale et de faible confiance en l'avenir, recourent au covoiturage, sans appétence particulière pour les échanges avec des inconnus. Chez des conducteurs en reprise d'études plus âgés, d'une quarantaine d'années, la disposition à faire des économies se conjugue avec un goût pour les échanges et la sociabilité. Une rupture conjugale peut modifier le point de vue sur un trajet de longue distance réalisé depuis plusieurs années. Amputés d'une partie de leur réseau relationnel, ils sont à la recherche d'échanges. La fragilisation économique réactive, par hystérésis, une disposition à faire des économies mise en veille au cours de leur trajectoire ascendante. Pour d'autres, présentant une trajectoire professionnelle très chaotique, de nombreuses ruptures conjugales, l'engagement dans la pratique au moment où ils retrouvent un emploi ou acquièrent un nouveau véhicule est commandée par la recherche d'économie.

La pérennisation de la pratique suppose l'existence de profits. Les rétributions économiques jouent un rôle qui n'est jamais négligeable dans l'engagement dans la pratique, y compris chez ceux dont les revenus pourraient les dispenser de recourir à une telle pratique : l'action de la disposition à faire des économies ne relève pas de la pure rationalité économique mais de l'hystérésis. Corinne, par exemple, qui a commencé le covoiturage à un moment où elle était en arrêt maladie, ne comprend pas sa crainte de manquer, parce que « objectivement », elle dit n'en n'avoir pas besoin : « Ça a été quand je me suis dit : faut que je réduise mes frais, ce qui était, économiquement pas du tout justifié [...] en plus c'est pas 5 ou 6 euros qui vont changer quelque chose » (Corinne, 46 ans, cadre en reconversion, père agent de maîtrise).

Le covoiturage procure des gratifications symboliques pour des individus fragilisés dans leur identité sociale, incertain de leur appartenance sociale. La satisfaction des passagers, les avis laissés ne laissent pas indifférents, ils peuvent dans certains cas conduire à l'abandon de la pratique, les rétributions économiques ne compensant pas le coût « psychologique » de l'appréciation. Christine a arrêté de faire du covoiturage sur le trajet domicile-travail suite à un avis négatif :

> Par rapport à une somme de 6 euros, si vous avez un avis négatif avec comme « la fille de T., là, ben c'est nul, c'est nul, elle est nulle c'te fille », enfin bon, moi, j'aime bien les jeunes, mais alors là, eh ! je trouve tout ça pour 6 euros, pourquoi je me casse la tête pour 6 euros, alors non, alors maintenant je suis bien contente, je suis toute seule, je suis tranquille... – *Christine, 62 ans, cadre, parents employés*

On peut se demander si le statut ambivalent de cette pratique, entre marchand et non-marchand, entre travail et loisir, entre plaisir et contrainte... n'attire pas des individus qui, à un moment donné, se trouvent en situation d'apesanteur sociale. Seule une approche quantitative permettrait de le vérifier.

Références bibliographiques

ADEME-6T-BUREAU DE RECHERCHE, 2015. *Enquête auprès des utilisateurs du covoiturage longue distance*, Rapport final, Paris, ADEME.

ADEME-INDDIGO S.A.S., 2015. *Leviers d'actions pour favoriser le covoiturage de courte distance, évaluation de l'impact sur les polluants atmosphériques et le CO_2. Leviers d'actions, benchmark et exploitation de l'enquête nationale Transports et déplacements (ENTD)*, Rapport final, Paris, ADEME.

BARTHES Angela, 2009. « Première approche quantitative des processus de covoiturage dans les territoires dans les Alpes », *Club Innovation Transports des Collectivités* [En ligne] (consulté le 22/02/2018). URL : http://www.innovations-transports.fr/spip.php?page=article&id_article=799&lang=fr#contact

BIDART Claire, 1988. « Sociabilités : quelques variables », *Revue française de sociologie*, 29 (4), p. 621-648.

BIDART Claire, PELLISSIER Anne, 2002. « Copains d'école, copains de travail. Évolution des modes de sociabilité d'une cohorte de jeunes », *Réseaux*, 115 (5), p. 17-49.

BIOTTEAU Anne-Lise, 2014. *Le Covoiturage pour les déplacements domicile-travail : quel potentiel ?*, Paris, Ministère de l'Écologie (Études & documents du CGDD 107).

BLIC Damien (DE), LAZARUS Jeanne, 2007. *Sociologie de l'argent*, Paris, La Découverte (Repères 473).

BOLTANSKI Luc, 1982. *Les Cadres. La formation d'un groupe social*, Les Éditions de Minuit.

BONNET Carole, GARBINTI Bertrand, SOLAZ Anne, 2015. « Les variations de niveau de vie des hommes et des femmes à la suite d'un divorce ou d'une rupture de pacs », *Couples et familles – Insee Références* [En ligne]. Mis en ligne le 16/12/2015 (consulté le 22/02/2018). URL : https://www.insee.fr/fr/statistiques/2017508?sommaire=2017528

BOREL Simon, MASSÉ David, DEMAILLY Damien, 2015. « L'économie collaborative, entre utopie et *big business* », *Esprit*, 7, p. 9-18.

BOURDIEU Pierre, 1979. *La Distinction. Critique sociale du jugement*, Paris, Les Éditions de Minuit.

—, 1982. *Ce que parler veut dire. L'économie des échanges linguistiques*, Paris, Fayard.

CASTEX Élodie, 2015. « Organisation des pratiques de covoiturage entre inconnus dans les territoires. L'exemple de l'aire métropolitaine lilloise », *Netcom* [En ligne], 29 (1/2), p. 153-176. Mis en ligne le 16/12/2015 (consulté le 22/02/2018). URL : http://journals.openedition.org/netcom/1905 ; DOI : 10.4000/netcom.1905

CHAMAHIAN Aline, 2011. « Reprendre des études à l'âge adulte : les effets sur les liens intergénérationnels à l'université et dans la famille », *Recherches familiales*, 8 (1), p. 91-100.

COMBY Jean-Baptiste, GROSSETÊTE Matthieu, 2012. « "Se montrer prévoyant" : une norme sociale diversement appropriée », *Sociologie*, 3, p. 251-266.

DARMON Muriel, 2010. « Des jeunesses singulières. Sociologie de l'ascétisme juvénile », *Agora. Débats/jeunesses*, 56 (3), p. 49-62.

DAUDEY Émilie, HOIBIAN Sandra, 2014. *La Société collaborative. Mythe et réalité*, Paris, CRÉDOC (Cahiers de recherche 313).

DEMAZIÈRE Didier, 2008. « L'entretien biographique comme interaction : négociations, contre-interprétations, ajustements de sens », *Langage et société*, 123 (1), p. 15-35.

DENAVE Sophie, 2016. *Reconstruire sa vie professionnelle. Sociologie des bifurcations biographiques*, Paris, PUF.

DEVAUX Julian, OPPENCHAIM Nicolas, 2012. « La mobilité des adolescents : une pratique socialisée et socialisante », *Métropolitiques.eu* [En ligne]. Mis en ligne le 28/11/2012 (consulté le 22/02/2018). URL : https://www.metropolitiques.eu/La-mobilite-des-adolescents-une.html

DONNAT Olivier, 2009. *Les Pratiques culturelles des Français à l'ère numérique. Enquête 2008*, Paris, La Découverte, 2009.

DUPRÉ Mickaël, 2014. « *Représentation* sociale du covoiturage : des contraintes perçues au faire-ensemble », *Les Cahiers Scientifiques du Transport*, 66, p. 97-113.

DUVOUX Nicolas, HABER Stéphane, LAVAL Christian, 2015. « De la nature contextuelle des usages de l'argent », *Terrains/Théories* [En ligne], 1. Mis en ligne le 13/11/2014 (consulté le 22/02/2018). URL : http://journals.openedition.org/teth/343 ; DOI : 10.4000/teth.343

ECKERT Henri, MORA Virginie, 2008. « Formes temporelles de l'incertitude et sécurisation des trajectoires dans l'insertion professionnelle des jeunes », *Travail et Emploi*, 113, p. 31-57.

FORSÉ Michel, 1999. « Âges et Sociabilité », *Agora. Débats/jeunesses*, 17, p. 19-28.

HENCHOZ Caroline, SÉRAPHIN Gilles, 2017. « Introduction. Famille et argent », *Recherches familiales*, 14 (1), p. 3-8.

HENCHOZ Caroline, POGLIA MILETI Francesca, PLOMB Fabrice, 2014. « La socialisation économique en Suisse : récits rétrospectifs sur le rôle des parents et des enfants durant l'enfance et l'adolescence », *Sociologie et sociétés*, 462, p. 279-299.

HÉRAN François, 1988. « La sociabilité, une pratique culturelle », *Économie et statistique*, 216, p. 3-22.

GALLAND Olivier, 2010. « La crise de confiance de la jeunesse française », *Études*, 412 (1), p. 31-42.

GAXIE Daniel, 1977. « Économie des partis et rétributions du militantisme », *Revue française de science politique*, 27, p. 123-154.

GOMBAULT Vincent, 2013. « L'internet de plus en plus prisé, l'internaute de plus en plus mobile », *INSEE Première* [En ligne], 1452. Mis en ligne le 18/06/2013 (consulté le 22/02/2018). URL : https://www.insee.fr/fr/statistiques/1281312

JACQUET Édouard, 2015. « Le "prêt payant". Les paradoxes de l'économie collaborative », *Réseaux*, 190-191 (2), p. 99-120.

KAUFMANN Vincent, 2008. *Les Paradoxes de la mobilité. Bouger, s'enraciner*, Lausanne, Presses polytechniques et universitaires romandes.

KELLERHALS Jean, WIDMER Éric, LÉVY René, [2004] 2008. *Mesure et démesure du couple, Cohésion, crises et résiliences dans la vie des couples*, Paris, Payot & Rivages (Petite bibliothèque Payot 682).

LAHIRE Bernard, 1998. *L'Homme pluriel*, Paris, Nathan.

LAHIRE Bernard, 2001. « Héritages sexués : incorporation des habitudes et des croyances », *in* Th. Blöss (dir.), *La Dialectique des rapports hommes-femmes*, Paris, PUF, p. 9-25.

—, 2002. *Portraits sociologiques*, Paris, Nathan.

LE BAYON Sabine, LEVASSEUR Sandrine, MADEC Pierre, 2013. « Achat de la résidence principale le profil des ménages français », Revue de l'OFCE/ Débats et politiques, 128, p. 451-581.

MAIF, 2009. « Usages et attitudes des utilisateurs du site Internet Covoiturage.fr », *MAIF* [En ligne], Étude MAIF réalisée en collaboration avec Covoiturage.fr (consulté le 22/02/2018). URL : https://www.maif.fr/Content/Pdf/Particuliers/Auto-Moto/Covoiturage/Maif-Etude-Covoiturage-12-2009.Pdf

MEMMI Dominique, 1996. « Les déplacés. Travail sur soi et ascension sociale : la promotion littéraire de Jules Romains », *Genèses*, 24 (1), p. 57-80.

NEGRONI Catherine, 2005. « La reconversion professionnelle volontaire : d'une bifurcation professionnelle à une bifurcation biographique », *Cahiers internationaux de sociologie*, 119 (2), p. 311-331.

OCTOBRE Sylvie, DÉTREZ Christine, MERCKLÉ Pierre, 2010. *L'Enfance des loisirs. Trajectoires communes et parcours individuels de la fin de l'enfance à la grande adolescence*, Paris, Ministère de la Culture et de la Communication – Département des études, de la prospective et des statistiques.

PERRIN-HEREDIA Ana, 2014. « La gestion des comptes en milieux populaires : des catégories administratives désajustées par rapport aux pratiques », *Informations sociales*, 182, p. 30-38.

PHARABOD Anne-Sylvie, 2017. « Fréquenter des inconnus grâce à internet. Une sociabilité personnelle sans les liens ? », *Sociologie*, 8 (1), p. 101-116.

PINÇON Michel, PINÇON-CHARLOT Monique, 2010. *Les Millionnaires de la chance. Rêve et réalité*, Payot.

POGLIA MILETI Francesca, PLOMB Fabrice, HENCHOZ Caroline, 2014. « De la socialisation financière à l'autonomie économique : processus d'acquisition des compétences et des représentations liées à l'argent auprès d'étudiants vivant en Suisse », *Pensée plurielle*, 37 (3), p. 53-65.

RÉGNIER Faustine, 2004. *L'Exotisme culinaire. Essai sur les saveurs de l'Autre*, Paris, PUF.

ROCCI Anaïs, 2007. *De l'automobilité à la multimodalité ? Analyse sociologique des freins et leviers au changement de comportements vers une réduction de l'usage de la voiture. Le cas de la région parisienne et perspective internationale*, thèse de doctorat, sous la dir. de D. Desjeux, Université Paris 5 – René Descartes.

SCHWARTZ Olivier, 1990. *Le Monde privé des ouvriers : hommes et femmes du Nord*, Paris, PUF.

[S.N.], 2015. « Entretien avec Diana Filippova, entretien avec Monique Dagnaud, entretien avec Céline Mouzon. D'où vient le succès de l'économie du partage ? », *Alternatives économiques*, 351 (11), p. 24.

SINGLY François (DE), 1996. *Le Soi, le couple et la famille*, Paris, Nathan.

TENRET Élise, 2011. *L'École et la méritocratie. Représentations sociales et socialisation scolaire*, Paris, PUF.

VINCENT-GESLIN Stéphanie, 2008. *Les « altermobilités » : analyse sociologique d'usages de déplacements alternatifs à la voiture individuelle. Des pratiques en émergence ?*, thèse de doctorat, sous la dir. de D. Desjeux, Université Paris 5 – René Descartes.

—, 2014. « Les altermobilités : une mise en pratique des valeurs écologiques ? », *Norois*, 231, p. 113-124.

Débats & perspectives

L'Iran, État-nation, est-il nationalement ou internationalement légitime ?

Louis MOREAU DE BELLAING

Il s'agit d'une question et, plus largement, des conditions mêmes qui permettent de poser cette question. Pour le dire autrement, peut-on envisager actuellement un État-nation iranien répondant aux critères de la légitimation et de la légitimité politiques, juridiques et légales requises par des organisations internationales, notamment l'ONU ? Peut-on l'envisager plus largement, satisfaisant aux critères légitimants que se donnent partout et toujours *a minima* les êtres humains en groupes et/ou individuellement ? Cet article résulte à la fois de la rencontre à Paris d'Iraniens en exil, anciens prisonniers persécutés dans les camps iraniens en Irak, et d'un voyage touristique dans ce pays où il a été possible de recueillir quelques informations d'une opposante iranienne. L'article veut contribuer à la lutte que mènent des individus et des petits groupes contre une dictature en l'occurrence religieuse et politique.

Que se passe-t-il en Iran ? Nous nous proposons, pour tenter d'analyser au mieux la situation actuelle du pays, de recourir à deux notions-concepts peu usuels : la légitimation politique au sens de la politique et la légitimation sociale et politique au sens du politique. La légitimation politique au sens de la politique est un processus qui présuppose la rupture, la mise à distance entre des rapports sociaux et politiques au sens du politique, sur fond d'échanges, et la politique, c'est-à-dire *grosso modo* la Constitution, les institutions politiques et l'État (le législatif et l'exécutif). Nous essaierons de montrer que la Constitution démocratique que s'était donnée l'Iran a été délégitimée et rendue illégitime par le pouvoir autocratique du Shah, mais que la Constitution de 1979, élaborée par Khomeini, a accru cette délégitimation et cette illégitimation politique. Nous reviendrons sous peu sur la définition de délégitimation, illégitimation et illégitimité.

La légitimation sociale et politique (au sens *du* politique) est plus difficile à cerner en Iran, du fait de la dictature religieuse et politique actuelle. Néanmoins, des rapports et des liens sociaux et politiques continuent de se produire et de se maintenir entre les individus et entre les groupes iraniens, dans la vie sociale et professionnelle. Mais des *délégitimations*, des *illégitimations* et des *illégitimités* y apparaissent sans cesse, provoquées, comme ailleurs, par la population elle-même, mais surtout en Iran, par les effets de la dictature religieuse et politique. À ce titre, la comparaison entre l'Iran et d'autres types de société est possible et nécessaire. Nous ne tentons pas ici cette comparaison, mais ce sont les degrés de légitimation sociale et politique, et les degrés de légitimation politique qui permettent de confronter les faits sociaux et politiques dans une société avec ce qui relève du politique (autorité, reconnaissance, réciprocité, identité par exemple), avec ce qui relève du social (pouvoir, volonté, désir, choix, décision, échanges, rapports sociaux et politiques), enfin, avec ce qui relève de la politique (la Constitution et les institutions politiques).

Plutôt que de rester dans la dénonciation des crimes, des exactions et des erreurs commis et qui continuent de se commettre en Iran, et, avec l'appui de l'Iran, en Irak, pourquoi ne pas tenter, à partir de l'état actuel de la société et du régime politique iraniens, de réfléchir à « ce qui ne va pas » ? Autrement dit, pour reprendre notre terminologie, à ce qui est *délégitimant*, *illégitimement* et *illégitime*, pour penser et, un jour, réaliser « ce qui pourrait aller », c'est-à-dire une légitimation et une légitimité sociales et politiques (au sens du politique) approximatives se donnant elles-mêmes une légitimation et une légitimité politiques (au sens de la politique) approximative. La double théorisation, celle de la légitimation et de la légitimité politiques, juridiques et légales, celle de la légitimation et de la légitimité sociales et politiques (au sens du politique) peut nous y aider. Elle permet de mieux « tester » les degrés d'excès illégitimes et transgressifs de la délégitimation, de l'illégitimation et de l'illégitimité en Iran, tant du point de vue de la légitimation et de la légitimité sociales et politiques que du point de vue de la légitimation et de la légitimité politiques.

Venons-en à l'emploi des termes *délégitimation*, *illégitimation* et *illégitimité* qui font problème, parce qu'ils sont de peu d'usage en anthropologie et en sociologie. Nous partons du postulat qu'une ligne rouge, ondulante et semée de trous, c'est-à-dire approximative, sépare le légitime de l'illégitime. Elle n'est concevable – et vécue par chacun d'entre nous individuellement ou en groupe – que si l'on admet – et c'est ce que nous faisons dans la vie – qu'il y a du côté de la légitimation et de la légitimité non seulement la légitimation et la légitimité juridiques, légales, mais aussi la légitimation et la légitimité sociales et politiques (au sens du politique : permis/défendu, renoncement, don, transmission, autorité, reconnaissance, etc.). De l'autre côté, après franchissement délibéré de cette ligne rouge, se trouvent la délégitimation, l'illégitimation et l'illégitimité, c'est à dire des degrés d'excès qui ne se situent plus ni dans la légitimation et la légitimité sociales et politiques (même s'ils peuvent encore se situer dans la légalité au moins apparente), ni dans la légitimation et la légitimité politiques (au sens de la politique).

La légitimation, l'illégitimation et l'illégitimité politiques, juridiques et légales de l'État-nation iranien

À partir de notre question principale : l'État-nation iranien répond-il actuellement aux critères non seulement d'une légitimation juridique et légale, mais à ceux d'une légitimation sociale et politique ?, nous tenterons de mieux comprendre, dans l'actualité, ce qui se passe en Iran. Nous ferons d'abord un bref historique de la question iranienne jusqu'à la Constitution de 1979, avant d'essayer d'analyser la situation, de cette Constitution jusqu'à aujourd'hui.

De la Constitution de 1906 à celle de 1979

Nous montrons les traits essentiels de la Constitution de 1906 et la manière dont elle ne fut pas appliquée. Elle remplace le pouvoir absolu qui, depuis des millénaires, était celui des empires zoroastriens et celui des empires musulmans qui lui succédèrent. Curieusement, Cyrus déclarait que son pouvoir ne devait pas nuire au peuple. Cela dit, ces empires étaient en tout état de cause, pour leurs tributaires, illégitimants (c'est-à-dire- produisant l'illégitimation et l'illégitimité) et illégitimes, comme le montrent notamment, sur des bas-reliefs, les visages de ces tributaires apportant leur tribut à l'empereur.

En 1906, la monarchie absolue devient monarchie constitutionnelle. La Constitution iranienne est copiée sur celle du royaume de Belgique, constitution dont on ne peut dire qu'elle n'est pas démocratique. Elle institue effectivement le législatif (le *Majlis*) auquel s'ajoute, en 1948, le Sénat. L'exécutif est assuré, nous l'avons dit, par le Premier ministre et les ministres. Apparemment, la légitimité politique, juridique et légale de cette constitution et des institutions politiques n'est pas contestable.

Mais, de fait, la délégitimation et l'illégitimation politiques prennent source dans l'autorité même du monarque, dit Shah. Ce dernier, depuis la fin du XIXe siècle, est un usurpateur par rapport à la lignée légitime censée descendre d'Ali, le gendre du prophète Mahomet. L'islam chiite est, chez les Iraniens, à la fois leur religion et leur politique (au sens de la politique), légitimes au moins approximativement. La délégitimation, l'illégitimation et l'illégitimité politiques prennent sources également dans le fait que le monarque-Shah rabat son autorité – garantie par la Constitution et les institutions politiques – sur un pouvoir coercitif illégitimant et illégitime par rapport à la Constitution et par rapport au chiisme. Il est aidé par des « colonisateurs » tels que la Grande-Bretagne, brièvement l'Allemagne dans les années 1940[1], et ensuite les États-Unis. En 1941, Reza Pahlavi, le fils de l'usurpateur, est contraint par les Alliés de quitter l'Iran. Il est remplacé par son fils Mohammad Reza Pahlavi. L'épisode Mossadegh, au début des années 1950, fut une tentative pour récupérer le pétrole « colonisé » par l'Anglo Iranian Company et pour donner à l'Iran une certaine légitimité politique (au sens de la politique) en tant qu'État. Cette tentative échoue. Mohammad Reza Pahlavi, avec l'aide des États-Unis, s'appuie de plus en plus sur l'armée bien fournie en matériel militaire, et surtout sur la police (la Saviak), pour faire régner un ordre strict illégitimant et illégitime qui bannit toute opposition. Il n'améliore guère, de 1941 à 1978, le sort des paysans réduits ici ou là à la famine, notamment dans les années 1960, tandis que prend de l'importance une bourgeoisie capitaliste riche tournée vers la modernité.

En tant qu'usurpateur, le Shah n'est guère reconnu légitime par les autorités religieuses chiites qui, elles, sont reconnues légitimes (au moins approximativement) par l'ensemble de la population. Dans les années 1970, elles entrent en dissidence, s'exilent dans les pays voisins et en France où elles sont accueillies à Neauphle-le-Château près de Paris. C'est là que l'imam Khomeiny élabore ce qui va devenir la Constitution de 1979.

Cette série de délégitimations, d'illégitimations et d'illégitimités produites par le pouvoir autocratique et illégitime du Shah se fait non seulement par rapport à la légalité et à la légitimité civile et religieuse, mais aussi par rapport à la légitimation et à la légitimité sociales et politiques. Les droits des groupes et des individus ne sont pas, de fait, reconnus et respectés par le pouvoir politique (au sens de *la* politique) illégitime. Leurs obligations sont transformées par le Shah en décisions et actes arbitraires

---

[1] Cf. Benoist-Méchin qui fut, à l'époque, ambassadeur de France en Iran.

du) pouvoir royal, assortis de répression policière. L'aboutissement c'est la révolution iranienne soulevée par la population urbaine de Téhéran et par les dissidents religieux, ceux demeurés en Iran ou dans les pays voisins et ceux en exil en France ; leur popularité n'a cessé de grandir.

De la Constitution de 1979 jusqu'à aujourd'hui (2015)

Après avoir rappelé le courage des opposants au moment de la révolution iranienne, tentons à présent de caractériser la nouvelle constitution et de montrer certains éléments de sa mise en œuvre.

La révolution iranienne de 1978 fut réellement, aux dires de témoins directs, une révolution légitimante et légitime approximativement de la population de Téhéran. C'est la foule des opposants marchant vers les mitrailleuses postées en rang devant le palais royal, foule sacrifiant ainsi une partie d'elle-même (le renoncement, le sacrifice est l'un des constituants non dogmatiques de la légitimation et de la légitimité sociales et politiques) qui parvint à submerger ses assaillants et à entrainer la fuite du Shah.

En France, Foucault, le philosophe, salua cette révolution comme étant celle des femmes qui refusaient d'être opprimées par la *charia*. Il confondait sans doute celles de la bourgeoisie capitaliste avec la population féminine iranienne des villes et des campagnes dont la résistance à l'oppression ne pouvait guère se manifester. Du coup, il fut l'un des premiers, et non des moindres, à reconnaître la légitimité politique (au sens de *la* politique) du nouveau pouvoir iranien.

Le Shah disparu, l'imam Khomeini et ses fidèles reviennent d'exil et, avec l'assentiment général, prennent le pouvoir. L'imam Khomeini est connu et reconnu nationalement et internationalement comme le grand opposant au pouvoir monarchique arbitraire iranien. Le nouveau pouvoir est d'emblée reconnu légitime politiquement (au sens de *la* politique) par la population iranienne et par de larges secteurs de l'opinion dans le monde. La Constitution de 1979 est votée par référendum à 80 % des votants, apparemment sans grand contrôle d'observateurs internationaux. 20 % seulement des iraniens sont conscients, en la lisant, qu'elle est politiquement (au sens de *la* politique), et socialement et politiquement (au sens *du* politique) illégitime.

Dans ses grandes lignes, cette constitution reprend les caractéristiques démocratiques de celle de 1906 qui n'avait jamais été appliquée. Le *Majlis* ou parlement est maintenu, mais il n'y a plus de Sénat. Des nominations sont faites aux deux assemblées par le Président – Khomeini a supprimé le poste de Premier ministre. Mais ce qui vient s'ajouter, très officiellement, à l'ancienne Constitution, et qui la rend politiquement illégitime, au moins au regard du droit international et des principes des droits humains et sociaux institués en 1948 par l'ONU (où l'Iran est représenté), c'est la création institutionnelle d'un Guide suprême. Il coiffe de son autorité-pouvoir (autorité rabattue sur un pouvoir coercitif illégitime) religieuse et politique (au sens de *la* politique) non seulement les institutions proprement politiques, mais aussi l'institutionnalisation privée, sociale, politique (au sens *du* politique) et culturelle. Cette autorité-pouvoir religieuse et politique bannit d'emblée toute opposition à ses décisions. C'est l'autorité-pouvoir du Shah, légitimée non à la manière du Shah, mais par le Guide suprême lui-même, en référence à son autorité elle-même référée à un extérieur monothéiste hors humain. Cette référence de l'autorité à un extérieur non humain monothéiste est admise, et considérée comme légitimante et légitime approximativement, du point de vue social et politique (au sens *du* politique), pour l'ensemble de la population iranienne, Or, elle est littéralement confisquée, au nom d'une constitution apparemment légitime politiquement (au sens de *la* politique), légale juridiquement puisqu'elle a été votée à une large majorité, mais totalement illégitime socialement et politiquement (au sens *du* politique). L'introduction du Guide suprême tout puissant non seulement dans la politique, mais dans le social et le politique l'illégitime et la rende d'emblée illégitime non seulement par rapport à la démocratie, mais par rapport aux droits humains et aux constituants non dogmatiques du politique (don, sacrifice, permis/défendu, autorité, identité, etc.) qui donnent sens à ces droits.

Prise d'otages américains, guerre contre l'Irak, où des enfants de quatorze ans sont envoyés en première ligne comme kamikazes, puis poursuite de la recherche scientifique pour posséder l'arme atomique sont des décisions du ressort unique du Guide suprême, d'abord Khomeini parlant depuis Qom, la ville sainte peuplée à 80% de mollahs, et qui meurt en 1989, puis Ali Khamenei prêche depuis Téhéran même, la capitale, et qui est toujours bien vivant. Il est question néanmoins de son remplacement, sa santé n'étant pas très bonne.

L'illusion en Europe est de croire qu'Ahmadinejad et, plus récemment, Rohani sont réellement les chefs de l'exécutif. De source iranienne, et sur place, il est dit par des opposants que, plutôt libéraux au départ, les deux présidents qui avaient promis à l'opposition des mesures de libéralisation durent se déjuger publiquement sur l'ordre du Guide suprême. Des opposant iraniens, exilés en France, luttent contre la théocratie à l'allure « totalitaire » ou, si l'on veut, au « totalitarisme » d'allure théocratique – formule que nous suggère Alain Caillé, fondateur du MAUSS (Mouvement antiutilitariste dans les science sociales). Ils disent que les deux présidents, séides du Guide suprême, lui sont acquis d'avance et qu'ils promettent ce qu'ils n'ont nullement l'intention de tenir.

L'embargo américain semble avoir joué un grand rôle dans les dernières décisions du Guide suprême, notamment en ce qui concerne le nucléaire, l'accord de Genève. Mais, là encore, l'amoindrissement, sinon la suppression de l'embargo, ne va pas supprimer pour autant la pauvreté des populations rurales et urbaines. Là encore, les Européens s'illusionnent sur des apparences. Effectivement, une petite partie de la bourgeoisie capitaliste dans les grandes villes échappe à la surveillance et à la pénurie, dans un pays dont le désert couvre une grande partie du territoire national. L'amoindrissement ou la suppression de l'embargo peut augmenter les privilèges de cette bourgeoisie capitaliste iranienne. Mais, répétons-le, ils ne vont guère améliorer la vie matérielle, sociale, économique, culturelle et politique (au sens *du* politique) des populations urbaines et rurales. La seule issue actuelle que peut avoir le Guide suprême pour maintenir le régime politique illégitime est de jeter de la poudre aux yeux en cautionnant, par l'accord nucléaire, un amoindrissement de l'embargo. Mais il lui faut, par ailleurs, resserrer au maximum la surveillance des groupes et des individus, et développer la lutte contre l'opposition, c'est-à-dire, en franchissant délibérément et sans cesse la ligne rouge, maintenir au maximum l'illégitimation et l'illégitimité sociales et politiques.

L'idée qu'un peu de démocratie comme régime politique et comme mode de vie sociale demeure actuellement en Iran paraît, elle aussi, illusoire, autant que le fait d'espérer qu'avec le régime actuel, l'état des gens et des choses puisse réellement s'améliorer.

Maryam Radjavi est la présidente élue du Conseil national de la Résistance iranienne. Elle préside en quelque sorte le gouvernement d'opposition en exil. Elle est l'épouse du dirigeant historique de l'Organisation des moudjahidines du peuple d'Iran, Massoud Radjavi, toujours en vie[2]. Maryam Radjavi dit que la dictature iranienne est une des plus dures dictatures en Asie. Cette dictature est assortie – ce qui n'est pas le cas de l'Ouzbékistan, ni des dictatures civiles des autres pays d'Asie centrale, ni des « totalitarismes » de l'Est asiatique – d'une fusion de la politique et de la religion. Cette fusion, dans la société iranienne, s'impose

---

2 Il l'était tout du moins en 2015 lorsque fut rédigé cet article. Depuis, des soupçons pèsent sur sa mort [NDÉ].

dogmatiquement et politiquement (au sens de *la* politique) au politique et à la religion, eux-mêmes fusionnés dans les rapports et les liens sociaux et politiques. Du coup, ces rapports et liens sociaux, comme on va le voir dans la deuxième partie, sont marqués délibérément par la force illégitime et l'arbitraire de la dictature religieuse et politique.

La légitimité et l'illégitimité sociales et politiques (au sens *du* politique) de la société iranienne

Nous abordons les effets légitimes et illégitimes de la confusion du politique et de la religion dans la société civile, notamment à travers les obligations civiles et religieuses. Nous posons la question du don pour l'échange sous la forme de l'échange commercial et de l'échange marchand et celle du double don du social à la politique et de la politique au social. Enfin, nous essayons de mieux comprendre la virtualité de la liberté et les atteintes illégitimes qu'elle subit dans la société iranienne. Son institution par le libre arbitre, les choix, les décisions collectives et individuelles, rencontre les limites qui lui sont imposées par les groupes et les individus eux-mêmes et les excès qu'ils produisent dans le légitime et l'illégitime. Mais libre arbitre, choix, décisions rencontrent aussi le pouvoir arbitraire et illégitime religieux et politique (au sens de *la* politique) du Guide suprême.

Les effets légitimes et illégitimes de la confusion du politique et de la religion

En Iran, cette confusion du politique et de la religion n'a, nous l'avons dit, rien de nouveau. Elle existait déjà, nous l'avons expliqué également, dans les populations des empires zoroastriens et dans celles des dynasties impériales chiites qui leur succédèrent. Les Zoroastriens sont aujourd'hui une toute petite minorité qui n'a plus aucun pouvoir politique (au sens de *la* politique). La confusion de la religion et du politique n'est pas spécifique à l'Iran ; elle a existé et existe soit sous forme de sacrés ancestraux et mythiques, soit sous celle de religions sans dieux (non monothéistes) et de religions monothéistes. *Grosso modo*, jusqu'à la fin du XVIIIe siècle européen, cette confusion existait quasiment partout et depuis toujours. Elle demeure actuellement en Iran et l'on ne peut guère contester sa légitimation et sa légitimité approximatives. Elle est constitutive du dispositif sacré extérieur à l'humain. On peut penser qu'elle est le désir approximativement légitime des populations iraniennes.

Mais cette confusion comporte en elle-même une illégitimation et une illégitimité constitutive, qui demeure à expliquer, et pas seulement en Iran : l'infériorisation des femmes et la domination en excès illégitime des hommes sur elles. Comme chacun le sait, cet excès de domination est particulièrement marqué en certains pays notamment en pays musulmans. Elle peut entraîner d'autres formes de domination en excès illégitime sur les individus et les groupes les plus vulnérables.

En Iran, les obligations afférentes au politique et à la religion passent, en l'occurrence, par le don et l'échange sous caution de la religion – alors qu'en principe, dans les sociétés démocratiques oligarchiques occidentales ou autres, le don et l'échange se font avec obligation civile, civique et sociale, mais sans obligation religieuse, sinon pour celles et ceux qui, confessionnalisés, l'ajoutent à leur obligation civile, civique et sociale.

Don et échange sociaux sous caution de la religion et du politique

Ils peuvent se manifester en toute légitimation et légitimité sociales et politiques approximatives. Mais, en Iran – et c'est le cas dans d'autres pays et pour d'autres sacrés et d'autres religions –, la censure s'exerce illégitimement et directement, comme obligation imposée soi-disant juridiquement et légalement, mais, en fait, au mépris des droits humains et de toutes légitimation et légitimité sociales et politiques. Elle s'exerce pour un certain nombre d'éléments sociaux et culturels. Nous citerons l'habillement des femmes, le comportement des hommes vis-à-vis des femmes, les comportements sexués. Bien d'autres éléments apparaissent sans doute, qu'un étranger visitant l'Iran ne peut qu'ignorer. Mais, pour l'habillement des femmes, l'illégitimation et l'illégitimité sociales et politiques sont visibles, affichées : la plupart des femmes adultes sont vêtues de noir des pieds à la tête, avec un voile leur couvrant les cheveux et leur encadrant le visage. Dire qu'il s'agit d'une soumission volontaire supposerait que l'on sache ce que feraient ces femmes si elles étaient libres de s'habiller comme elles le désirent. On ne peut pas fonder un choix volontaire sur des exceptions qui existent probablement. Mais comment oublier que, de décembre 2014 à juin 2015, huit femmes ont été vitriolées au visage, parce qu'elles n'avaient pas la tenue vestimentaire exigée ? La surveillance est faite par des hommes au service du pouvoir politique (au sens de *la* politique) et religieux. Parfois, dans les villes, on voit une jeune femme ayant agrémenté d'un peu de couleur sa robe ou son voile. En revanche, les enfants, garçons et filles, qui accompagnent la mère en noir, sont vêtus d'habits de toutes les couleurs.

Des rapports et liens sociaux et politiques (au sens *du* politique) illégitimants et illégitimes, nous ne retenons ici, faute de matériaux, que le comportement entre hommes et femmes. Nous avons recueilli le témoignage d'une opposante iranienne à l'intérieur du pays. Un car de tourisme est arrêté depuis trois quart d'heure par la police qui interroge le chauffeur et son aide. Les questions posées, nous dit l'opposante iranienne, sont les suivantes : pourquoi votre permis de circuler ne comporte pas le tampon du poste de police précédent ? Pourquoi une femme était-elle assise derrière vous (le chauffeur) ? Pourquoi avez-vous roulé plus de neuf heures sans vous arrêter ? Les réponses, la police les connaissait : le tampon manquait parce que le poste de police précédent ne tamponnait pas, la femme assise derrière le chauffeur accompagnait les touristes et occupait, derrière lui, un siège devant lequel il y avait le micro, le chauffeur ne pouvait avoir roulé neuf heures de suite puisqu'il s'agissait d'une tournée touristique obligeant à des arrêts relativement fréquents. Le tout, dit l'opposante iranienne, fut réglé par un bakchich et le car repartit.

À une interdiction faite aux hommes de conduire si une femme est assise derrière eux, interdiction illégitimante et illégitime politiquement (au sens de *la* politique), socialement et politiquement (au sens *du* politique) s'ajoutent ici des tracasseries de policiers corrompus. Sur les comportements sexués, on peut évoquer, sans confirmation, le mariage obligatoire du client à son entrée au bordel et son divorce tout aussi obligatoire à sa sortie. Obligation sociale et politique et obligation politique illégitime, même du point de vue religieux.

Le don pour l'échange sous la forme de l'échange commercial est répandu dans les marchés des villes et des campagnes, et, dans les grandes villes iraniennes, au Bazar où peut se pratiquer aussi le don pour l'échange sous la forme d'échange marchand. L'un et l'autre n'excluent pas l'altérité – à notre connaissance, il n'y a pas d'esclavage –, ni la reconnaissance de l'autre socialement et politiquement, ni la réciprocité, ni le rapport à autrui tant au sens *du* politique, le don pour donner et recevoir, que de *la* politique. Ils n'excluent pas le double don du social à la politique et de la politique au social, par exemple, d'une part celui des impôts et des taxes, d'autre part celui des hôpitaux et des routes.

Comme ailleurs, le capitalisme comme excès global illégitime de domination clive d'une certaine manière les populations en classes et catégories sociales. Les unes sont dominantes et les autres dominées, les unes et les autres en excès illégitime : une classe bourgeoise riche, un haut de classe moyenne comportant par exemple des commerçants aisés, un bas de classe moyenne comportant employés, petits commerçants, paysans, et une classe ouvrière invisible. Sur ce point, l'Iran ne présente guère de spécificités sociales, culturelles et économiques. Nous ne savons pas quels effets l'autorité sociale, politique (au sens *du* politique), religieuse et politique (au sens de *la* politique) peut avoir sur l'économique et le social. À coup sûr, si l'on est pauvre et misérable, l'autorité fusionnée, dans le social, le politique et la religion, au pouvoir coercitif illégitime des hommes sur les femmes, n'« agit » guère sur la pauvreté et la misère. Au niveau de la politique, elle est sous la suprématie de l'autorité-pouvoir politique et religieuse illégitime du Guide suprême.

Y a-t-il, chez les individus et les groupes, une virtualité de la liberté dans l'espace entre le désir et la loi (symbolique, réelle et juridique) ? Là encore, l'excès de domination illégitime des hommes sur les femmes doit restreindre cette virtualité de liberté à l'espace entre le désir et la loi, tel que le connaissent les hommes. On peut douter de la connaissance de cet espace et de cette virtualité de liberté chez les femmes, sauf dans l'imaginaire et peut-être chez certaines femmes de la classe bourgeoise capitaliste. Quant à la liberté instituée par un libre arbitre, celle des choix, des décisions collectives et individuelles, elle est majoritairement celle des hommes. Elle peut être très diminuée, même entre femmes, par exemple entre belle-fille et belle-mère. Du point de vue de la politique, elle disparaît sous l'autorité-pouvoir politique et religieuse illégitime du Guide suprême.

La politique iranienne illégitime face à l'opposition intérieure et extérieure approximativement légitime

L'opposition intérieure approximativement légitime provoque, de la part de l'exécutif illégitime, une répression localisée ou délocalisée. L'opposition extérieure est en partie constituée d'anciennes victimes de la répression, qui ont appartenu à l'opposition intérieure.

Politique illégitime et opposition intérieure approximativement légitime

Elle va des interdictions jusqu'aux arrestations suivies d'emprisonnement et jusqu'à l'internement dans des camps en Irak.

a. Les interdictions illégitimes

Elles sont multiples : censure de la presse et des livres, interdictions de filmer sauf des films faisant l'apologie du régime, surveillance quotidienne des femmes par des hommes, que nous avons déjà évoquée. Il y sans doute d'autres interdictions que nous ne connaissons pas. Elles sont le plus souvent légales et légitimes juridiquement, voire politiquement (au sens de *la* politique,) au nom de la Constitution de 1979. Elles sont délégitimantes (elles poussent à l'illégitimation), illégitimantes (elles produisent de l'illégitimation) et illégitimes socialement et politiquement.

b. Les arrestations illégitimes

Elles concernent le plus souvent des opposant·e·s qui manifestent contre le régime politique. Par exemple, après une manifestation, une jeune femme – c'est elle qui témoigne – est arrêtée et emprisonnée. Son père obtient sa libération par une rançon qu'il parvient à payer en vendant une petite maison.

Politique illégitime et opposition extérieure approximativement légitime

L'opposition extérieure s'est donnée comme dirigeante l'épouse de l'un de ses anciens dirigeants, Maryam Radjavi. Elle s'efforce, près des institutions françaises, européennes et internationales, de susciter des actions d'États-nations contre la dictature politique et religieuse iranienne. Les témoignages que l'on peut recueillir sur les internements dans les camps irakiens proviennent d'exilés en France, venus de l'opposition intérieure et ayant été emprisonnés, puis internés dans ces camps. Depuis le départ des États-Unis, l'Irak et l'Iran se sont rapprochés. Beaucoup d'opposants iraniens de l'intérieur étaient dans deux camps en territoire irakien : le camp d'Achraf et celui dit « Liberty ». Le camp d'Achraf a été vidé de ses détenu·e·s et il ne reste plus que le camp Liberty. La vie dans le camp Liberty ressemble à celle dans un camp de concentration. Le gouvernement irakien impose un siège total à ce camp. Le pouvoir arbitraire sur le camp est donc à l'extérieur du camp. Il n'y a aucune autorité iranienne ni irakienne rabattue sur un pouvoir coercitif à l'intérieur du camp. La torture directe sur les résidents n'y existe pas. Mais le pouvoir arbitraire extérieur peut prendre d'autres formes. L'un des résidents dit qu'après des années d'emprisonnement, puis d'internement au camp d'Achraf – qui, auparavant, était une petite ville –, puis finalement au camp Liberty, les autorités iraniennes ont fait croire à sa mère qu'il était mort, ce qui provoqua chez elle deux accidents cardiaques. Le camp Liberty est un ancien lieu de résidence de soldats américains. Il est composé de bungalows où sont entassés les internés. Régulièrement, le camp est bombardé par l'aviation iranienne et il y a des blessés et des morts, ce qui est bien la manifestation d'un pouvoir extérieur arbitraire, illégitime.

Rappelons qu'il existe une législation internationale sur le traitement des prisonniers et internés. Elle n'est appliquée ni dans ce camp ni d'ailleurs à Guantanamo.

Conclusion

On peut penser, en conclusion, qu'un début d'amélioration politique (aux deux sens du terme politique) en Iran pourrait venir, comme l'avait proposé autrefois un président issu de la révolution, Bani Sadr, de la séparation de la politique d'avec la religion. Que la religion demeure, en Iran, dans le politique nous paraît approximativement légitime, malgré la dictature religieuse et politique au sens de *la* politique, et malgré l'illégétimation et l'illégitimité qu'y introduit la domination en excès transgressif des hommes sur les femmes, malgré le capitalisme qui rajoute son excès global illégitime de domination à la dictature religieuse et politique et aux délégitimétions, illégitimations et illégitimités sociales et politiques. Le dispositif sacré extériorisé par rapport à l'humain prédomine dans la société civile. Cependant, dans la politique, où la nouvelle Constitution transforme la démocratie parlementaire en une démocratie truquée par la toute-puissance du Guide suprême, la religion ne doit plus y apparaître et le Guide suprême ne doit plus exister dans la Constitution. Celui-ci ne peut être, par la volonté des musulmans chiites iraniens, que le chef d'une religion qui a pris place dans le politique. Une telle séparation de la religion par rapport à la politique ne concerne pas seulement l'Iran, mais tous les pays où, les droits et la démocratie parlementaire étant constitutifs du régime politique, un trucage tel que l'institution d'un Guide suprême religieux et politique en Iran ou, ailleurs, la mise sous l'égide du divin d'une constitution qui se prétend démocratique, favorise le maintien de la religion dans la politique. Beaucoup d'individus et de groupes confessionnalisés souhaitent cette séparation de la religion et de la politique. Si elle se produisait, elle commencerait à faire de l'Iran un État-nation approximativement légitime, respectant les droits humains et reconnaissant *a minima* les repères légitimants et légitimes non dogmatiques d'une légitimation et d'une légitimité sociales et politiques approximatives.

Quant à la survie du régime politique iranien et de ses séides dans la société civile – les vitrioleurs par exemple –, s'ils parviennent – d'après des opposants qui vivent à l'extérieur du pays –, à maintenir la dictature au plus près des individus et des groupes, ils se maintiendront au pouvoir. D'autant que la levée de l'embargo peut entretenir à l'intérieur du pays et à l'extérieur, dans d'autres pays, des illusions sur le statut réel de l'État-nation iranien actuel. Mais il y a l'opposition. Celle à l'intérieur dit qu'il faut se battre sur place. Comment d'anciens internés des camps pourraient-ils retourner au pays pour combattre ? Peut-être les deux oppositions en s'alliant parviendront-elles à ébranler un « totalitarisme » politique qui se donne, comme le dit Caillé, l'allure et, nous ajoutons, la réalité d'une théocratie, c'est-à-dire d'une dictature religieuse. À moyen terme, l'avenir de l'Iran est sombre. Seules les deux oppositions, intérieure et extérieure, soutenues par tous les pays démocratiques oligarchiques, peuvent donner quelque espoir dans une transformation du régime et dans une amélioration économique, sociale et politique au double sens du terme politique, de la société iranienne.

Pour une anthropologie politique non déterministe

Georges Balandier et la performativité du futur[1]

Mélissa ELBEZ
IRIS[2] (UMR 8156), EHESS

Penser le postcolonial comme le partage d'un même rapport à l'avenir

Dans la deuxième moitié des années 1950, avant même que les pays africains où il venait d'observer l'émergence de revendications nationalistes n'accèdent à l'indépendance, Georges Balandier constatait que l'échec de la colonisation européenne avait fortement affecté l'idéologie du progrès, qui avait été le principal moteur de l'histoire depuis le XVIIIe siècle. Il notait que les sociétés européennes et africaines étaient en train d'expérimenter la même impression d'avoir un avenir bouché, impression liée à l'absence d'un modèle de société alternatif aux deux idéaux évolutionnistes qui avaient prédominé jusqu'alors, avant d'être détruits par la colonisation et par la décolonisation : l'idéal de l'Afrique traditionnelle et celui de l'Europe expansionniste.

Passant la notion de développement au crible de la relativité culturelle, Balandier soulignait que les considérations d'ordre matériel ne suffisaient pas à expliquer la difficulté des sociétés africaines à se projeter dans l'avenir, difficulté qu'il estimait être tout autant liée à l'absence d'un modèle de société propre. En outre, il soulevait le paradoxe qu'on exhorte les pays dits « sous-développés » à adopter le modèle des sociétés industrielles, au moment même où le paradigme

---

1 Cette note critique est issue d'une communication donnée le 11 décembre 2017 dans le cadre de la Journée d'étude *Les Mondes en mouvement de Georges Balandier* organisée par l'AISLF. Elle est en partie inspirée de l'article de l'auteur (Elbez, 2017).

2 Institut de recherche interdisciplinaire sur les enjeux sociaux ; EHESS, 54 boulevard Raspail 75006 Paris.

du progrès était remis en cause au sein de ces dernières. Face au constat de l'horizon d'attente déplorable de ses contemporains, aussi bien en Afrique qu'en Europe, Balandier les appelait à « inventer des sociétés neuves » (1959) :

> Tout est remis en cause, en Afrique comme dans la vieille Europe [...]. Leurs destins semblent à cet égard solidaires, non parce que la colonisation les aurait liées, mais parce qu'elles doivent abandonner des cadres de pensée et des manières d'être non accordées au monde qui se construit. (1957 : 273).

Ainsi, après avoir pensé « la situation coloniale » (1951) comme une situation partagée entre colons et colonisés – dont il ne fallait pas penser les relations en termes bipolaires, mais comme des « stratégies à partenaires multiples, et changeant selon les conjonctures et l'opportunité » (2003 : 156) –, Balandier nous a encouragés une fois de plus à *nous penser ensemble* dans la situation postcoloniale. Plutôt que d'envisager le postcolonial comme le seul produit d'un passé qui nous sépare – et qui continue de nous séparer, par effet de reproduction –, il nous invitait à y voir l'expérimentation commune de défis inédits – liés à la mondialisation et aux nouvelles technologies – qui nous amènent à partager une même inquiétude vis-à-vis d'un futur qu'on ne parvient pas à appréhender, quelles que soient notre aire géographique et notre situation économique :

> Le postcolonial désigne une *situation* qui est celle, de fait, de tous les contemporains. Nous sommes tous, en des formes différentes, en situation postcoloniale. Parce que la mondialisation nous porte au doute quant à notre identité, et que nous étendons avec ces « nouveaux nouveaux mondes » un univers où nous nous découvrons un peu égarés. [...] Dans la réalité postcoloniale, nous nous renvoyons l'un à l'autre notre incertitude et notre incompréhension, qui n'est pas simplement une incompréhension mutuelle mais l'incompréhension de ce que nous devenons tous dans ce monde-ci, tel qu'il se fait, trop vite, sans doute. (2007b : 24)

Outre l'invitation de Balandier à considérer le postcolonial dans sa tension vers le futur, il ressort de cet extrait que l'incertitude est caractéristique de notre époque, une époque qui a vu s'effondrer l'idéologie du progrès. L'idée de progrès est en effet tributaire de la croyance en la capacité de l'être humain à dominer la nature. Or, non seulement cette croyance n'avait rien d'évident pour de nombreux membres des sociétés dé-colonisées, mais différents épisodes ont contribué à remettre en cause cette conviction au sein des sociétés européennes. C'est notamment le cas d'une série de catastrophes industrielles qui ont eu lieu à partir des années 1980 – dont la plus significative est probablement celle de Tchernobyl. Il en a découlé une prise de conscience de la relative autonomie des produits de la création humaine vis-à-vis de leurs concepteurs, qui a fortement affecté la foi en la capacité des humains à domestiquer la nature et à contrôler leurs destins. De ce constat est née l'invention par Balandier de la notion des « nouveaux nouveaux mondes », qu'il définissait comme « ceux qui naissent de toutes nos entreprises, nous englobent et nous emportent dans une histoire qu'ils font pour une part sans nous » (1997 : 401).

Si l'on suit la logique de Balandier, sa volonté de prendre les « nouveaux nouveaux mondes » pour objet d'étude ne représentait donc pas un désengagement de l'Afrique et de la scène tiers-mondiste, comme cela lui a été reproché. En effet, Balandier estimait que ce n'est qu'en reprenant le contrôle sur leur futur - et en redonnant ce faisant sens à leur existence - que les sociétés contemporaines parviendront à panser les plaies du passé. Ainsi, il voyait « les nouveaux nouveaux mondes » comme un terrain d'enquête pertinent – voire comme le plus pertinent – pour faire avancer la réflexion sur la « crise de sens », qu'il jugeait en grande partie responsable de la difficulté des sociétés récemment émancipées à prendre en main leurs destins. C'est dans ce sens qu'il faut comprendre sa phrase : « La modernité appropriée devient l'enjeu, c'est-à-dire un accès singulier, particularisé à ce qu'elle apporte, plus que la lutte contre un impérialisme d'ancienne facture » (2009 : 53).

Pour une anthropologie du futur au service de la vitalité démocratique

Nous avons vu que, selon Balandier, le défi central pour les contemporains – qu'il s'agisse de membres de pays décolonisés ou d'anciennes puissances coloniales – consiste à se réapproprier leur capacité à se projeter dans le futur. Balandier considérait en effet que « la pensée et le désir démocratiques ne peuvent se revigorer que par la connaissance en commun du monde qui devient. » (2015 : 104). C'est donc dans un double objectif – à la fois scientifique et politique – qu'il a provoqué les anthropologues à « s'intéresser à la production continue, non à la reproduction maintenant de l'identique » (2009 : 31). Dans un souci de solidarité avec « ceux qui, ici et ailleurs, refusaient l'abandon à la fatalité » (1997 : 7), il appelait les anthropologues à « se désencombrer » du terme « impuissance », à prendre « le risque assumé de […] chercher des passages après avoir repéré les chemins sans issue », arguant que « l'ambition salutaire pousse à briser l'enfermement dans l'inextricable » (1994 : 233). Il écrivait ainsi que « notre métier, c'est d'être dans l'inconfort, ne pas dire ce qui est attendu, mais contribuer à faire voir autrement, aider à identifier ce qui est en devenir, le faire connaître et mettre ainsi en garde. » (2009 : 50).

C'est dans ce sens qu'il faut comprendre l'inscription de Balandier dans le mouvement prospectiviste français : en portant à la connaissance de contemporains – dont la capacité à imaginer le futur fait défaut – les différents scénarios possibles, il espérait leur permettre de faire des choix informés « en fonction d'un futur souhaité » (2012 : 130). C'est aussi dans ce sens qu'il faut comprendre sa prise de distance vis-à-vis des courants néo-marxistes, tiers-mondistes et des *postcolonial studies*, courants de l'anthropologie qui, par souci de reconnaissance, désignent des destins en mobilisant une approche déterministe du social, et signalent des impasses, en mettant l'accent sur la performativité du passé.

En vue de mettre les sciences sociales au service de la vitalité démocratique, Balandier a exhorté à maintes reprises les chercheurs à mener une révolution intellectuelle qu'il jugeait nécessaire pour contrer la « crise de sens » postcoloniale et, ce faisant, rendre aux contemporains leur capacité à identifier des futurs, étape indispensable pour passer à celle de l'action et de la construction. Il écrivait :

> la compréhension a le handicap du retard pris sur le cours des choses, de l'inertie qui décourage d'accomplir la révolution intellectuelle nécessaire. C'est à celle-ci qu'il devient urgent de se consacrer, et, en cette urgence, *comprendre, c'est faire.* [...] Nous sommes encore sous l'influence de la nostalgie de l'autrefois, du connu qui rassure – et dont les manipulateurs du passé font usage en façonnant des leurres. Mais nous sommes embarqués, emportés vers l'ailleurs. Plus grand est le défaut de connaissance, plus fort est le sentiment d'être engagé dans un labyrinthe dont les dédales et les impasses ne seront jamais relevés. (1994 : 226-227)

En promouvant l'anthropologie dynamique, Georges Balandier espérait contribuer à l'ouverture des avenirs possibles. En effet, considérer (dans une approche processuelle) que « toute société ne peut être qu'un système approximatif tendant à sa pleine réalisation » (2007a [1967] : X) permet de voir des transitions là où on aurait spontanément tendance à voir des fins. C'est pourquoi Balandier incitait les anthropologues à « accepter que la production de la société n'ait pas d'achèvement [...], ne pas voir toute chose négativement sous l'aspect du mauvais désordre, admettre avec inconfort que le mouvement est générateur de devenir, de nouvelles formes d'ordre, vulnérables comme les précédentes » (1994 : 233).

C'est ce qu'il s'est efforcé de faire face au constat, dans la France actuelle, de la désertion des bureaux de vote, de la régression du civisme, du déni de civilité, de l'augmentation des actes de vandalisme, et de la montée d'attitudes de défiance et d'indignation. En effet, s'il a tenté d'en comprendre les raisons – en pointant notamment l'idéologie de l'évaluation, qui transforme l'activité de pouvoir en gouvernance et dépossède les citoyens de leur rapport au futur[3] –, Balandier (2012) ne s'est pas arrêté à une lecture du désinvestissement de la politique dans les seuls termes de la réaction (2012). Il y a vu également la manifestation d'un « croire » qui persisterait à l'état sauvage dans la société française, lequel serait suffisamment puissant pour donner lieu à des réactions de rejet et de défiance, bien qu'il soit encore en attente d'objets sur lesquels se porter :

> la modernité libérale centrée sur le marché et l'économisme financier [...] fait surgir l'« indignation », le rejet, la révolte contre ce qui laisse faire et ne résout rien durablement. Le « croire » fortifié emporte vers un ailleurs où l'autrement se réalisera ; la modération opposée à la puissance de l'illimité et à l'arrogance des puissants cherche le possible retour à l'essentiel. [...] Le doute déconstruit la double affirmation qui fut celle des récentes décennies : l'optimisme de la réussite portait à annoncer l'achèvement en tant que « fin de l'Histoire » et à prononcer l'éloge de la « société de confiance ». Aujourd'hui, c'est la « société de défiance » qui [...] dévalue le crédit accordé aux évaluations. (2012 : 260)

Balandier invitait donc à voir la dépolitisation actuelle comme une étape vers un ailleurs encore indéterminé. De fait, il était persuadé que, comme dans l'Afrique coloniale, la réponse populaire à « une administration dominatrice et au langage de la gestion » (2009 : 8) se développerait dans le champ du sacré. Ainsi, plutôt que de voir le « retour du religieux » comme un effet de « la mort du politique », il y voyait, d'une part, une tentative de « retrouver un horizon » (2009 : 79) susceptible de recadrer la volonté humaine désorientée, d'apporter de la retenue face aux emballements de la puissance et de rendre au pouvoir sa transcendance, ravivant ce faisant l'autorité du pouvoir – ce qui aurait pour effet de réactiver la participation politique.

D'autre part, de même qu'il s'était efforcé dans sa thèse de doctorat de « faire apparaître ce qui, proprement africain, donne des chances au futur » (2003 : 166) – en examinant les initiatives de « l'Afrique des gens » qu'il distinguait de celle des politiques –, Balandier a appliqué les principes de

---

[3] Il a aussi pointé la responsabilité des hommes politiques, qui contribuent à désacraliser le pouvoir en se pliant au jeu populiste de la transparence médiatique et en se cachant derrière l'évaluation (Balandier, 2012).

l'anthropologie politique[4] à l'étude des jeunesses actuelles. Ainsi, à plus de 90 ans, il a vu dans l'importance accrue de la musique pour les nouvelles générations son surgissement comme un nouveau langage reliant les jeunesses du monde global autour d'un patrimoine commun, et a interprété la liberté transgressive des *rave parties* comme une modalité d'opposition « à une société qui additionne les dépendances "machinelles", les normalisations, les règlements, les évaluations... » (2012 : 168).

De la même manière, en dépit de son âge avancé, Balandier ne s'est pas contenté d'anticiper les risques d'Internet en termes de « phénomènes parents du rapport colonial », d'« effets d'emprise, d'appropriation et d'exploitation, […] de marquage d'influence » (2007b : 24)[5]. En effet, fidèle à son intérêt pour les marges de manœuvre des sujets sociaux, il constatait en parallèle qu'avec la démocratisation de l'accès aux nouvelles technologies, « le citoyen n'est plus totalement démuni », « sans possibilité de répliquer » (2015 : 114), et qu'il lui est devenu plus aisé de « contribuer à l'irruption de l'événement et d'agir sur son cours » (2012 : 192), ce qu'il illustrait par la diffusion instantanée de bavures policières filmées au téléphone portable, et par l'usage de *Facebook* dans l'organisation de « la révolution jeune » en Tunisie.

Ce faisant, Balandier se pliait à ce qu'il estimait être le devoir politique des anthropologues politiques, à savoir porter à la connaissance des acteurs sociaux le potentiel subversif de leurs pratiques – qu'elles soient religieuses, festives, individuelles ou autres –, ainsi que les marges de manœuvre dont ils disposent, en vue d'encourager la vitalité démocratique.

La performativité du futur : un axe de réflexion éminemment heuristique

Lorsque l'on évoque l'anthropologie de Georges Balandier, deux axes sont généralement mis en exergue comme caractéristiques de sa pensée : la considération du politique comme une potentialité latente de toute activité sociale, et l'attention portée aux marges de manœuvre des acteurs sociaux. S'il est parfois fait mention de l'importance qu'il accordait à la dimension historique de la culture et à la processualité de la vie sociale, la question de la performativité socioculturelle du rapport au futur n'a pas fait couler d'encre. Pourtant, la lecture croisée de ses écrits anciens et récents révèle qu'il s'agit

---

4 En particulier, l'idée que le véritable terrain du politique n'est pas « celui des institutions formelles, mais celui des actions qui visent le maintien ou la modification de l'ordre établi » (2007a [1967] : IX).

5 Bien qu'on ait pu constater la pertinence de ces remarques avec le départ en Syrie de jeunes Français recrutés sur la toile pour rejoindre le *djihad*.

d'un axe central de sa réflexion, qui est non seulement indispensable pour comprendre la cohérence entre son œuvre africaniste et ses travaux sur la surmodernité, mais qui est essentiel à la mise en œuvre d'une anthropologie véritablement dynamique et politique. C'est pourquoi j'invite la nouvelle génération de chercheurs à prêter attention à la performativité du futur : un outil conceptuel d'une valeur inestimable pour quiconque souhaite développer une anthropologie à la fois politique et non déterministe du monde contemporain.

Références bibliographiques

BALANDIER Georges, 1951. « La situation coloniale : approche théorique », *Cahiers internationaux de sociologie*, 11, p. 44-79.

—, 1957. *Afrique ambiguë*, Paris, Plon.

—, 1959. « Inventer des sociétés neuves », *Arguments*, 15, p. 34-36.

—, 1994. *Le Dédale : pour en finir avec le XX*e *siècle*, Paris, Fayard.

—, 1997. *Conjugaisons*, Paris, Fayard.

—, 2003. *Civilisés, dit-on*, Paris, PUF.

—, 2007a [1967]. *Anthropologie politique*, Paris, PUF.

—, 2007b. « Préface », *in* M.-Cl. Smouts (dir.), *La Situation postcoloniale. Les « postcolonial studies » dans le débat français*, Paris, Sciences Po Les Presses, p. 17-24.

—, 2009. *Le Dépaysement contemporain : l'immédiat et l'essentiel*, Paris, PUF.

—, 2012. *Carnaval des apparences ou nouveaux commencements ?*, Paris, Fayard.

—, 2015. *Recherche du politique perdu*, Paris, Fayard.

ELBEZ Mélissa, 2017. « Georges Balandier et “les enfants de Tchernobyl”. Que faire de sa transmission ? », *Cahiers d'études africaines*, 228 (4), p. 1035-1078.

Tous comptes faits Roman de (la) jeunesse de Georges Balandier

Nadège MÉZIÉ
CANTHEL[1] (EA 4545), Université Paris-Descartes

Il me faut avouer une certaine appétence pour l'œuvre de jeunesse de mes aînés, ceux de ces aînés dont on coiffe son arbre généalogique dédié à la parenté de la pensée[2]. Ce qui aiguise mon intérêt et retient mon attention dans ces textes écrits à l'aube d'une carrière dont on sait, *a posteriori*, l'intensité lumineuse qui aura été la sienne, c'est ce qu'on peut y voir d'ardeur et d'audace, qui seront rarement dépassées une fois maturité acquise. Ces textes de jeunesse, pour ceux de ces aînés qui sont de fortes têtes – et Balandier était, je ne crois pas me tromper, de celles-là –, ont une allure de champ de bataille : leurs auteurs y ont commencé à fourbir et à faire leurs armes, ils y ont tiré à vue, sans s'embarrasser de trop de convenances, ils s'y sont ratés, ils y ont raturé, ils y ont dégoupillé, visé juste ou à côté, fait quelque coup d'éclat, souventefois ils s'y débarrassent du barda dont ils ont hérité, souventefois, aussi, ils se reconnaissent, avec quelque affection mêlée parfois d'insolence, une certaine ascendance. Plus communément, les premiers textes d'un écrivain, d'un chercheur sont considérés comme le laboratoire d'expérimentation où une écriture se fait, où une théorie s'ébauche, où des préoccupations thématiques se révèlent, qui pourront se

1 Centre d'anthropologie culturelle ; 45 rue des Saints-Pères, 75270 Paris.

2 Ce texte est la version révisée d'une communication présentée à la Journée d'étude « Les mondes en mouvement de Georges Balandier », organisé conjointement par l'Association Internationale des Sociologues de Langue Française (AISLF) et la Faculté des Sciences Humaines et Sociales de l'université Paris Descartes, qui a eu lieu le 11 décembre 2017 à l'université Paris Descartes.

cristalliser, plus avant, en obsession. Ces écrits de jeunesse nous permettent d'accéder, tout comme les carnets d'un écrivain ou encore les échanges épistolaires des premières années, à la genèse d'une pensée, d'une écriture, d'une notion. Tandis que l'on perçoit, de manière plus évidente que dans les œuvres de maturité, les influences à *l'œuvre*.

Georges Balandier n'a pas tardé à écrire, il n'est pas de ces auteurs tardifs. Mieux, l'écriture a tôt fait de s'emparer de lui comme nous allons le voir. Et ces premières pages, ces premières publications ne relèvent pas du champ de la sociologie et de l'anthropologie, elles sont littéraires. D'une certaine manière, il y a un Balandier écrivain, avant le Balandier sociologue et anthropologue. Et d'une certaine manière, aussi paradoxale que cela puisse l'être, considérer ses tout premiers écrits, et en particulier le premier publié d'entre eux, ce n'est pas examiner les commencements d'une œuvre mais appréhender une fin dans les débuts d'une vie, une fin qui a été pensée comme telle par son auteur. La première œuvre qui nous occupe dans cet article, c'est celle, un peu fantôme, un peu mystérieuse, dont on sait qu'elle existe, dont il est fait mention en passant, qui ressurgit à la faveur de son auteur même et dont on ne sait pourtant rien ou presque – et pour cause, elle ne fut jamais republiée après sa première sortie en 1947. Je veux parler évidemment de *Tous comptes faits*.

Quiconque a lu *Civilisés dit-on*, on connaît la dernière page de cette œuvre de jeunesse ; elle y est, en effet, reproduite (2003 : 41). Nous savons-aussi que Balandier n'avait fait subir à ce premier livre ni le bûcher ni l'oubli complet : à chaque moment autobiographique de son parcours, il le mentionne, et ce jusque dans les dernières années de sa vie. Mais s'il le déterre à intervalles réguliers, il ne l'aura jamais rendu à la vie[3].

Je vais donc présenter cette œuvre de jeunesse, et parce qu'elle est peu connue, peu accessible, je vais donner à lire l'écriture rapide, parfois orale, toujours enlevée du jeune Balandier écrivain. Tout en accordant à ce premier livre publié le statut d'œuvre de fin, ou plutôt d'une fin, je montrerai comment elle s'insère dans l'ensemble plus large des écrits de son auteur et mettrai, finalement, en lumière l'influence de la philosophie sartrienne sur le jeune Balandier, influence davantage restée dans l'ombre que celle de Michel Leiris.

En 1946, Balandier a 26 ans. Il a passé la fin de la guerre dans le maquis dans sa région natale, à la frontière des Vosges. À son retour à Paris, le jeune ancien combattant, un peu perdu, un peu agité, intègre le Musée de l'Homme. En début de guerre, il avait été sur les bancs de la Sorbonne, pour des études

---

3 On trouvera le référencement des mentions à *Tous comptes faits* dans Mézié, 2017.

littéraires et philosophiques, et de l'Institut d'ethnologie. Sa vocation d'ethnologue s'affermit alors, il est tout tendu vers l'Afrique, qu'il gagne en juin 1946. Avant que d'embarquer pour Dakar, il remet à Michel Leiris un manuscrit, écrit en quelques semaines, que ce dernier doit communiquer à Maurice Nadeau, lequel dirige la collection tout juste créée « Le chemin de la vie » aux Éditions du Pavois[4]. Le manuscrit de Georges Balandier, qui inaugure cette collection, est publié début 1947, sous le titre de *Tous comptes faits* (avec l'entorse assumée du pluriel), alors que son auteur est encore en Afrique. Cette collection va accueillir, entre autres, les livres de David Rousset, résistant, aux côtés de Maurice Nadeau. Anticolonialiste, Rousset fondera avec Jean-Paul Sartre, en 1948, le Rassemblement démocratique révolutionnaire dont il s'éloignera presqu'aussitôt. La première œuvre de Balandier trouve donc terreau dans ce milieu parisien de la rive gauche où littérature, philosophie et politique se côtoient et se heurtent. Si elle ne connaît pas un grand succès, elle ne passe pas non plus inaperçue. Leiris en dira quelques mots, Camus aussi (*Tous comptes faits* est « un peu trop leste » à son goût[5]).

Tous comptes faits porte un sous-titre, celui de *Roman*. Le livre est en fait une autobiographie à peine voilée. On trouve, ainsi, aux pages 163, 164 et 165, l'interpellation du protagoniste sous les prénom et nom de Georges Balandier. Balandier dira plus tard qu'avec *Tous comptes faits*, il donnait à lire une « autobiographie romancée » (2012 : 61), une « autobiographie un peu truquée » (2003 : 43), « arrangée » (Balandier, Steinmetz & Sapiro, 2010 : 48).

Le livre commence ainsi : « On a toujours de bonnes raisons d'établir, soi-même, sa monographie » (1947 : 9). Le terme employé fait volontairement référence à l'ethnologie ; quelques lignes plus loin Balandier écrit en effet : « J'écris ma monographie par pli professionnel ; ethnographe, habitué des fiches, classifications, tableaux synoptiques et schémas, j'applique cette méthode au phénomène moi-même » (1947 : 9). Pourtant, le reste du livre se laisse appréhender comme un récit d'enfance et d'entrée dans l'âge adulte relativement convenu. Balandier affiliera, évidemment, son livre à Michel Leiris et à son grand œuvre *L'Âge d'homme* (Balandier, 2003 : 47), il a dit aussi l'admiration qu'il portait à Gide (2003 : 20).

---

4 Sur les entours de la publication de *Tous comptes faits* et les années charnières 1946-1947, je me permets de renvoyer à mon article publié dans le dossier *Cargo* en hommage à Georges Balandier (Mézié, 2017).

5 Ces mots de Camus sont rapportés par Balandier dans l'émission radiophonique « Tout arrive » (2005).

Tous comptes faits procède par touches chronologiques de souvenirs. De tous ceux-là, j'en ai extrait quelques-uns assez arbitrairement, je les livre sous forme de citations en vue de faire résonner les mots du jeune et impétueux Balandier.

– Son « goût des gares » : « j'y rêvais bagages somptueux et pérégrinations fantastiques » (p. 18).
– L'école buissonnière et le « sens du prestige » :

> Simulant de descendre par la route nationale je revenais par le chemin, après avoir erré dans les champs et les buissons. [...] Ma mère se lassant, je commençai à recevoir des fessées. Une fois sa colère fut telle qu'elle m'abandonna moitié abruti, l'oreille droite meurtrie. Je ne cédai pas et je considérai cette blessure avec dignité et fierté. Le soir je la montrai aux "copains" qui s'émerveillèrent (Ah ! la vache). J'avais le sens du prestige. (p. 27)

– Après une série de remémorations des premiers émois sexuels, Balandier affirme avec vigueur sa répugnance pour les femmes (p. 68) : « la femme puante et pondeuse » dit-il, par exemple, de celle qui lui a volé son oncle Norbert.
– À partir de 16 ans, une suite de révoltes et d'engagements politiques qui aussitôt embrassés sont abandonnés : « j'étais des étudiants communistes. Rien de plus qu'une rupture de ban. Je marquai cela en gueulant l'« Inter » plus fort et plus faux que les copains » (p. 85). Ces engagements éphémères sont toujours accompagnés de réflexions portées sur des cahiers. Après le communisme viendra l'adhésion tout aussi fugace, et pourtant entière, au mouvement libertaire, puis vient la poursuite de Dieu, avec Paul, le grand ami : « c'était une chasse continuelle d'où je revenais bredouille à chaque fois » (p. 102), jusqu'à sa « nouvelle foi » pour les monarchistes.
– C'est aussi avec Paul que s'avivent le goût de la lecture et de l'écriture. Il y a les nouvelles, les poèmes, les lettres : « Nous décidâmes d'entreprendre une sorte de joute épistolaire où chacun essaierait de préciser sa conception de la Poésie » (p. 129). Ils éditeront, lui et Paul, à compte d'auteur, cet échange épistolaire. Nous sommes en 1943, c'est donc en fait la première œuvre publiée, avant *Tous comptes faits*.
– Dans les années 1943-1944, alors qu'il enseigne, Balandier se dit victime du « mal du siècle », il est dispersé, angoissé, méprise le sérieux, c'est alors qu'il assiste à un film sur la vie de Charles de Foucauld :

J'y pleurai. [...] Sous ces influences, j'envisageai une carrière coloniale. [...] Ne songeant pas un seul instant à l'administration – voie hiérarchique et circulaires – je choisis avec enthousiasme la profession d'ethnologue. L'Afrique m'attirait sans que je puisse trop bien préciser en quoi, peut-être à cause de l'image que Claudel m'en avait laissée. (p. 154-155).

– Balandier échappe au STO en se rendant dans sa région natale et là vient le dépucelage : « des picotements, y-a peut-être du sang ?... salope, elle m'a eu... Pas de gosse, mon Dieu faites que je n'aie pas d'enfant, je ne recommencerai plus. [...] Femelle. Dung. Une heure. Les chouettes, « foufhoû, foufhoû, foufhoû' » (p. 166). Puis vient le maquis :

Les copains s'amusent à manœuvrer la culasse de leur fusil ; un petit bruit d'acier qui doit courir le long des jambes et résonner dans la tête des pauvres types. Autour de nous les Ukrainiens se sont rassemblés ; ils rient fort. [...] Les jeux du cirque. Gladiateur, saleté de rôle ! (p. 194).

– Au retour à Paris, prédomine l'agitation et la révolte contre un monde qui s'est écroulé sous ses propres coups de boutoir, une agitation révoltée dont l'écriture se fait l'écho :

Un bouillonnement et jamais de quiétude. [...] heureux qu'est-ce que ça veut dire ? une invention pour dorer la pilule. Il n'y a ni bonheur, ni malheur, il n'y a rien. Écoutez, je me frappe la poitrine ! rien, pas même un écho. [...] La révolte, je voulais la porter au dehors, dans le monde, la société où je m'inscrivais. Un coup de pied pour abattre l'édifice croulant. (p. 229).

– L'ethnologie, sous les traits du départ en Afrique, offre alors pour le jeune homme une échappatoire au monde qui le dégoûte : « Partir c'est plaquer tout là, c'est renaître, c'est se mettre sous la dent – pour un certain temps – de l'espoir » (p. 233).

Tous comptes faits consiste, dès lors, avant l'éloignement, à tirer un trait, à additionner et à poser le zéro qui dit tout à la fois une fin et un commencement. Et à le faire avec véhémence, avec « rage » : « Je dois me vouloir neuf, sans reliquat de mes erreurs passées, seul avec toute ma chance. » (p. 236). La fin de la Seconde Guerre mondiale constitue pour Balandier un moment charnière ou, mieux, un point de bascule qui se matérialise par une série de changements, pour certains définitifs : abandon des prétentions à une carrière littéraire pour embrasser celle d'ethnologue, départ de l'Europe pour l'Afrique avec la volonté de laisser derrière soi un état de désespérance.

Tous comptes faits orchestre ce passage. D'un geste littéraire, il liquide enfance et jeunesse, et annonce des temps nouveaux. Et si *Tous comptes faits* met fin aux prétentions littéraires – en vérité, des soubresauts : les derniers, se produiront au retour du premier voyage en Afrique –, le livre est aussi la première pierre du « projet autobiographique » de l'auteur. Le terme de projet est de Balandier lui-même, il l'emploie dans l'entretien filmé de 1995 pour la collection « Savoir et mémoire » de l'EHESS (1995). À ce propos, Balandier remarque avec étonnement, dans ce même entretien, que ce projet n'a pas attiré l'attention des commentateurs de son œuvre. L'omission de ce versant de l'œuvre balandierienne peut effectivement surprendre, tant les touches autobiographiques sont nombreuses et parsèment un grand nombre de ses ouvrages pour ne pas mentionner ses œuvres qui, à la suite de *Tous comptes faits*, lui sont entièrement consacrées : *Afrique ambiguë* (1957), *Histoires d'autres* (1977), *Conjugaisons* (1997), *Le Carnaval des apparences* (2012). Balandier sera d'ailleurs le premier à constater ce besoin récurrent et relativement cyclique du bilan :

> À diverses reprises j'ai donc voulu m'« expliquer ». [...] C'est-à-dire qu'il y a des moments où je décide de faire le point sur ce que j'ai réalisé, sur les raisons qui m'ont conduit à le faire et sur ce qui a agi sur moi en retour. (2003 : 49-50).

Il faut ajouter à ces ouvrages, ce qu'il distille de sa trajectoire intellectuelle dans les entretiens qu'il a accordés, ce qui relève de la « biographie dialoguée » pour reprendre les mots qu'emploie Philippe Lejeune pour parler d'une pratique récurrente chez Sartre (1980 : 182-202).

Ni notes intimes, ni révélations scabreuses, ni exhalaisons narcissiques, ni artifice du texte romancé, on a bien plutôt affaire à chacune de ces reprises, et en décrochage avec *Tous comptes faits*, à de l'extime, à une exploration du territoire du dehors, à de l'ethno-auto-biographie ou de l'ethnographie de soi, comme ont pu le noter Jean Copans (2014) ou encore André Mary (2017). *Traversé* de part en part par des lieux et des autres, *constitué* foncièrement par des lieux et par des autres, le *je* balandierrien est autre. Balandier, de fait, ne se livre pas ou peu, il tente, en dessinant d'un geste vif, de capturer, là aussi, mais autrement, des mondes en mouvement, celui de sa région natale, entre Lorraine et Franche-Comté, en mutation, celui du maquis, celui des pays africains acquérant leur indépendance, celui des révoltes estudiantines, celui de ces mondes doublement nouveaux.

Les commentateurs de Balandier ont rappelé l'influence qu'avait eue Michel Leiris sur Balandier et, en particulier, sur son « projet autobiographique ». Balandier lui-même a fait mention, à plusieurs reprises, de l'influence fondamentale de celui qu'il considérait comme son guide, son initiateur, son ami[6]. Il a par contre été moins dit de l'influence de Sartre sur sa pensée, sa politique de vie et l'écriture de sa vie. Pourtant, elle me semble loin d'être négligeable. Car si la relation de Balandier à Sartre n'a pas été aussi intime qu'avec Leiris, il a, néanmoins, affirmé l'importance que le philosophe-écrivain avait eu sur le développement de ses idées : « Sartre s'imposait par une présence multiple, il était le seul qui pouvait concevoir et incarner la figure de l'"l'intellectuel total" » (2003 : 25). Parmi les ouvrages de Sartre qui ont exercé une influence non négligeable, Balandier cite *Questions de méthode* et *Critique de la raison dialectique* qui, selon lui, « contribuèrent à confirmer plusieurs de [s]es intuitions : la production continue du social plutôt que sa reproduction, la mise en évidence de l'inachèvement de toute société, l'impossibilité d'une fin de l'Histoire » (2003 : 26). Claudine Vidal, dans le livre en hommage à Georges Balandier de 1986, signale au début de son article que « G. Balandier, naguère, lisait le Sartre de *Question de Méthode* lorsqu'il élaborait son approche de la "situation coloniale" » (1986 : 137). Si les écrits de Louis Wirth, Max Gluckman et Octave Mannoni ont influencé directement la construction de la notion de « situation coloniale » (Copans, 2001 ; Merle, 2013 ; Agier, 2017[7]), certaines œuvres de Sartre, et en particulier celle qu'évoque justement Claudine Vidal, ont, en effet, également compté. Dans son article consacré à la relecture de la notion susdite, Jean Copans écrit que « la revue *Les Temps modernes*[8] et le préfacier de l'anthologie poétique publiée par L. S. Senghor en 1948, à savoir J.-P. Sartre » ont constitué « un arrière-fond culturel bien présent » dans la définition de la « situation coloniale » (Copans, 2001 : 43). Gregory Mann rappelle lui aussi l'importance qu'a pu avoir Sartre dans la genèse de la notion (Mann, 2013 : 110 n. 75). Il

---

6 Voir ce qu'il en dit dans, entre autres, *Histoire d'autres* (1977 : 39 et 117).

7 Michel Agier ne fait allusion à aucun moment de son article à Jean-Paul Sartre. Il faut mentionner, à décharge de l'auteur, que l'article est consacré aux relations entretenues par Balandier avec l'École de Manchester et, en particulier, avec sa figure de proue Max Gluckman. Néanmoins, Octave Mannoni, lui, trouve place (2017 : 928).

8 Revue dans laquelle Balandier a publié deux comptes rendus d'expositions qui s'étaient tenues dans la galerie de Louise Leiris (2009 : 22-23).

signale, par ailleurs, que cette influence est également perceptible dans les premiers articles de Balandier dans *Présence africaine* (*ibid.*). Balandier, dans l'article fondateur de la notion, se dit sous influence de Fortes, Gluckman, Bastide, Wallon mais aussi Gurvitch et Mauss (2001 : 27-28). En 2002, pour *French Politics, Culture and Society*, il revient sur la théorisation de cette notion, à laquelle il est désormais indéfectiblement lié, et insiste cette fois sur les figures de Gurvitch et Mauss (2002 : 5), mais aussi sur l'« l'existentialisme sartrien » (*ibid.*). Dans l'entretien qu'il a accordé à Claudine Haroche et Joël Birman, c'est à nouveau à Sartre qu'il renvoie quand il est question de la « situation coloniale » (2009 : 29-30).

Aux côtés des influences théoriques, on peut, plus encore, percevoir une affinité « existentielle » entre les deux hommes, laquelle a été notée par Claudine Haroche et Joël Birman (2009 : 37-38). Il est en effet possible de discerner un certain air de famille dans leur manière de s'inscrire dans le monde et dans leur usage du miroir critique qui a pris, entre autres, la forme de l'autobiographie. Sartre se disait le « rejeton provincial de la Grande Guerre et de la Révolution Russe » (1972). Jean-François Louette dit de Sartre, dont il est l'un des spécialistes, qu'il a connu une conversion à l'histoire qui se donne à voir dans une présence entière au monde (Louette, 2017). Voilà qui s'appliquerait plutôt bien à Balandier, lui qui disait avoir eu « une vie dans l'histoire » (2009 : 13-28). Le terme même de projet, qui se décline entre autres chez Balandier, comme nous l'avons vu, en « projet autobiographique », a beaucoup à voir avec l'idée de projection de la conscience dans le monde, d'élan vers l'existence. L'autre marotte, essentielle, que partagent les deux hommes, est la liberté. Dans *Tous comptes faits*, Balandier disait déjà son « goût immodéré de la liberté » (1947 : 211) qu'il tenait, d'après lui, de ces « mois d'illégalité » passés dans le maquis[9]. Il dira plus tard que Sartre a donné substance à ce goût et ce que cela signifiait en terme de politique et d'écriture de soi : « Il m'apprenait à mieux allier la liberté à une authentique exigence de responsabilité, à mieux assumer la production de soi par soi-même, à défaire les nœuds de mes entraves » (2003 : 26). C'est par ces mots de Balandier, vieil homme, que je termine cette évocation, à double perspective – la mienne et la sienne –, du jeune Balandier.

---

9 La citation complète : « goût immodéré de la liberté, acquis d'une manière définitive pendant mes mois d'illégalité ; le sens tragique que la liberté restait la seule valeur à laquelle je puisse m'attacher, la seule qui ne signifiât pas duperie et soumission » (1947 : 211).

Références bibliographiques

AGIER Michel, 2017. « Un pont sur la Manche. Vers une anthropologie situationnelle », *Cahiers d'études africaines*, 228 (4), p. 921-932.

BALANDIER Georges, 1947. *Tous comptes faits. Roman*, Paris, Éditions du Pavois.

—, 1957. *Afrique ambiguë*, Paris, Librairie Plon.

—, 1977. *Histoire d'autres*, Paris, Éd. Stock (Les Grands auteurs 4).

—, 1997. *Conjugaisons*, Paris, Fayard.

—, 2001. « La situation coloniale : approche théorique », *Cahiers internationaux de sociologie*, 110 (1), p. 9-29.

—, 2003. *Civilisés dit-on*, Paris, PUF.

—, 2009. *Le Dépaysement contemporain. L'immédiat et l'essentiel. Entretiens avec Joël Birman et Claudine Haroche*, Paris, PUF.

—, 2012. *Carnaval des apparences ou nouveaux commencements ?*, Paris, Fayard.

BALANDIER Georges, STEINMETZ George, SAPIRO Gisèle, 2010. « Tout parcours scientifique comporte des moments autobiographiques », *Actes de la recherche en sciences sociales*, 185 (5), p. 44-61.

COPANS Jean, 2001. « La "situation coloniale" de Georges Balandier : notion conjoncturelle ou modèle sociologique et historique », *Cahiers internationaux de sociologie*, 110 (1), p. 31-52.

—, 2014. *Georges Balandier. Un anthropologue en première ligne*, Paris, PUF.

LEJEUNE Philippe, 1980, *Je est un autre. L'autobiographie de la littérature aux médias*, Paris, Éd. du Seuil.

MANN Gregory, 2013. « Anti-Colonialism and Social Science: Georges Balandier, Madeira Keita, and "the Colonial Situation" in French Africa », *Comparative Studies and History*, 55 (1), p. 92-119.

MARY André, 2017. « Ethnographie de soi sous le "zéro équatorial". Le chantier autobiographique de Georges Balandier », *L'Homme*, 221 (1), p. 11-40.

MERLE Isabelle, 2013. « “La situation coloniale” chez Georges Balandier. Relecture historienne », *Monde(s)*, 4 (2), p. 211-232.

MÉZIÉ Nadège, 2017. « “Attention au départ. Prêt.” Le jeune Balandier par lui-même », *cArgo*, 6-7, p. 189-201.

VIDAL Claudine, 1986. « Les pensées muettes. Où il sera question de “vécu” », in *Afrique plurielle, Afrique actuelle. Hommage à Georges Balandier*, Paris, Karthala (Hommes et sociétés. Histoire et anthropologie 25), p. 137-145.

Entretiens filmés

ASTRUC Alexandre, CONTAT Michel, 2006 [1972]. *Sartre par lui-même* (3 h 07 mn), Éditions Montparnasse.

GAUGÉ Pierre, 1995. *Une Anthropologie des moments critiques : entretien avec Georges Balandier* (98 mn) [En ligne], EHESS. URL : https://www.canal-u.tv/video/ehess/une_anthropologie_des_moments_critiques_entretien_avec_georges_balandier.14097

Émissions radiophoniques

LAPORTE Arnaud (avec Georges Balandier), 2005. « Autour de Georges Balandier » (30 mn) [plus en ligne], *France Culture*, émission « Tout arrive ! (06/09/2005). URL : https://www.franceculture.fr/emissions/tout-arrive/autour-de-georges-balandier

GARRIGOU-LAGRANGE Matthieu (avec Jean- François Louette), 2017. « Pour en finir avec l’intime. Jean-Paul Sartre 3/4 » (58 mn) [En ligne], *France Culture*, émission « Savoirs » (26/04/2017).
URL : https://www.franceculture.fr/emissions/la-compagnie-des-auteurs/jean-paul-sartre-34-pour-en-finir-avec-lintime

Comptes rendus

Julie PEGHINI, *Île rêvée, île réelle. Le multiculturalisme à l'île Maurice*, préface de S. Chazan-Guillig, postface de C. Servan-Schreiber, Saint-Denis, Les Presses universitaires de Vincennes (Médias), 2016, 349 p.

On ne peut s'y tromper, le propos de Julie Peghini est politique au sens du politique. Ce qu'elle recherche, c'est pourquoi cet ensemble humain qu'est l'île Maurice a jusqu'à maintenant plus ou moins échoué à se donner un vivre en commun qui n'érige pas certains en dominants et les autres en dominés. Je veux parler en particulier de ceux qu'on appelle à l'île Maurice les Créoles, c'est-à-dire les descendants d'esclaves. Suzanne Chazan-Gillig et le Mauricien Pavitranand Ramhota avaient montré, dans leur ouvrage antérieur *L'Hindouisme mauricien dans la mondialisation cultes populaires et religion savante*[1], comment des Indiens venus de l'Inde au XIXe siècle comme Coolies, remplaçant à Maurice les esclaves après l'abolition de l'esclavage en 1834, étaient devenus, pour beaucoup d'entre eux, peu à peu propriétaires d'une terre plus ou moins grande et avaient participé à l'aventure sucrière de Maurice (culture de la canne à sucre). Les auteurs montraient comment les Indiens avaient implanté dans les champs de petits temples qui leur permettaient de garder leurs dieux, leurs religions et leurs cultes.

Au moment de l'indépendance, ce sont ces Indo-mauriciens qui, grâce aux anciens colonisateurs anglais depuis 1814 – auparavant, depuis 1715, l'île Maurice s'appelait l'île de France et appartenait à la France qui y avait développé l'esclavage, notamment celui des esclaves venus du continent africain –, vont occuper le pouvoir politique. C'est la toute petite proportion de Franco-mauriciens demeurés grands propriétaires dans l'île qui va détenir la réalité du pouvoir économique. Ce partage va durer longtemps, même s'il est aujourd'hui beaucoup plus subtil et mouvant, comme le montre l'ouvrage.

Julie Peghini n'écrit pas un livre sur l'ethnicité, mais sur l'altérité. Dans quelle mesure des individus, des groupes parviennent-ils à vivre l'autre en eux, autre étranger et néanmoins, qu'ils le veuillent ou non, part d'eux-mêmes ? L'anthropologie et la sociologie, l'histoire sont insuffisantes pour tenter de débrouiller un tel problème. L'auteure a recours, dans ses analyses, non seulement à une tentative d'explication des phénomènes culturels, mais

---

1 Paris, Kartala – Marseille, IRD – Moka, MGI, 2009.

aussi à la littérature produite à Maurice avant et après l'indépendance. « Elle ouvre, écrit Suzanne Chazan-Gillig dans sa préface, la boîte de Pandore des rapports de la créolité avec les mondes communautaires, le monde indien en particulier qui gère le pouvoir politique de l'île Maurice. »

Dans son introduction, Julie Peghini écrit : « Je mets en perspective des données de nature différente pour approcher les modes d'édification du lien social, une certaine manière de se penser mauricien et de vivre en commun. » Mais l'inégalité économique se produit, si l'on peut dire, par la « forte corrélation entre individualisations sociales et différenciations communautaires », ce qui, ajoute l'auteure, « rend la société mauricienne vulnérable ». S'engendrent de nouvelles formes d'appartenance. Les décalages de générations sont inséparables des changements du contexte socioéconomique depuis 1990. L'institution religieuse est en déclin. Les nouvelles formes hybrides religieuses provoquent de nouvelles formes d'appartenance communautaire.

Le « fil rouge » de l'ouvrage, c'est le mauricianisme. Pour le moment, il est communaliste, autrement dit il se marque trop par le repliement de chaque communauté sur elle-même. Mais l'art, la littérature, la culture anthropologique (mœurs et manières) et la culture savante tentent un dépassement du communalisme, du communautarisme, et font éclore ici et là, et ce dès avant l'indépendance, des créations qui parviennent difficilement à bousculer les cadres communautaires prédéfinis. Mais la mixité existe à Maurice, y compris entre castes hindoues où des intermariages se produisent. Julie Peghini n'hésite pas à dire que les mouvements de revendication sociale et leurs critiques révèlent l'existence potentielle de formes d'intégration nationale.

L'histoire de Maurice est celle de ses communautés : d'abord, la communauté blanche française, puis la communauté africaine, où des esclaves sont achetés par des colons ; ensuite, après la fin de la colonisation française, la colonisation anglaise et rapidement l'abolition de l'esclavage, et enfin la communauté indienne, avec l'engagisme. C'est cette dernière qui, après l'octroi tardif de l'indépendance par l'Angleterre, dix ans après la décolonisation française, vingt ans près la décolonisation anglaise et la création des dominions, deviendra politiquement hégémonique. Le mot d'ordre, au moment de l'indépendance, est de considérer Maurice comme une « nation arc-en-ciel ». En réalité, quatre communautés s'y différencient, dont deux sont dominantes : la Franco-mauricienne très peu nombreuse mais puissante, et l'Indo-mauricienne beaucoup plus nombreuse et tenant le pouvoir politique. La population générale est une population « de couleur » et catholique : les Noirs et les Créoles, dits aussi mulâtres ou métis, et une petite population chinoise.

Le grand problème de Maurice, c'est ce que Chazan-Gillig et Ramhota appellent la « créolisation sociale ». Il s'est manifesté notamment après l'indépendance, dans les années 1980, par le choix de faire entendre l'hymne national en langue créole à la télévision nationale. Se révéla alors ce que chacun savait : le mépris des communautés dominantes pour les Créoles et Africains anciens esclaves, mépris qui est, hélas ! loin d'être dissous.

Du point de vue culturel, il va de soi que la créolité est instrumentalisée. Le tourisme de carte postale, avec les belles plages et les beaux hôtels tous pareils, ne suffisait pas à ceux qui l'organisaient pour des profits économiques. Le paradoxe est que la créolité est devenue un élément de marchandisation touristique. Cela seulement à l'export, du point de vue économique.

L'île rêvée n'est pas l'île réelle. Dans les années 2000, un monument commémorant une victoire de la flotte française sur la flotte anglaise près de l'île au XVIIIe siècle devait être restauré et déplacé. Le Premier ministre de l'époque, un Français devenu mauricien, Paul Berenger, refusa. Plus tard, un Premier ministre appartenant à la communauté indo-mauricienne proposa un monument où chaque face serait réservée à l'une des communautés. Il y a trois mémoires collectives à Maurice : la mémoire de la colonisation qui est celle des anciens colons, Blancs français et anglais, la mémoire des Créoles qui est celle de l'esclavage, enfin la mémoire de l'engagisme – c'est-à-dire du travail sous contrat des Coolies indiens après 1834. Ces trois communautés ne communiquent pas entre elles.

> Ce n'est pas par défaut d'histoire commune qu'une mémoire collective peine à émerger, mais parce que l'usage politique fait par les différentes élites du passé ne permet pas de légitimer de nouvelles représentations et de nouvelles manières de vivre zen commun. – *Julie Peghini*

Bien avant l'indépendance, deux écrivains mauriciens entrent en scène : Malcolm de Chazal et Hervé Masson. J'ai entendu parler, pour la première fois, de Malcolm de Chazal en 1950. Il était considéré en France comme un écrivain féru d'ésotérisme et on le comparait au fondateur de la secte des Illuministes au XIXe siècle : Louis Claude de Saint Martin. En réalité, comme le montre l'auteure, Malcolm de Chazal avait créé une sorte de mythe de fondation de Maurice. Il disait que l'île était l'un des restes d'un immense continent qui avait existé autrefois et s'était peu à peu immergé dans l'océan Indien et le Pacifique : le Continent des Lémuriens. Mais, pour l'essentiel, Malcolm de Chazal et Hervé Masson qui vécut longtemps en France furent des écrivains luttant pour l'indépendance de Maurice. Ils se tenaient à l'écart de leurs communautés et ils se battirent, Malcolm de Chazal jusqu'à sa mort en 1980, pour une véritable nation mauricienne, autrement dit pour un mauricianisme qui ne soit pas le paravent hypocrite de la domination sur les Créoles. Hervé Masson écrivit de nombreux articles dans les journaux mauriciens. On peut évoquer aussi le photographe Yves Pitchen dont des photographies figurent dans le livre et qui s'efforce de montrer l'île réelle et pas seulement l'île rêvée pour le tourisme et par l'instrumentalisation créolisante.

Avant de parler de Kaya, le musicien, quelques mots sur l'artiste plasticien Nirmal Hurry et l'histoire de son installation autour de la « bougie rouge », particulièrement belle. « Attendre avec la bougie rouge » : cette expression signifiant attendre très longtemps, cela peut signifier tout le temps d'une vie. Il a installé des bougies rouges groupées ensemble, une sorte de gâteau d'anniversaire. Elles symbolisaient ce temps insupportable passé dans l'attente de quelque chose d'annoncé et, d'après l'auteure, les coulées rouges marquaient la perte de tout espoir d'obtenir ce que l'on avait espéré. Le texte d'accompagnement du tableau disait : « Encore combien d'enfants vais-je perdre ? Je perds ma culture, je perds ma nature, je perds ma mer, je perds ma terre. Tout se perd, j'ai bien peur. Dans la ville des fleurs ».

Les jours Kaya marquèrent une situation de rupture parmi d'autres. Ce qu'on a appelé l'affaire Kaya est effectivement douloureuse et interpelle très directement ce que nous sommes, ce que je suis. Certes, ce n'est pas la seule affaire qui nous touche, mais, à Maurice, elle est en quelque sorte emblématique.

Kaya est un jeune musicien. Il est mulâtre-métis. Il se spécialise dans le seggae, musique localisée, à Maurice, chez les Créoles. Son idole devient Bob Marley et il a l'idée de faire une synthèse entre le seggae local et le reggae devenu international. Il fonde un groupe qui a un grand succès à Maurice. Il fume, comme tous les Créoles, une herbe genre kif ou cannabis peu dangereuse si l'on n'en abuse pas, mais interdite légalement. Il en fume publiquement pendant un concert, est arrêté, mis en prison où il meurt sans que soit donné aucune explication à sa mort. Les jeunes de Port-Louis et de l'île se révoltent contre la police et l'État, attaquent et pillent les magasins. L'affaire Kaya creuse le fossé entre les Créoles et les communautés au pouvoir car elle est interprétée comme une affaire ethnique.

Aujourd'hui, note l'auteure, de plus en plus de nouveaux styles de vie et des manières d'être naissent de la rencontre des communautés avec la vie économique et la consommation. Des romancières et romanciers vont refléter les contradictions d'une société divisée cherchant un vivre en commun possible. Parmi elles et eux, on peut citer un roman ancien de Savinien Mérédac, *Polyte.* Plus contemporains sont des romans qui montrent l'impossibilité du dépassement des frontières sociales instituées : par exemple *à l'autre bout de moi,* de Marie-Thérèse Humbert (née en 1950), ou *Le Sang de l'Anglais* de Carl de Souza, son contemporain né en 1949, avec l'extraordinaire personnage de Hawkins, fils d'un Anglais et d'une femme « presque blanche », bouc émissaire de la communauté blanche, pris dans des contradictions insolubles et qui finira par se suicider. Les « imaginaires de libération » se déploient dans *Les Jours Kaya,* du même auteur, ou encore dans *Histoire d'Ashok et d'autres personnages de moindre importance,* d'Amal Sewtohul. On pourrait dire, avec Julie Peghini, que l'« esprit marron » (le marronage) est l'histoire d'une même bâtardise. Mais il s'agit aussi d'interroger ce qui, dans le présent, pourrait « faire l'objet d'un “nous” élargi, pour agir ensemble ».

En conclusion, l'auteure rappelle qu'il serait réducteur de considérer le mélange (le métissage) uniquement comme force externe de la domination économique. L'exemple mauricien montre « qu'il est articulé au domaine du changement social, car il y a bien une dynamique positive de la sphère artistique et culturelle à Maurice. La postface de Catherine Servan-Schreiber restitue cet exemple mauricien dans les cadres de l'anthropologie et dans les types de société où il se situe.

Louis Moreau de Bellaing

***

Anne QUERRIEN, Monique SELIM & Monique ZERBIB (coord.), « Les Paradoxes du rêve », n° thématique de *Chimères*, 86 (2), 2015, 240 p.

Qu'on n'attende pas de ce numéro de *Chimères* une énième resucée de *L'Interprétation des rêves* de Freud. Telle n'est pas l'intention des auteur·e·s qui, tout en reconnaissant son importance, notamment dans l'un des articles consacrés à la *Traumdeutung*, se donnent l'impulsion de l'esprit freudien comme une vérité à chercher par rapport à ce que Freud avait découvert.

« Le rêve, disent les préfacières A. Querrien, M. Selim et M. Zerbib, est un miroir sans fond, un langage de la nuit qui ne cesse de nous captiver ». En fait, ce sont les sociétés et leurs rêves, rêves individuels et collectifs, les dimensions politiques du rêve, qui constituent le pivot de l'argumentation, plus que le rêve individuel raconté en séance.

Il s'agit de « mettre en évidence » la dimension politique du rêve à la fois comme création et comme résultat du politique au sens propre du terme. « Le fil d'or (le fil dort) mène à l'avènement, c'est-à-dire à la connaissance et à la reconnaissance d'un soi méconnu. Le fil d'or défie la censure et ses interdits au risque de se déplaire à soi-même. »

Dans le premier article sur la *Traumdeutung* et ses éditions successives, Sylviane Lecœuvre rappelle le risque couru par le livre : y voir abandonné l'accomplissement du désir dans le rêve au profit de la métaphore ou d'une clé des songes. Freud s'élève par ailleurs contre l'affirmation que tous les rêves doivent être expliqués par le sexuel.

Max Dorra, dans « Pour une révolution de l'entendement », montre comment l'affect intervient, ainsi que la mémoire, pour fonder quelques certitudes dans la pensée. C'est du sens que confèrent, lors de l'interprétation, les associations issues d'un passé plus lointain sorti peu à peu de l'ombre.

Dans « Angoisse, constatations, rêves au Laos », Monique Selim étudie, par le rêve, notamment ceux de médiums, de magiciennes, le « retour » du passé dans le nouveau régime. Le « retour » qui est aussi un « départ » est celui de génies dont sont possédées les magiciennes, mais qui peuvent s'enfuir ailleurs là où l'argent abonde. Tout se passe comme si le nouveau régime politique ne pouvait se donner son propre imaginaire.

Étudiant la prostitution en Bolivie, Pascale Absi est en quelque sorte prise dans le rêve d'une prostituée qui utilise ses rêves pour dominer sinon meurtrir sa clientèle, s'assurant ainsi d'un pouvoir sur elle. Ce rêve de Yuli l'informatrice devient en quelque sorte un impensé commun de déchiffrement entre la chercheuse (Pascale Absi) et son interlocutrice.

Barbara Glowczewski aborde la cosmologie aborigène, notamment celle des Warlpiri. Ce n'est pas cette cosmologie qui est dominante, mais l'imaginaire. Les « itinéraires » totémiques appelés lignes de *Dreamings* ou lignes de chant sont dynamiques et constamment en mouvement. Diverses formes de devenir sont propulsées dans des formes humaines et non humaines. Y participent les phénomènes atmosphériques et cosmiques.

Lucia Sagradini rend compte d'un film d'Alex Pou, *Histoire de l'ombre (histoire de France).* Elle nous dit en conclusion que « chassant nos rêves, en quête des rêves de l'autre, [on peut] garder de ce film un souvenir inoubliable ».

Abrahão de Oliveira Santos revient sur le candomblé, à propos du rêve, de la résistance et de la singularisation de la culture africaine au Brésil. Les participants du candomblé incorporent et manifestent les expressions innombrables des enchantements ancestraux sous forme d'éléments cosmiques dans leurs pratiques de soins. Le rêve, expression ancestrale des femmes et des hommes en devenir est le vecteur d'une hybridité subjective cosmique.

Le beau poème d'Olivier Apprill se lit sans commentaires.

Olivier Douville voit dans les rêves de psychotiques une possibilité d'inclure la doxa psychanalytique. C'est l'inscription du Réel dans la vie du sujet, dans ses hallucinations, ses symptômes, dans l'enjeu de la cure, qui est à retenir et à prendre au sérieux sans enfouir nécessairement le psychotique dans la seule folie parentale.

Danielle Roulot s'interroge sur le travail du rêve et sur le travail du deuil. Il est difficile, pour un non-psychanalyste, de commenter son texte. L'auteure montre non seulement l'extrême difficulté de la cure pour les névrosé·e·s, mais surtout pour les psychotiques, aussi bien au niveau du transfert que du contre-transfert. Dans les cas cités, où il y a deuil, et deuil mal vécu, mal fait, le travail du psychanalyste est encore plus complexe. Il y a, tant du côté de l'analyste que de l'analysant, une impossibilité qui se présente non comme barrière, mais comme limite indéterminée et néanmoins à reconnaître par l'un et par l'autre. C'est sans doute là que le travail du rêve et le travail du deuil se rencontrent.

Keramanat Movallali se demande quel est le rapport entre le travail du rêve et la neurophysiologie du sommeil. Le désir humain porte en soi sur le trauma du réel, dans la mesure où celui-ci ne cesse de se soustraire à lui en tant que rencontre. « L'aventisation est la tentative du sujet de parvenir à l'envers du réel, c'est-à-dire de venir à bout de son impossibilité… Quoi de plus approprié qu'un rêve, pour tenter l'envers du réel ».

De Richard Abibon, dans son article intitulé « L'impossible : réel de la physique ou Réel de la psychanalyse ? », ce que nous retenons, c'est que le Réel, que l'auteur distingue de l'adjectif « réel », est impossible à symboliser. Il reste dans la névrose, sans trouver ni représentation ni écriture.

Parlant d'un Rêve végétal en psychiatrie, Quentin Vergriete conclut : « Créer une lisière à l'interface de la psychiatrie et de l'agroécologique modifie les lignes de démarcation dominantes, [notamment] entre la ville et la campagne, le sujet et ses autres, végétaux et animaux ».

Rêves, hallucinations et états psychotiques relèvent pour Monique Zerbib autant de la psychanalyse que de la psychiatrie :

> Le rêve est, dans tout traitement analytique, dans la névrose comme dans la psychose, il est l'idéal psychanalytique ou plutôt son paradigme. L'abord psychanalytique constitue la seule éthique thérapeutique respectueuse du sujet dans la cure individuelle ou dans le social collectif.

Les articles qui suivent, celui d'Évelyne López Campillo sur « La restitution de la Joconde », de Marco Candore intitulé « Songe rouge », de Sonja Hopf, « Extrait de mon voyage avec Félix, Livre II », les commentaires d'Emmanuel Valet au film de Vivianne Perelmuter, *Le Vertige des possibilités*, le texte de Annie Vacelet-Vuitton « La déchirure » sont à lire, selon moi, beaucoup plus en interrogation qu'en interprétation personnelles. Ces textes sont, pour moi, tous très beaux et très riches, tout comme celui de Marc Hatzfeld intitulé « Mezzogiorno » et celui de Joani Hocquenghem, « Songe du Zócalo ».

Y a-t-il des mesures anti-rêve ? se demande Guy Trastour. Face à l'uniformisation se pose la question de la vulnérabilité et celle des voies de recours contre elle. Il y a des déterritorialisations qui replient, d'autres qui déplient.

En note de lecture, Anne Querrien rappelle l'importance du livre collectif *Rêve et sociétés* auquel Roger Caillois participa et qui fut publié chez Gallimard en 1967.

Louis Moreau de Bellaing

***

Georges ZIMRA, *Les Pouvoirs de l'excès. Éloge de l'infini*, Paris, Berg International, 2016, 196 p.

Enfin un livre sur l'excès… Après les commencements d'analyse de l'*hubris* (excès) aristotélicien par Alain Caillé et la revue du MAUSS, il en est rarement question. J'ai, pour ma part, marqué son importance dans une problématique globale de la légitimation et de la légitimité aussi bien idéologiques que juridiques et politiques (aux deux sens du terme politique : le politique et la politique), sociales et politiques (au sens du politique)[2]. Le livre que nous offre Georges Zimra est modeste, mais à mon avis fort important, en ce sens qu'il n'oublie pas d'articuler, dès le titre de l'ouvrage, l'excès au pouvoir et au non-pouvoir – ce que, pour ma part, je n'ai pas fait suffisamment. Pouvoir de et pouvoir sur, semble-t-il, produisant l'excès (les excès) légitime(s), mais surtout l'excès (les excès) illégitime(s) – c'est l'*hubris* aristotélicien. Peut-être faut-il entendre le sous-titre du livre de Georges Zimra : *Éloge de l'infini*, comme l'antinomie des pouvoirs de l'excès illégitimes, car elle doit, selon Levinas, s'accompagner d'un désaveu de l'illimitation caractérisant aujourd'hui notamment le néolibéralisme économique, dernière version idéologique du capitalisme.

Mais ce n'est pas sur ce chemin que Georges Zimra entraîne son lecteur et sa lectrice. Ce qui l'intéresse, c'est, précisément, dans l'éloge de l'infini, la limite impossible (et non pas l'illimitation) et la limite infinie (et non pas l'illimité). Ce chemin, il le trace à travers une série d'auteurs, Mme Guyon, Sade, Georges Bataille, Simone Weil, Kierkegaard, Antonin Artaud. Ces philosophes, théologiens, écrivains interrogent un « au-delà du monde », des frontières de la connaissance et du possible. Ils font de l'impossible, dit-il à peu près, ce qui résiste au silence, un refoulement à l'oubli, cela aussi bien dans l'affect que dans le sublime.

Psychanalyste, Zimra rappelle, dès l'introduction, qu'il n'y a pas division entre *Éros* et *Thanatos*, mais une commune liaison, « l'amour dans la haine, la vie dans la mort ». La pulsion sexuelle, ajoute-il, ignore le bien et le mal (je dirais le légitime approximatif et l'illégitime, compte tenu de la délégitimation). La perversion devient le paradigme du mal (je dirais de l'illégitime). Mais il va de soi que les personnages évoqués s'inscrivent,

---

[2] Cf. mes ouvrages sur la question aux éditions L'Harmattan.

chacun, dans une période de l'histoire, c'est-à-dire dans leur époque. C'est d'une manière quelque peu différente les un·e·s des autres qu'ils vont tenter de penser le bien et le mal, soit vers le Dieu chrétien, soit vers son absence. Zimra n'évoque pas les « religions séculières » actuelles qui ne sont pas de son propos. Elles copient le religieux, mais dans l'en deçà du monde, c'est-à-dire strictement dans l'humain, comme l'a compris Gauchet (fascisme, nazisme, stalinisme, maoïsme, capitalisme), elles copient aussi l'infini invisible religieux, en font l'infini visible sans religion, autrement dit l'illimitation et l'illimité, notamment dans l'économique.

L'histoire du XVIIe siècle est aussi celle du jansénisme. Ce dernier est l'héritier de saint Augustin. Propagateur de l'augustinisme, il défend la théorie du libre arbitre donné par Dieu à homme : la liberté du choix de faire le mal et de se damner, ou celle de faire le bien et son Salut. Il proclame la toute-puissance du divin, la prédestination. L'homme voit un gage possible, mais non certain, sur terre, de son Salut éternel, dans sa réussite notamment financière. Le jansénisme méconnaît Arminius, un disciple, au XVIe siècle, de Théodore de Bèze. Celui-ci prêche la prédestination. Arminius s'insurge contre son maître, prend en compte pour son Salut les mérites acquis devant Dieu par l'homme.

C'est dans ce cadre historico-religieux que se situe le premier personnage du livre, Mme Guyon. Elle est fille de Descartes et de son Dieu trompeur qui ne peut enlever à l'homme la certitude de penser. Elle est à la frontière de ce que Zimra appelle un « athéisme mystique ». Le seul amour de Dieu chez l'homme s'aime plus qu'il n'aime Dieu. Le « pur amour » est, pour Mme Guyon, au-delà du bien et du mal, il est un renoncement au Salut. Il subsiste en dehors de tout espoir de Salut. D'abord protégée par Louis XIV et Mme de Maintenon, puis condamnée par Bossuet, Mme Guyon demeure intransigeante. Mais elle ne franchit pas la limite, millénaire en ce domaine, du permis et du défendu Elle ne contestera jamais l'existence de Dieu.

Zimra note fort bien que l'individuation de la notion d'intérêt est à la fois louangée par Mandeville et vilipendée par La Rochefoucauld, et trouve sa source, depuis la Renaissance, et même un peu avant, dans l'individu, le moi, le corps. Cette notion d'intérêt, écrit Zimra, va creuser la pensée augustinienne, la travailler en quelque sorte. Pas complètement, néanmoins, car, si *La Fable des abeilles* de Mandeville va du côté de l'intérêt et d'un certain utilitarisme qui reconnaissent au vice sa « vertu » dans la société (la prospérité), le reste de son œuvre n'est pas en consonance avec ce présupposé. Non plus que chez Smith, fondateur de l'économie, mais qui la crée non sans regret ni repentir. Smith (la main invisible) et Mandeville demeurent croyants en Dieu.

L'athée Sade fonde une nouvelle anthropologie. Son athéisme est une négation de Dieu. Sa conception de l'infini – l'infini n'est pas propre, spécifique au religieux chrétien – se réduit à l'illimitation, à l'illimité, au sans limite. Déliée du sacré, l'obligation n'y apparaît plus. Le désir de destruction y est absolu. Le Sade révolutionnaire de 1789 se taira sur le politique. Au contraire, dans son texte *Français, encore un effort pour être républicain*, au cœur de son ouvrage *La Philosophie dans le boudoir*, il appelle, au « silence des lois ». À partir de Sade et de ses œuvres – dont l'ensemble ne sera publié qu'au XXe siècle –, « aucune demande éthique ne pourra éviter la confrontation avec la perversion, comme l'indique Lacan ». Se déployant autour de la jouissance, du « plus de jouir », l'œuvre sadienne (sauf, peut-être dans *Aline et Valcour*), introduit, dit Zimra, une stricte équivalence entre les hommes et les choses.

Avec Kierkegaard, dans ses excès mêmes dont on ne sait comment les qualifier – il ruine sa vie et celle de la femme qu'il aimait –, apparaît une conception anthropologique de l'amour, mais aussi de la cruauté. La femme devient « l'autre pendant de Dieu ». Il y a, chez lui, dit Zimra, une transfiguration de l'amour dans une quête de la limite, ni transgressée, ni dépassée[3], traversée par l'émotion de jouir de ce qu'on ne possède pas. Il peut y avoir des transgressions « positives », du nouveau, du neuf, mais, chez Kierkegaard, il y a un choix délibéré du côté de la destruction de soi et de l'autre.

Georges Bataille, qui vécut dans la première moitié du XXe siècle, met la démesure, la dilapidation, l'illimité, le sans limite dans la dépense principalement improductive (à l'inverse du capitalisme qui se veut productif, mais est, lui aussi, illimité). L'athéisme de Bataille n'est pas, dit Zimra, négation de Dieu comme chez Sade, mais une théologie de l'absence, une a-théologie. L'érotisme, chez Bataille, est une figure d'un excès (à mon sens illégitime, voire pervers), il est aussi une esthétique, « une transgression passée sous le signe de la souillure, car seule la souillure relève de l'humain » ; le corps est, chez Bataille, expulsé de lui-même, évacué, vomi. Ces rémanences a-théologiques ne peuvent-elles faire le jeu des « religions séculières » ? « Où est la conscience, écrit Zimra, si la conscience n'est plus conscience de la limite ? ».

Antonin Artaud fait partie des a-théologiens, au sens où en « marchant sur Dieu », il le fait encore entrer en lice. Mais le « pouvoir de l'excès » d'Artaud vient de sa propre souffrance qu'il parvient à exprimer, au théâtre comme dans ses livres, en la codant dans un langage sans égal. Chez lui

---

3 Mais je n'en suis pas si sûr.

l'excès se dépasse lui-même, non dans l'illimité ni dans l'illégitimité, mais dans l'infini atroce de sa douleur.

Le dernier personnage du livre de Zimra, Simone Weil, dont Aron qui la connaissait bien disait qu'elle était une « mystique », appartient, selon moi, quelque peu à la lignée de Kierkegaard et de Georges Bataille. Jusqu'où souffrir ? Cette question est au cœur de l'action de Simone Weil, selon Zimra (il ne dit pas de sa pensée). On pourrait dire, avec Aron, qu'elle pratique un mysticisme sans athéisme, à la différence de Mme Guyon et de son « athéisme mystique ». Dieu est la limite absolue, la souffrance sanctifiée, « être rien pour que Dieu soit tout ». En révolte contre la condition faite aux ouvriers – elle sera ouvrière en usine et tirera de cette expérience un livre : *La Condition ouvrière*, toujours actuel –, elle tend à « s'anéantir comme personne ». Elle veut préserver un désir hors de toute satisfaction. Ce désir de l'homme serait-il le désir de sa propre destruction et de la destruction de l'Autre ? La résistance d'*Éros* à *Thanatos*, la fonction de limitation de la pulsion de mort par rapport aux excès illégitimes de la pulsion de vie, Simone Weil n'en parle pas. Zimra ne dissimule pas que le destin de sa nièce, collé au sien, par sa famille, après sa mort, ne sera guère heureux. L'athéisme mystique de Mme Guyon ne nuisait à personne. La négation de Dieu par Sade aboutit au pire ; comme dans les totalitarismes futurs et les sociétés à « religions séculières », Sade copie la religion et Dieu en les niant. Moins nuisibles que celles de Sade apparaissent les conceptions métaphysiques de l'amour de Kierkegaard et l'esprit égotiste du sacrifice total de soi de Simone Weil qui, l'un et l'autre, croient en Dieu. Je l'ai dit, Georges Bataille peut faire, à mon avis, sans l'avoir voulu, le jeu des « religions séculières ».

Se posent aux sociétés modernes la question de la laïcité, qui exclut toute religion du politique et de la politique, mais elle n'exclut pas nécessairement les religions du social par le biais des morales et des éthiques qui font partie du politique approximativement légitime, à condition qu'elles ne mettent en cause ni le droit, ni les droits, ni ce que j'appelle les repères-limites (permis/défendu, transmission, etc.). C'est ce que Caillé appelle le politico-religieux. Elles se différencient des idéologies qui, si elles font partie du politique, n'y sont que par leur illégitimité (racisme, sexisme, etc.), pour pouvoir être combattues. Mais, s'il y a laïcité, il a aussi nouvelle donne, autrement dit précisément le politique commun en construction/destruction perpétuelle.

Louis Moreau de Bellaing

***

Salvador JUAN, *Sociologie d'un génie de la poésie chantée : Brassens*, Lormont, Le Bord de l'eau, 2017, 220 p.

L'emploi du mot « génie » pour qualifier Brassens ne signifie pas que l'auteur lui attribue des aptitudes innées pour devenir poète chantant ses poèmes. Bien au contraire, il citera dans sa biographie ses principaux choix sans doute d'adolescent : ne pas devenir maçon comme son père, ce qui ne signifiait aucun dédain de sa part vis-à-vis de ce métier de maçon ou vis-à-vis de son père. Dans l'une de ses chansons, il le crédite, lorsque lui, Brassens, encore jeune, se retrouve en prison pour des vols, de ne l'avoir pas pénalisé en surplus – la double peine –, alors que la Justice l'avait jugé.

Salvador Juan insiste également, dans l'un des chapitres du livre, sur l'influence qu'eut, sur lui, un enseignant qui lui révéla l'étendue de la poésie en littérature, aussi celle de Jacques Canetti, le frère d'Elias Canetti, auteur de *Masse et Puissance*.

Brassens fut poète et chanta ses propres poèmes, et quelques-uns d'autres poètes. Il fut d'ailleurs publié dans la Collection Seghers. Mais Salvador Juan s'est refusé à faire une nouvelle biographie du canto-poète, après celles qui lui ont déjà été consacrées. Ce qu'il veut faire, c'est la sociologie d'un fait social : Brassens, non dans sa vie privée, comme il est de coutume dans les biographies qui, souvent, privilégient l'homme ou la femme aux dépens de l'œuvre, mais dans sa vie publique – ses tournées régulières, son travail de poète –, et surtout dans ce qu'on pourrait appeler les thèmes ou les repères sociaux et culturels que véhicule son œuvre. Disons dès maintenant que, s'agissant de poésie, d'une production esthétique, par définition elle n'est pas soumise à des règles fixes et demeure légale et légitime par rapport au droit à l'expression inscrit dans la Déclaration des droits de l'Homme, tant qu'elle ne franchit pas les limites du droit, notamment par injure nommément adressée ou par la diffamation d'une personne ou d'un groupe, ou par l'incitation de mineur·e à la débauche. Elle se fait dans l'imaginaire de celui ou de celle qui la produit, et elle est reçue, comprise, jugée, estimée, aimée ou non par ceux et celles qui l'écoutent.

Ce sont précisément les degrés de légitimation, dans cette œuvre, que Salvador Juan s'est aussi donné pour tâche d'estimer (et non de juger).

Avant d'entrer dans le détail des chapitres, il semble possible d'admettre que la démonstration de l'auteur parvient effectivement à établir la sottise et l'illégitimité de la censure qui lui fut imposée, notamment pour sa chanson *Le Gorille*.

Mais reprenons le livre en son début et suivons pas à pas l'argumentation de l'auteur visant à faire de Brassens, dans ce qu'il était publiquement et par son œuvre, un fait social au sens durkheimien et maussien du terme, c'est-à-dire un fait où apparaît un faisceau de dimensions de la société où il se produit. On pourrait tenter de le démontrer comme fait social total, mais cela supposerait que toutes les dimensions de la société y apparaissent.

Dans un bref avant-propos, Salvador Juan précise qu'il est grand admirateur de Brassens, depuis longtemps, qu'il a chanté ses chansons en s'accompagnant à la guitare, écouté et re-écouté ses disques. Mais il n'a pas voulu participer à sa sacralisation médiatique. D'abord, parce que Juan veut faire une sociologie de Brassens. Ensuite, parce que « le chanteur-poète [s'opposait lui-même] à toute sacralisation [y compris] religieuse ».

Dans l'introduction, Salvador Juan présente son hypothèse : « Les conditions sociales et culturelles du succès de Brassens sont similaires à celles du temps de Mozart – *Juan a lu le livre de Norbert Elias sur le musicien* – ; au-delà du génie propre à ses textes et chansons, le très profond bouleversement qui saisit la société française de plus en plus fragmentée permet de comprendre cet imaginaire transcendant toutes les différences. L'analyse de l'auteur, si elle rejoint celle d'Elias, est proche, dit-il, de celle de Durkheim et de Mauss lorsqu'ils insistent sur l'importance des symboles religieux, idéologiques, culturels et sur celle des normes « dans la naissance des institutions et le maintien de la cohésion sociale ». C'est dans les années 1970 que ses chansons deviennent plus profondes, plus élaborées, au plan lexical et poétique. La naissance d'une culture de masse explique pourquoi un chanteur comme Brassens suscite, non pas le consensus, mais l'adhésion de nombreux et nombreuses libéraux et libérales (au sens politique de préférence pour la droite) les plus éclairé·e·s, de jeunes et de plus âgé·e·s, appartenant aux catégories les plus disparates, de mêmes catégories que celles et ceux qui le stigmatisaient, qui l'approuvaient : les communistes les plus orthodoxes, l'Église et des féministes.

C'est de la tension entre l'investissement de l'auteur dans son « objet » et la mise à distance de sa propre subjectivité qu'a surgi cet essai. Les quatre temps du livre renvoient aux différentes facettes du chanteur-poète : l'observateur (quasi sociologue) de sa société ; le littéraire ; le contestataire ; le contre-moraliste. La diversification de son public s'explique aussi en partie par sa très particulière posture satirique et critique préférant la parabole à l'engagement direct – ce qui tient, selon moi, à son choix esthétique.

Le premier chapitre, Brassens observateur de la société, montre le poète chanteur face à la modernisation et à la consommation, face également aux ambivalences du progrès dans les années 1960-1970. Il pose ensuite le problème de l'anti-culture de masse prenant la forme d'une contreculture instituée. Il ne s'agit pas d'une alternative. C'est une contreculture de masse qui permet une contreculture instituée.

Enfin, le chapitre aborde la position de Brassens vis-à-vis des femmes émancipées, les rapports de couple et la libéralisation des mœurs, et parle, sans ambages, du féminisme *versus sexus* de Brassens.

En premier lieu, l'auteur note que Brassens a vécu, avant son succès, à Paris, dans des conditions que l'on peut qualifier aujourd'hui de misérables. Elles étaient assez habituelles dans la classe moyenne française, et plus encore dans la classe ouvrière. C'est vers 1969 qu'on trouve dans les chansons de Brassens des annotations évoquant la modernité et la consommation : « La ferme était fausse bien sûr / et le chaume servant de toit / synthétique comme il se doit / au bout d'une allée de faux bois ». Comme d'autres chanteurs poètes de son époque, Brassens vit un déphasage culturel par rapport à ses origines modestes dont il témoigne dans une chanson *Le Petit Joueur de flutiau,* « qui refuse de gonfler son la ». Les ambivalences du progrès se marquent, dès les années 1960, dans la scolarisation des jeunes enfants, l'augmentation de l'équipement ménager, mais aussi par la baisse de la fécondité et l'augmentation des cancers. Brassens mourra, en 1980, à soixante ans, d'un cancer du rein. Il illustrera par une chanson l'accroissement du nombre des vols, chanson apparemment transgressive et ironique sur celui dont il fut victime. Je reviendrai sur les transgressions de Brassens dans ses chansons, auxquelles j'ai déjà fait allusion au début de ce texte.

Les rapides changements culturels dus au progrès technique s'imposent notamment dans les catégories sociales de celles et ceux « dont les désirs excités par la production de masse ne correspondent pas à leurs moyens et ne peuvent s'assouvir ». Ils peuvent se réfugier dans le local et l'attachement aux animaux. Brassens vitupère « la race des chauvins / des porteurs de cocarde, les imbéciles heureux qui sont nés quelque part ». Tout autant stigmatise-t-il ceux et celles qui abandonnent leurs animaux domestiques,

« les aoûtiens, les béotiens / qui n'ont pas d'âme / que leur auto bute presto / contre un poteau ». Brassens ironise sur la fidélité conjugale dans une chanson intitulée *Pénélope* : « C'est la face cachée de la lune de miel / et la rançon de Pénélope ». La chanson *Pauvre Martin* décrit, contre les variétés de la culture de masse, un milieu, sinon une catégorie sociale plus ou moins exclue, et cela avec une certaine « intensité dramatique » : « Il creuse lui-même sa tombe / et s'y étend sans rien dire / pour ne pas déranger les gens ». Les chansons *Le Fossoyeur*, *Bonhomme* appartiennent au même répertoire. C'est bien chez Brassens une contreculture de masse qui se maintient et c'est d'elle que peut renaître une contreculture instituée, « celle de personnages aux corps meurtris, aux gestes simples et routiniers, basiques, conformes à la survie et non à la vie pétulante que permet l'industrie culturelle ». Même si cette image a vieilli, elle garde aujourd'hui sa part de réalité sociale. Tout comme a vieilli l'évocation de la *Tondue*, après la guerre, mais non son sens.

La question du statut des femmes ne peut être éludée chez Brassens. Augmentation, dans les années 1960-1970, de leur activité professionnelle, accroissement des divorces. Brassens rappelle les « nanas de la vieille école », « celles qui font l'amour par amour » et leur oppose celles dont « quiconque peut dégrafer la robe ». « C'est parce qu'elle veut être à la page / que c'est la mode et qu'elle est snob ». On peut noter également qu'il reconnaît socialement les travailleuses du sexe comme telles, ce qui n'est pas courant à l'époque. Aujourd'hui, Paola Tabet a su mettre en évidence le concept d'échange économicosexuel, en montrant son importance et ses diverses significations. Mais en 1961, année de la chanson de Brassens *La Complainte des filles de joie*, il n'était guère question de prostitution autrement que dans une approche dévalorisée, voire stigmatisante, même chez les clients. Quant à la chanson *La Non-demande en mariage*, elle est devenue aujourd'hui une banalité, alors qu'elle ne l'était pas encore dans les années 1960. Brassens vivait lui-même, dans les années 1970, en union libre et en couple séparé d'habitation. Cela dit, un jeune sociologue note que « Brassens est traversé par un sexisme certain, il essentialise les distinctions "masculin" et "féminin" ». Un autre sociologue désigne Brassens comme « un machiste ordinaire ». Il faut relever que beaucoup de ses chansons sur le sexe n'ont pas été chantées, parce qu'il s'y refusait. Salvador Juan note également que les « gros mots », les injures sont adressées aussi bien aux hommes qu'aux femmes, mais, chez Brassens, l'adultère apparaissait comme une spécificité féminine tenant à la provocation. Comme le laisse entendre Juan, c'est l'œuvre qui compte et non les opinions de Brassens sur les femmes. Brassens a profondément compris les changements culturels, les inquiétudes et les ambivalences qu'ils provoquaient dans son public.

Au chapitre II, « Les imaginaires fantasmatiques et de la personnification chez Brassens », Salvador Juan indique que Brassens travaille sur trois dimensions de l'imaginaire : le merveilleux ou féérique, le fantastique et le mythique. Enfin, une place essentielle y est réservée à la mort.

La différence entre le merveilleux et le fantastique est, selon Caillois, à caractériser ainsi : le merveilleux fait entrer dans un univers festif, alors que le fantastique fait irruption dans l'univers courant. Chez Brassens, le merveilleux, le féérique devient l'amour du fantôme : « Venez, dis-je, en prenant sa main / que je vous montre le chemin / que je vous reconduise *at home* ». Irruption du fantastique : dans la chanson *Les Ricochets*, la demoiselle à qui le poète a appris à faire des ricochets sur l'eau, s'en va sur l'un d'entre eux. Les pleurs du poète « grossissent la Seine ».

À propos des mythes, Juan évoque Barthes qui les définit comme « parole camouflée ». Mais il disait aussi d'eux qu'ils étaient « une explication du discours ». La réunion des signifiants/signifiés, dans la chanson *Trompe la mort*, aboutit à l'immortalité comme personnification du Temps. Dans *Trompe la mort*, dit Juan, il entre dans la dimension proprement symbolique qui renvoie aux fantasmes de transcendance de l'humanité tout entière. Les mythes sont des institutions, des créations humaines qui rendent le monde et la vie compréhensibles et supportables ; ils sont également un détour pour « mieux traiter la réalité et non uniquement une technique littéraire d'expression à base de paraboles ».

Aux deux premières rubriques du chapitre II, le merveilleux et l'irruption du fantastique, succèdent trois autres rubriques, l'attraction du passé contre le désenchantement du monde, les figures du temps et la place essentielle de la mort, l'action des scènes de genre et de l'esprit français. Le thème du vent ne semble pas faire partie de l'attraction du passé telle qu'elle est conçue par Brassens. En effet, s'il est constamment valorisé, accompagnant le poète dans la vie comme dans la mort, il est aussi « trousseur de jupons » et surtout un révélateur « des jean-foutre et des gens probes médisant du vent furibond ».

Le thème des mythes, déjà abordé, réapparait plus approfondi, avec la chanson *Le Grand Pan* qui met en question, à mon avis, l'excès de rationalisation et de radicalisation que Weber ne semblait pas avoir prévu. Pour Brassens, « le Grand Pan est mort », mais non tant avec la religion et la religiosité qu'il n'aime guère, qu'avec l'instrumentalisation qui tue l'imaginaire et les mythes, qui contribue, plus que tout autre phénomène, au « désenchantement du monde ». Salvador Juan s'aligne à peu près sur Barthes : « Les mythes disent la vérité de l'imaginaire humain et parlent au plus profond du symbolique, structurant les représentations d'une époque et d'une culture ». Les socioanthropologues notent une certaine désymbolisation du monde. Ce que les sociologues – ils sont peu nombreux, Caillé, Juan, Moreau, et quelques autres, guère connus sauf Caillé – nomment la crise des repères et du sens, Brassens en traite d'une manière cocasse dans une chanson, *L'Unijambiste*. L'unijambiste est le seul à savoir « sur quel pied danser ». « Le monde devient insensé pour le plus grand nombre » dit Juan qui évoque l'anthropologue Arnold Gehl : celui-ci disait, dès 1969, que les formations institutionnelles s'affaiblissaient. Gehl pense que cet affaiblissement ouvre la voie à la subjectivité. Ce dont je doute. Le pouvoir instituant crée certes des limites tant chez l'individu que dans le groupe. Mais ce sont les limites, les repères et le sens qui permettent à la subjectivité de se manifester, de se renouveler dans ses contenus. Elles les incluent symboliquement. Les institutions, celles de l'instituant, et non celles qui correspondent à l'institué établi, ne se dégradent pas en lois. Ce sont plutôt les lois juridiques, civiles, pénales qui dégradent, par leur insuffisance de contenu, ou par leur abondance excessive, les institutions. Enfin, comme le note Juan, la transgression des normes, si elle relève du désordre social, plus précisément de l'illégitimité, porte aussi en elle le germe de la résistance humaine, lorsqu'elle n'est pas illégitime, ou ne l'est que comme instauratrice d'un ordre nouveau qui ne nuit délibérément à personne. Elle n'engendre pas seulement le changement social, mais la création humaine.

L'opposition de Brassens à la peine de mort est légitime. De son temps, plus de 60 % des Français approuvaient la peine de mort. Il fallait du courage pour s'y opposer et demander son abolition.

Brassens s'en prend non pas à la Justice ni à la protection civile ou militaire en soi, il les sait nécessaires ; mais il fustige leurs excès illégitimes, trop nombreux, trop répétés. Aujourd'hui, une demande de comparution pour une instruction peut être refusée par le requis ou la requise sous prétexte qu'il ou elle est candidate à une élection. Un candidat très conservateur ne s'est pas engagé dans ce genre de refus de comparution. L'extrême droite qui vit dans un autre politique totalement illégitime et illégal, elle, s'y risque, jusqu'à maintenant sans aucune sanction. Ce sont ces excès que Brassens ciblait, et non les institutions.

Le temps et la mort sont deux thèmes chers à Brassens. « L'amour, chez Brassens, écrit l'auteur, ne faiblit pas avec l'érosion du temps, mais se renforce au contraire par la beauté du “grain de sel dans tes cheveux” ».

« La condition humaine, commente Juan, c'est de naître et de mourir, mais en laissant des traces, en créant de la vie et de l'histoire. » Mythiquement, Brassens fait converser des êtres humains et des chênes. Chez Brassens, la mort est souvent idéalisée, mais le temps, ce « calculateur impénitent qui nous fait glisser vers la fin », est répété. Il les personnifie tous deux et considère la mort comme un degré de vie : « Vous envierez un peu l'éternel estivant /qui fait du pédalo sur les vagues en rêvant / qui passe sa mort en vacances ». Brassens réhabilitait le fossoyeur, le croque-mort, tout en notant sa marginalité. La présence des esprits au milieu des vivants est un thème récurrent chez Brassens, relève Juan.

Enfin, les scènes de genre de l'artiste virent au fantastique. Dans sa chanson *Supplique pour être enterré à la plage de Sète*, la sirène d'eau douce est engloutie par l'humain « en une dévoration aussi fantastique que sensuelle ». La séduction interdite comporte également des scènes de genre en forme de tableau littéraire ou de figures archétypiques. Par exemple, la religieuse, dans la chanson éponyme, accroche ses vêtements en se servant d'une branche de la croix comme portemanteau. Elle copule bruyamment avec les anges. Dans ses chansons, les jurons abondent, et les « gros mots » : « Je suis le pornographe / du photographe / le polisson de la chanson / Afin d'amuser la galerie / je crache des gauloiseries / des pleines bouches de mots crus / tout à fait incongrus ». L'effet sur le public, de droite ou de gauche, est garanti. « Mon grand-père maurrassien… aimait de Gaulle et Brassens », témoigne un sociologue.

Dans le chapitre III « Brassens le contestataire dégagé/engagé », Salvador Juan montre que la réussite visible de Brassens cache une révolte plus profonde. Il ressort de l'analyse de Juan que Brassens est individualiste : « Je n'ai jamais cru aux solutions collectives », dit-il. Il croit à une conscience individuelle suivie d'actions collectives. En fait, nous explique Salvador Juan, il a disséqué et mis en textes d'importantes tranches de la société française, avec une grande acuité. De nombreuses chansons laissent par ailleurs transparaître divers engagements. L'auteur voit en Brassens un contestataire de l'Armée, de la Justice, de l'Église, de la presse. De l'Église à laquelle il ne peut adhérer parce qu'il n'est pas croyant, comme de toutes autres institutions, civiles celles-là, il critique les excès, notamment dans des comportements hypocrites et humiliants pour autrui. Je ne suis pas d'accord avec Juan, et je l'ai dit plus haut, sur la contestation par Brassens de l'institution elle-même, quand il s'agit d'une institution démocratique. Mais il est d'autant plus acerbe dans sa critique qu'il vise des excès nuisant à tous et à tout un chacun. Quant aux renversements de valeurs, ils se font dans l'imaginaire. Peu importe, dès lors, qu'une institutrice donne à ses élèves comme récompense un baiser sur la bouche. Brassens sait que, dans la réalité, au moins dans l'enseignement public, un tel comportement est impossible. Dans un lycée, un enseignant qui avait envoyé une lettre lui déclarant son amour pour elle à une élève adulte, mais mineure, a été immédiatement licencié. Et l'on se souvient de l'institutrice de Marseille ayant eu une liaison avec l'un de ses élèves adulte mineur, jugée en correctionnelle pour détournement de mineur, condamnée à la prison et qui finit par se suicider. Brassens n'a pu ignorer cette affaire qui fit, au début des années 1970, la « Une » des journaux. Pompidou – dont je ne partageais pas les idées politiques et sociales – sut, en citant un très beau poème d'Éluard, la réhabiliter, au moins à titre posthume, vis-à-vis de l'opinion publique.

Brassens était antimilitariste, anticlérical, etc. Il avait des amis, des ennemis, des personnes réservées à son égard. À propos de l'antimilitarisme, il s'en prend à la pire des guerres, celle de 1914-1918, qui était inutile et se transforma en boucherie humaine. La chanson *Les Deux Oncles*, qui fit scandale dans l'après-guerre, s'est, en fait, si l'on peut dire, « réalisée ». Il n'y a plus, entre les pays européens et l'Allemagne, de conflits guerriers, mais seulement des conflits politiques. L'anticléricalisme concerne une institution privée, l'Église, non une institution publique. Il pouvait la critiquer en tant qu'institution, il ne le fait pas, se borne à des moqueries sur ses ridicules, son moralisme parfois excessif, etc. Il refuse également l'excès de médiatisation, notamment celle qui touche à la vie personnelle, même avec l'accord de l'intéressé. Il parvient néanmoins, conseillé par Jacques Canetti, à toucher tous les publics et à perdurer dans la mémoire collective, tant en France qu'à l'étranger. Selon ses propres mots, il fait de la chanson « la poésie à portée de toutes les bourses ».

Mais ce serait le méconnaître que de borner sa renommée à sa capacité de procéder à une vulgarisation intelligente. Il refuse tout dogmatisme, cherche plutôt à susciter, comme il a été dit, une prise de conscience individuelle suivie d'actions collectives.

Une grande partie de son succès durable, selon Salvador Juan, tient à son caractère contestataire, à ses oppositions. Des segments de la population s'identifient à ses révoltes dures et fermes. Mais, plus profondément, il se veut autre que critique des abus dans les institutions. Se méfiant de tout moralisme, il est vecteur de transgressions, mais non de transgressions négatives et destructrices – ce que ne dit pas suffisamment l'auteur, à mon avis –, mais de transgressions culturelles qui attaquent le conformisme, la bienséance, l'intolérance à autrui. On ne peut dire qu'il prône le meurtre et l'inceste qui sont des interdits au fondement de toute société humaine, le meurtre n'étant admis, toujours et partout, qu'en cas de légitime défense – ce qui peut concerner la guerre. L'inceste ne se réduit pas à l'inceste familial, mais se rapporte aussi à ce que la ou les sociétés interdisent de rapprocher.

Quand Brassens écrit une chanson, pour ne pas demander sa main à une fille qu'il aime, il ne critique pas en soi l'institution du mariage telle qu'elle est pratiquée. Il entreprend implicitement de mettre en cause le conformisme quasi répressif qui s'attacha longtemps à l'obligation du mariage et à l'interdiction de divorcer, contrairement à la liberté en cours aujourd'hui. Sur ce point, l'avenir a donné raison à Brassens. De la même manière, évoquant, dans une chanson, des vols commis dans sa jeunesse, qui lui valurent brièvement la prison, il montre, nous l'avons dit précédemment, que son père se refuse à ajouter à la sanction pénale sa propre désapprobation. Pourquoi accabler son fils déjà pénalisé, même si lui, le père, comme tout un chacun, considère le vol comme négatif et destructeur ?

Juan reprend, au sujet du crime, les propos de Durkheim qui voit dans le crime une sorte de fait social nécessaire pour que la transgression avouée indique son degré extrême d'illégalité et d'illégitimité et, par là, rappelle où se situe la frontière à partir de laquelle la décision se révèle destructrice. Cette sorte de « loi » sociale durkheimienne, basée sur la contrainte, contrevient, à mon avis, à l'un des fondements légitimes de l'humain, qui ne s'appuie pas seulement sur le droit pénal et ses sanctions, qui n'est pas tant de ne pas nuire à autrui, mais principalement de ne pas le tuer ni le massacrer. Le meurtre, dans les législations modernes, n'est reconnu légal et légitime, je l'ai dit, qu'en cas de légitime défense ou en cas de guerre déclarée entre deux pays. Ce que Brassens montre dans sa chanson *La Fille à cent sous*, c'est que la jeune fille tue pour se procurer de l'argent qu'elle n'a pas, et découvre qu'elle a tué pour rien un pauvre homme. Elle regrette son crime, avant même qu'il soit sanctionné par sa mort. Celle-ci appartient au registre du précepte « œil pour œil, dent pour dent » et non à celui de la justice.

Là encore, il est difficile de voir chez Brassens une ambivalence. Elle est plutôt chez Durkheim qui se refuse à condamner le crime à cause de sa fonction sociale. Mauss sera plus prudent en disant que l'une des finalités humaines est de « s'opposer sans se massacrer ».

Notons que la transgression n'est pas, comme le dit un peu vite Juan, l'anomie. La transgression négative franchit non seulement les limites de la loi, mais celles de l'approximativement légitime, autrement dit du justifié à l'égard d'autrui ou de soi-même. L'anomie c'est chez Durkheim la destitution de la loi, voire son absence juridique, légale et pénale là où elle devrait apparaître.

En ce qui concerne deux autres chansons, si celles-ci contreviennent aux « bonnes mœurs », elles ne sont pas transgressives négativement et ne mettent en cause ni la loi, ni la légitimité juridique, ni le justifié approximatif. Rien n'empêche, dans la chanson jamais chantée *S'faire enculer*, le chanteur de dire que, plutôt que de « croquer la pomme », il préfère « pass[er] par Sodome ». Aucune loi ne l'interdit et l'on ne voit pas en quoi, en ce qui se rapporte à cet acte, s'il est consenti des deux côtés, il nuirait à autrui ou serait destructeur, sauf dans les cas prévus par la loi pénale.

Il en est de même pour l'apologie par Brassens du Blason, autrement dit du sexe féminin. Si là encore il contrevient aux « bonnes mœurs », cela ne relève ni du légal, ni du légitime juridique et pénal. L'« écart de langage » n'est rien de plus que ce qu'il énonce, en l'occurrence un langage ni injurieux ni diffamatoire. Dans la chanson *Les Funérailles*, Brassens se moque des enterrements lorsqu'ils servent à la vanité de la famille du mot ou de la morte. L'une de ses chansons rapproche la vieillesse de la sexualité, ce qu'aucune loi ni aucun critère de légitimité n'interdit, sauf en cas de violence ou de débauche de mineur(e).

On peut dire que, si Brassens met en cause des valeurs morales, des éthiques et des idéologies positives, ce n'est pas en tant que telles, mais dans leurs contenus culturels qui peuvent être variables selon les sociétés. Lorsqu'elles deviennent inutilement contraignantes, il les fustige, en se donnant toute la marge de liberté (en l'occurrence de parole) qu'il peut y avoir entre le désir et la loi, ou plus largement, le justifiable et le justifié approximatif.

De même, sous prétexte que, malgré les atrocités de la guerre d'Algérie, il ne s'interdit pas de chanter et de rêver, on ne peut l'accuser d'individualisme. Dans des chansons comme *Honte à qui peut chanter* ou *Le Sceptique*, Brassens n'est pas un contempteur des institutions, surtout quand elles sont démocratiques, mais plutôt un canto-poète mettant en évidence d'une manière sarcastique les inégalités, les chimères et les outrecuidances de ces institutions quand elles fonctionnent mal. Quant à la religion, qui n'est plus, dans les sociétés modernes, un élément de cohésion sociale, il s'en écarte librement, en refusant, notamment dans le catholicisme, ce qu'elle affirme.

Dans la chanson sur l'anthropophagie où une femme très pieuse mange de la chair humaine tous les jours sauf le vendredi, Brassens n'utilise l'interdit de l'anthropophagie que pour se moquer paradoxalement d'un rituel : ne pas manger de viande le Vendredi, rituel devenu strictement religieux et coutumier. Son intention n'est pas de transgresser l'interdit commun à toute l'humanité et rarement enfreint institutionnellement.

La chanson *Les Voisins* sur la grand-mère incestueuse peut choquer certains. Mais elle était plutôt destinée, si elle eut été chantée, à faire rire.

Le terme de contre-moraliste employé par Salvador Juan pour caractériser Brassens me paraît particulièrement adapté, en ce sens que Brassens n'est pas, selon moi, contre la morale, les valeurs morales, les éthiques et les idéologies positives ; il est contre le moralisme, la manie des conseils, ou celles des obligations inutiles : col-cravate et veston croisé. Il est, dit Juan, contre l'ordre social et les rigidités culturelles. Oui, d'un sens, lorsque l'ordre social ne se veut jamais dérangé, amélioré, transformé, lorsque les habitudes deviennent coutumes, slogans non remis en question.

Georges Brassens, conclut Salvador Juan, est un phénomène social en ce sens que son œuvre reflète la société française du XXe siècle. À lui seul, il a élevé et ouvert à l'art dit légitime des populations socialement éloignées de la culture savante. Brassens ajoute à la sociologie une meilleure compréhension du passage d'un art jugé secondaire – la chanson – à un art dit essentiel – la poésie.

D'où provient le génie de Brassens ?, se demande Juan. Il vient certes de sa volonté opiniâtre d'améliorer le vivre en commun, mais aussi du fait qu'il entre dans le processus par lequel les groupes et les individus constituent ce vivre en commun, autant qu'ils sont eux-mêmes constitués par lui. Le « génie » est un fait social anthropologique à saisir dans une socioanthropologie dynamique. À ce titre, le livre de Salvador Juan est un guide pour celui ou celle, anthropologue et sociologue, qui se pose la question dite du politique ou, plus simplement, du justifiable, du justifié et des repères de justification que se donnent les êtres humains pour vivre ensemble.

Louis Moreau de Bellaing

Résumés/*Abstracts*

Dossier

Henri JORDA
Le travail de l'Homme-machine et les promesses d'abondance
De la manufacture automatique à la cyber-entreprise

À partir du XIXe siècle, la machine permet de rêver d'une société où personne ne manque de rien, où l'automatisation rend le travail moins pénible et fait disparaître les tâches les plus serviles. Ce monde, imaginé par Andrew Ure dès les années 1830 et par Norbert Wiener dans les années 1950, n'est pas celui de l'organisation capitaliste du travail où l'Homme-machine est destiné à être un rouage efficace, condamné à travailler toujours plus vite dans le respect des procédures. Ainsi, l'Homme-machine contient des promesses d'abondance, mais engage aussi des mécanismes de savoir et de pouvoir, et une autre promesse énoncée par Foucault, celle de l'effacement de l'humanité, quand la mécanisation des êtres ne concerne plus seulement leur corps mais leurs décisions.

Mots clés : Homme-machine, automatisation, travail, intelligence, abondance.

The Work of the Human-Machine and the Promises of Abundance:
From the Automatic Manufacture to the Cyber-Entreprise

From the nineteenth century, the machine is dreaming of a society where nobody lacks anything, where automation makes work less painful and removes the most servile tasks. This world, imagined by Andrew Ure in the 1830s and by Norbert Wiener in the 1950s, is not that of the capitalist organization of work, where the Human-machine is destined to be an efficient wheel, condemned to work ever more quickly in the respect of the procedures. Thus, the Human-machine contains promises of abundance, but also engages mechanisms of knowledge and power, and another promise stated by Foucault, that of the erasure of humanity, when the mechanization of beings does not concern not only their bodies but their decisions.

Keywords: *Human-Machine, Automation, Work, Intelligence, Abundance.*

Marco SARACENO

La méthode graphique et l'esprit du « capteur d'activité » (1847-1920)

Aux sources du *self-tracking*, la courbe « autographique » du moteur-humain

À la fin du XIXe siècle émerge un discours scientifique concevant le corps « comme une machine à feu » dont il serait possible de calculer le rapport entre sa dépense énergétique et son rendement moteur. Dans ce contexte apparaissent différents instruments censés traduire dans des graphiques cartésiens l'évolution de l'activité corporelle. Ces instruments sont conçus selon le principe d'un corps qui inscrit *directement* la trace de son activité. Cela grâce à l'usage d'appareils capables de *capter* les moindres mouvements et de produire une courbe « autographique ». Or, l'activité du moteur humain apparaissant toutefois dépendre non exclusivement du fonctionnement mécanique de l'organisme, mais également de l'engagement volontaire du sujet, le terme « autographie » et l'idée de « capteur d'activité » se révèlent extrêmement ambivalents (inscription automatique ou inscription « de soi »). Suivant l'histoire de la méthode graphique la fin du XIXe siècle, l'article aborde ainsi certaines problématiques ouvertes par la diffusion contemporaine des objets connectés.

Mots clés : capteur d'activité, *self-tracking*, méthode graphique, science du travail, énergétique.

The Graphic Method and the Spirit of the "Activity Tracker" (1847-1920)

At the Sources of Self-Tracking, the "Self-Recording" Curve of the Human Motor

At the end of the nineteenth century, a scientific discourse emerged, conceiving the body "like a fire machine" from which it would be possible to calculate the relation between its energy expenditure and its motor efficiency. In this context, different instruments appear supposed to translate into Cartesian graphs the evolution of the bodily activity. These instruments are designed according to the principle of a body that records directly the trace of its activity. This is achieved by using devices capable of capturing the slightest movement and producing an "self-recorded" curve. However, since the activity of the human motor seems to depend not only on the mechanical functioning of the organism, but also on the subject's voluntary commitment, the term "self-recording" and the idea of "activity sensors" are extremely ambivalent (automatic recording or "recording of self"). Following the history of the graphic method at the end of the nineteenth century, the article thus addresses some of the issues raised by the contemporary diffusion of activity trackers.

Keywords: *Activity Trackers, Self-Tracking, Graphic Method, Work Science, Energetics.*

Gérard DUBEY

Grandeur et misère de l'humain augmenté

Le cas du pilote sans avion

L'idée principale défendue dans cet article est celle d'une hostilité croissante des nouveaux milieux techniques à l'imagination et à l'expérience sensible des êtres humains. Hostilité signifie ici que la relation des êtres humains aux machines s'incarne de moins en moins dans des pratiques, des gestes et des apprentissages (des montages). Or, ces médiations sociales, matérielles et sensibles sont celles qui permettent à l'intelligence située (incarnée) des êtres humains de se développer. « L'intelligence » des machines se traduit donc par un appauvrissement de l'expérience humaine ordinaire. D'un autre côté et paradoxalement, elle éclaire d'un jour nouveau les conditions d'existence d'une intelligence non machinique. Cet article s'appuie sur les résultats d'une vaste étude empirique réalisée dans le monde très fermé des pilotes de chasse et des opérateurs de drones militaires.

Mots clés : Expérience sensible, intelligence, technologies numériques, drone, avion de combat.

The Greatness and the Misery of an Enhanced Human: The Case of a Pilot without a Plane

The main idea argued in this article is a raising hostility of the new technical community against imagination and sense experience of human beings. The word hostility is used here, for relationship between humans and machines presents itself less and less in practices, gestures and learning (assembling). However, these social mediations, material and sensory, are those that enable the located intelligence (embodied) of human beings to develop. On the one hand, the "intelligence" of machines results therefore in poorer ordinary human experience. On the other hand and paradoxically, it sheds light on the terms of existence of a non mechanical intelligence. This article is based on results of a wide empiric study made inside of the exclusive world of fighter jet pilots and military drone pilots.

Keywords: *Sense Experience, Intelligence, Digital Technologies, Drone, Fighter Jet.*

Sébastien DALGALARRONDO

Surveiller et guérir le corps optimal

Big Data et performance sportive

Le sport professionnel et sa médicalisation intensive de la performance apparaît comme l'un des lieux privilégiés de façonnage des représentations du corps. La production d'une performance sportive nécessite en effet la mise en jeu des limites physiologiques et psychologiques de l'athlète dans une quête de dépassement de soi. Le sport professionnel est de ce fait un véritable laboratoire des extrêmes où s'articulent de manière singulière des savoirs, des techniques, des valeurs et des normes afin d'approcher la productivité maximale des corps. Dans cette perspective, nous proposons de rendre compte de la promesse des technologies de *Data Tracking* par l'analyse de son marketing scientifique. Cet article vise à dégager les enjeux politiques liés au déploiement de ces dispositifs de surveillance.

Mots clés : sport, performance, Big Data.

Sport Performance and Big Data

Professional sport and its intensive medicalization of performance appear as one of the privileged places for shaping representations of the body. The production of a sport performance requires to reach the physiological and psychological limits of the athlete. Professional sport is therefore a laboratory of extremes where knowledge, techniques, values and norms are articulated in order to approach the maximum productivity of the body. In this perspective, we propose to analyse the promise of Data Tracking technologies. This article aims to identify the political issues related to the deployment of these monitoring devices.

Keywords: *Sport, Performance, Body, Big Data*

Nicolas LE DÉVÉDEC

Corps et âme

Le transhumanisme, nouvel horizon biopolitique du capitalisme ?

Le transhumanisme et l'idéologie de l'humain augmenté qu'il promeut ne représenteraient-ils pas le nouvel horizon productif des sociétés capitalistes contemporaines ? Avec pour ambition d'améliorer les performances humaines par le recours à la biomédecine, l'idéologie transhumaniste s'inscrit de fait parfaitement dans la logique productiviste du capitalisme en même temps qu'elle en radicalise considérablement la portée. Le discours transhumaniste ouvre à l'extension et l'immixtion de la rationalité néolibérale jusque dans l'intimité la plus charnelle des individus. Instillant de nouvelles pressions à la performance et une internalisation individuelle plus grande de ces exigences, la biopolitique de l'humain augmenté ouvre dans les milieux de travail à des formes d'exploitation inédites des corps et des subjectivités. Derrière le masque *high tech* de l'humain augmenté, plus intelligent, plus fort et plus heureux, cet article vise ainsi à montrer que c'est bien plutôt la vieille figure productiviste de l'Homme-machine qui se fait une nouvelle fois jour.

Mots clés : transhumanisme, humain augmenté, capitalisme, biopouvoir, travail.

Body and Soul

Transhumanism, a New Biopolitical Horizon of Capitalism?

Will transhumanism and the ideology of human enhancement that it promotes not represent the new productive horizon of contemporary capitalist societies? With the aim of improving human performance through the use of biomedicine, transhumanist ideology fits perfectly into the productivist logic of capitalism while at the same time dramatically radicalizing its scope. The transhumanist discourse opens to the extension and the interference of the neoliberal rationality even in the most corporeal intimacy of the individuals. Instilling new pressures of performance and increasing individual internalization of these requirements, the biopolitics of enhancement opens up new forms of exploitation of bodies and subjectivities in working environments. Behind the high-tech mask of the enhanced human

– smarter, stronger and happier – this article finally aims to show that it is rather the old productivist figure of the Man-machine that is emerging again.

Keywords: *Transhumanism, Human enhancement, Capitalism, Biopower, Work.*

Franck DAMOUR
Les nanotechnologies comme technologie transhumaniste

Le transhumanisme a joué un rôle dans l'essor des nanotechnologies au début du XXIe siècle. En amont, l'un des animateurs du mouvement transhumaniste, le physicien Eric Drexler, a été décisif dans le développement du projet nanotechnologique. En aval, le sociologue William Sims Bainbridge a été un acteur important de la mobilisation des capitaux publics et privés pour sa mise en œuvre. Quel rôle exact joue le transhumanisme dans ces projets industriels ? De quelles façons ? Comment une telle utopie s'articule-t-elle avec le capitalisme américain ?

Mots clés : transhumanisme, nanotechnologies, imaginaire, promesses, utopie.

Nanotechnologies as Transhumanist Technologies

Transhumanism has played a role in the structuring and growth of nanotechnology at the beginning of the 21st century. Upstream, one of the figures of the transhumanist movement, physicist Eric Drexler, was decisive in the development of the nanotechnology project. Downstream, sociologist William Sims Bainbridge has been an important player in mobilizing public and private capital for its implementation. What role does transhumanism play in these industrial projects? In what ways? How does such utopia is linking with American capitalism?

Keywords: *Transhumanism, Nanotechnology, Imaginary, Promises, Utopia.*

Christophe LAZARO
Métamorphoses du corps et métaphores
Penser les technologies à l'ère du transhumain

L'émergence de technologies prothétiques toujours plus sophistiquées modifie nos représentations du corps et nourrit chez certains la croyance en la possibilité d'améliorer les capacités humaines au-delà du fonctionnement normal de l'espèce. Dans la littérature de ces dix dernières années – émanant tant des sciences dures que sociales –, la notion de prothèse s'est imposée comme un filtre heuristique incontournable pour penser les métamorphoses potentielles du corps et, plus largement, l'hybridation entre corps et artéfacts. La prothèse est alors souvent conçue comme une métaphore du devenir technologique de l'homme. La présente contribution a pour objectif de mettre en question l'idée d'« amélioration technologique », en examinant les trois principales significations généralement associées à la prothèse dans le champ des *Science & Technology Studies*. Sur cette base, nous ferons émerger trois figures conceptuelles et idéologiques – l'*anthropos*, le *cyborg* et le *post-humain* – qu'il importe de distinguer. Une telle distinction permet de faire émerger une pluralité de représentations de l'« Homme-machine », d'en saisir les soubassements ontologiques et les visées normatives.

Mots clés : prothèse, hybridation, cyborg, anthropologie, posthumain, métaphore, augmentation, transhumanisme.

Metamorphoses of the Body and Metaphors

Grasping Technologies in a Transhumanist Era

The emergence of complex prosthetic technologies changes our representations of the body and nurture people's belief in the possibility to enhance human capacities beyond species normal functioning. In the past decade, both in the fields of hard and social sciences, the notion of prosthesis became a fundamental heuristic tool to grasp the potential metamorphoses of the body and, more broadly, the hybridization of body and artifacts. The prosthesis is often conceived as a metaphor to grasp the technological destiny of humanity. In order to question the idea of technological enhancement, this article will explore the three main meanings usually associated with the notion of prosthesis in the field Science & Technology Studies. This will allow us to identify three conceptual and ideological figures – anthropos, cyborg, potshuman. *These figures, we contend, need to be distinguished in order to shed light on a diversity of conceptualizations of human-artifacts relationships and their underlying normative claims.*

Keywords: *Prosthetics, Hybridization, Cyborg, Anthropology, Potshuman, Metaphor, Enhancement Technologie, Transhumanisme.*

***

Hors dossier

Josette DEBROUX

Les ressorts de l'engagement dans une pratique de consommation collaborative

Le cas des conducteurs d'une plate-forme de covoiturage

L'essor du numérique, les perspectives de croissance faible, la montée des préoccupations environnementales constituent autant de conditions favorables au développement des comportements collaboratifs qui, cependant, ne déterminent pas mécaniquement les pratiques. L'enquête auprès de conducteurs de *Blablacar*, tous actifs, appartenant aux catégories moyennes et supérieures, montre qu'au cours de leur socialisation, ils ont construit une disposition ascétique et une disposition à être économe, une compétence à échanger ou un goût pour la sociabilité plus ou moins fortement constituées. C'est à un moment d'incertitude sociale, de fragilisation du statut social, de ruptures biographiques que les plus âgés s'engagent dans la pratique. À l'occasion d'un nouveau trajet de longue distance, et après avoir envisagé d'autres choix modaux, des conducteurs souvent jeunes, dans une situation d'insécurité sociale et de faible confiance en l'avenir, recourent au covoiturage, sans appétence particulière pour les échanges avec des inconnus. Chez des conducteurs en reprise d'étude plus âgés (d'environ 40 ans), la disposition à faire des économies se conjugue avec un goût pour les échanges et la sociabilité.

Mots clés : pratiques collaboratives, socialisation, trajectoire sociale, dispositions, incertitudes sociales

The origins of a commitment into collaborative consumption experience

The example of carpooling plat form drivers

The digital economy thriving, the weak growth perspectives, the upcoming of environmental concerns are leading the strengthening of the collaborative experiments which are not suffisant to explain social behaviors. The survey of Blablacar*'s users, all in employment, belonging to the middle and upper class, shows that during their socialization, they built an ascetic disposition and a disposition to be thrifty, an ability to exchange or a taste for sociability more or less strongly constituted. In this moment of social uncertainty, of weakening of the social status, of turning point situation, the oldest one are getting committed in this practice.*

For a long distance journey, and after looking for other modal choices, young drivers, who are in a social insecurity situation and have a low confidence in the future, use carpool, even if they do not like exchanges with strangers.

When the driver, who is the age of 40, is going back to school, the disposition of saving money is combined with a taste for exchanges and sociability.

Keywords: *Collaborative Consumption Experience, Socialization, Social Trajectory, Inclination, Weakening Social Status.*

Structures éditoriales du groupe L'Harmattan

L'Harmattan Italie
Via degli Artisti, 15
10124 Torino
harmattan.italia@gmail.com

L'Harmattan Hongrie
Kossuth l. u. 14-16.
1053 Budapest
harmattan@harmattan.hu

L'Harmattan Sénégal
10 VDN en face Mermoz
BP 45034 Dakar-Fann
senharmattan@gmail.com

L'Harmattan Cameroun
TSINGA/FECAFOOT
BP 11486 Yaoundé
inkoukam@gmail.com

L'Harmattan Burkina Faso
Achille Somé – tengnule@hotmail.fr

L'Harmattan Guinée
Almamya, rue KA 028 OKB Agency
BP 3470 Conakry
harmattanguinee@yahoo.fr

L'Harmattan RDC
185, avenue Nyangwe
Commune de Lingwala – Kinshasa
matangilamusadila@yahoo.fr

L'Harmattan Congo
67, boulevard Denis-Sassou-N'Guesso
BP 2874 Brazzaville
harmattan.congo@yahoo.fr

L'Harmattan Mali
Sirakoro-Meguetana V31
Bamako
syllaka@yahoo.fr

L'Harmattan Togo
Djidjole – Lomé
Maison Amela
face EPP BATOME
ddamela@aol.com

L'Harmattan Côte d'Ivoire
Résidence Karl – Cité des Arts
Abidjan-Cocody
03 BP 1588 Abidjan
espace_harmattan.ci@hotmail.fr

L'Harmattan Algérie
22, rue Moulay-Mohamed
31000 Oran
info2@harmattan-algerie.com

L'Harmattan Maroc
5, rue Ferrane-Kouicha, Talaâ-Elkbira
Chrableyine, Fès-Médine
30000 Fès
harmattan.maroc@gmail.com

Nos librairies en France

Librairie internationale
16, rue des Écoles – 75005 Paris
librairie.internationale@harmattan.fr
01 40 46 79 11
www.librairieharmattan.com

Librairie l'Espace Harmattan
21 bis, rue des Écoles – 75005 Paris
librairie.espace@harmattan.fr
01 43 29 49 42

Lib. sciences humaines & histoire
21, rue des Écoles – 75005 Paris
librairie.sh@harmattan.fr
01 46 34 13 71
www.librairieharmattansh.com

Lib. Méditerranée & Moyen-Orient
7, rue des Carmes – 75005 Paris
librairie.mediterranee@harmattan.fr
01 43 29 71 15

Librairie Le Lucernaire
53, rue Notre-Dame-des-Champs – 75006 Paris
librairie@lucernaire.fr
01 42 22 67 13

www.ingramcontent.com/pod-product-compliance
Lightning Source LLC
LaVergne TN
LVHW011258061026
849535LV00005B/1298
* 9 7 8 2 3 4 3 1 5 8 7 3 0 *